高校学科建设改革与发展研究
——以湖北高校群为例

梁传杰　罗　勤　著

人民出版社

目　录

绪　论

意大利博洛尼亚大学和法国巴黎大学创立以降，尔后德国柏林大学、美国威斯康星大学相继实施了高等教育的重大变革，这既是世界高等教育改革的重大事件，也标志着世界高等教育发展的重要转型，即高校由单一的人才培养功能向人才培养、科学研究、服务社会等功能的逐步多元化。新中国成立以来，尤其是自 1978 年改革开放以来，我国研究生教育取得了举世瞩目的成就，研究生培养规模已居世界前列，成为研究生教育大国。进入 21 世纪，为实现研究生教育大国向研究生教育强国的转变，我国研究生教育尤其是支撑研究生教育的学科建设，必须站在新的历史起点上。以积极推进高校特色办学和特色发展为目标，全面深化改革，促进高校学科建设的健康、科学、有序发展。

一、研究背景

2015 年是"十二五"建设的最后一年，既是全面总结"十二五"建设成效，又是放眼未来发展，规划"十三五"改革与发展的关键时期。世界高等教育竞争态势日益激烈、党的"十八大"及十八届三中、四中全会精神的贯彻落实、我国经济社会发展对高水平创新型人才需求更为迫切、《国家中长期教育改革和发展规划纲要（2010—2020 年）》出台、全国研究生教育工作会议和研究生教育质量工作会议的召开，都对湖北省高校学科建设提出了更高的要求，这些都成为本课题研究的重要背景。

（一）世界高等教育日益激烈的竞争势态

伴随着知识经济时代和经济全球化的到来，世界各国的科技竞争日趋激烈。一个国家的兴衰存亡将在很大程度上取决于其科技水平，而科技的发展和国力的竞争，归根结底是高水平人才的竞争，能否培养出高水平的人才，关键在于是否拥有高水平的一流学科。

　　基于这一战略发展思考，发达国家自 20 世纪 90 年代以来，都高度重视高水平学科建设和研究生教育，将高水平学科建设和研究生教育纳入其战略发展规划之中。比如美国研究生教育面向未来委员会发表了具有里程碑意义的报告——《前方的路：美国研究生教育的未来》。该报告提出，美国必须实施国家战略提高学位完成率、扩大研究生教育参与率，否则将在前沿研究和尖端创新中丧失其领导地位；国家必须把发展人的才能放在首位，研究生教育必须成为国家创新战略的重要组成部分。研究生教育依然是高技能劳动力的发动机。联邦政府、大学和产业界一起努力，保证美国研究生院的卓越质量，保证越来越多美国公民能接受和完成研究生教育。这些对于维持竞争优势和保证所有美国居民的安全至关重要。再如欧盟，自 20 世纪 90 年代末期启动了"博洛尼亚进程"，规划建设欧洲的高等教育和科学研究特区，突出强调要增进欧洲各国高等教育机构彼此间在培养博士和新一代科学家方面的合作，追求卓越。又如德国，近年来启动了"卓越大学计划"，其目的在于占据未来人才和科技竞争的制高点。日本 2002 年启动"21 世纪 COE（卓越研究中心）计划"，力图在大学中的若干学科方向上建立世界最高水平的研究生教育基地，"培养新一代学术水平高、创新能力强、能参与国际竞争的年轻的科学家"。随后发布的《研究生教育振兴纲要》要求构筑具有国际影响力的研究生教育，强化国家整体竞争力。韩国于 1999 年制定并启动了"BK21 计划"，旨在开发能够迎接 21 世纪知识社会挑战的高素质人力资源，先后重点建设 12 所大学和 2 个科研院进入世界一流大学重点建设计划和 42 个地方大学建设全国优秀大学建设计划。中国台湾地区也于 21 世纪启动了"迈向顶尖大学计划"，旨在建设几所面向世界一流的高水平大学。

　　面对这种激烈的世界高等教育竞争形势，培养一批具有创新意识和创新能力的高水平人才，是关系到我国由人力资源大国向人力资源强国转变的关键所在，是决定我国创新型国家建设顺利推进的关键所在，也是决定我国高等教育在世界激烈竞争中占有一席之地的关键所在。

（二）全面贯彻落实国家改革发展精神

　　党的"十八大"及十八届三中全会、四中全会、五中全会的召开，标志着我国国民经济和社会发展迈入了全面深化改革的新时期。习近平总书记在多次讲话中提到，要"推进国家治理体系和治理能力现代化作为全面深化改革的总目标"，推进国家治理体系和治理能力现代化建设，就是要适应时代变化，既改革不适应实践发展要求的体制机制、法律法规，又不断构建新的体制机制、法律法规，使各方面制度更加科学、更加完善，实现党、国家、社会各项事务治理制度化、规范化、程序化。李克强总理在多次讲话中提到行政管理体制改革的重要性。他指出，新一届政府开门做的第一件事，就是行政管理体制改革，要求政府将"该放的权坚决放开放到位，激发市场创新活力"，"该管的事必须管住管好，创新行政管理方式"。

在这一改革形势下，湖北省研究生教育要切实贯彻"十八大"及十八届三中全会、四中全会、五中全会的精神，积极开展并不断深化湖北研究生教育改革工作，全面推进湖北研究生教育综合改革，尤其是要按照中央关于行政体制改革的要求，切实增强政府的监督与服务职能，切实增强高校自主办学权，切实激发市场主体积极性，发挥市场在研究生教育中的关键作用，形成政府、学术、市场三类主体有机协同参与研究生教育的体制机制，以此为基础，全面推进并深化湖北省研究生教育综合改革。

（三）经济建设社会发展赋予湖北高校学科建设新使命

我国正处于经济建设和社会发展的重要转型期，结合我国当前经济建设和社会发展的现状与发展目标，党和国家先后提出了一系列国家发展战略，如"一带一路"发展战略、海洋强国战略、创新型国家战略、人力资源强国战略等，以提高自主创新能力、推进产业结构优化升级、建设资源节约型和环境友好型社会等。为适应并服务于这些国家发展战略目标的实现，我国高等教育，尤其是学位与研究生教育，必须为我国国民经济建设和社会发展提供重要的科技支撑和智力支撑。

近年来，湖北积极构建促进中部地区崛起重要战略支点，武汉的城市发展定位在国家层面得到确认，武汉城市圈获批在"两型社会"建设中率先试验，东湖新技术开发区成为全国第二个国家自主创新示范区，武汉在全国发展布局中的功能定位是中部重要的中心城市、交通枢纽中心城市。结合国家实施促进中部地区崛起战略的契机，湖北积极实施武汉城市圈、鄂西生态文化旅游圈、湖北长江经济带等经济建设发展战略，促进湖北区域发展从"重点突破"逐步向"多点支撑、协调发展"转变。围绕"两圈一带"战略，湖北将大力发展高新技术产业，推动传统产业改造升级，突破性地发展生产性服务业，对电子信息、汽车、钢铁、有色金属、石化、纺织、装备制造业、船舶、轻工和物流等十个重点产业进行调整，进一步增强纺织、服装加工、建材、农副产品深加工等传统优势产业的竞争能力，加快高新技术产业的发展，加强自主创新能力建设。

按照国民经济建设社会发展的重大需要及国家对高等教育的总体要求，湖北作为高等教育大省和全国研究生教育重要基地，其学位与研究生教育水平对我国学位与研究生教育整体水平有着重要影响。结合湖北省经济建设和社会发展的需求，为促进这些重点产业和传统优势产业的发展，提高核心竞争力，湖北省要结合湖北省高等教育现有的学科基础，重点培育支撑这些产业发展的湖北省优势学科群，包括电气工程、电子科学与技术、信息与通信工程、机械工程、冶金工程、化学工程与技术、纺织工程、材料科学与工程、船舶与海洋工程、轻工技术与工程、作物学、生物医学工程、食品科学与工程等，加强工业强省建设；加强园艺学、畜牧学、兽医学、作物学、水产等学科建设，支撑农业强省建设；加强哲学、经济学、法学、文学、历史、理学等学科建设，支撑科教强省建设和文化强省建设，在国内形成自身的学科优势，为"五个湖北"建设提供人力支撑和智力支撑，尤其是提升湖北省相关产业的核心竞争力，加快传统产业转型升级，加快战略性新兴产业健康、快速发展。

（四）《纲要》对湖北省高校学科建设提出新要求

《国家中长期教育改革和发展规划纲要(2010—2020年)》(以下简称《纲要》)是继国家1993年发布《中国教育改革和发展纲要》后的第二个引领我国教育事业发展方向的重要文件，是中国进入21世纪之后的第一个教育规划，是今后一段时期指导我国教育改革和发展的纲领性文件。在这一指导性文件中，对未来一段时期我国高校发展及学科建设工作提出了明确要求。

一是必须坚持分类办学，特色发展。《纲要》提出："促进高校办出特色。建立高校分类体系，实行分类管理。发挥政策指导和资源配置的作用，引导高校合理定位，克服同质化倾向，形成各自的办学理念和风格，在不同层次、不同领域办出特色，争创一流。"高校争相上层次，争相谋求数量和规模发展，办学特色不明显，是全国高等教育系统内极为普遍的现象，湖北省高校也不例外。实行分类办学与特色发展，既是国外大学发展的经验之谈，也是我国大学发展的成功之道，实现分类办学、谋求特色发展是国家对高校发展的要求，也是湖北省高校建设与发展的正确选择。

二是必须坚持优化结构，改革培养模式。《纲要》提出："适应国家和区域经济社会发展需要，建立动态调整机制，不断优化高等教育结构。优化学科专业、类型、层次结构，促进多学科交叉和融合。重点扩大应用型、复合型、技能型人才培养规模。加快发展专业学位研究生教育。优化区域布局结构。"对于学位与研究生教育而言，结构优化包含了学位授权单位的布局优化、学科结构优化、研究生培养类型、层次的优化等。湖北省要从适应国民经济建设社会发展，尤其是湖北省区域经济建设和社会发展的需要出发，积极推进高等教育系统内的供给侧改革，在学位授权单位布局优化、学科结构优化、研究生培养类型、层次优化上做更多的工作与努力。

三是必须坚持改革创新，提高人才培养质量。《纲要》提出，"牢固树立人才培养在高校工作中的中心地位，着力培养信念执着、品德优良、知识丰富、本领过硬的高素质专门人才和拔尖创新人才"，"大力推进研究生培养机制改革；建立以科学与工程技术为主导的导师责任制和导师项目资助制，推行产学研联合培养研究生的'双导师制'；实施研究生教育创新计划。"人才培养质量问题一直是学位与研究生教育关注的中心问题，要结合当前我国开展的研究生培养试点工作，在学习试点高校成功经验的基础上，在湖北省全省范围内逐步推广，探索适应研究生教育人才培养规律和要求、保证并提高人才培养质量的新思路、新举措。

四是必须坚持以学科建设为龙头，抢抓"双一流"建设机遇。《纲要》提出："加快建设一流大学和一流学科。以重点学科建设为基础，继续实施'985工程'和优势学科创新平台建设，继续实施'211工程'和启动特色重点学科项目"。2015年11月，国家出台了《统筹推进世界一流大学和一流学科建设总体方案》，提出要实现我国由高等教育大国向高等教育强国转变的历史性跨越的战略目标。湖北省要实现由高等教育大省向高等教育强省的转变，必须实施省域"一流大学一流学科"计划和建设重点建设工程，重点开展以学科建设为龙头的优势学科群建设工程，大力推进一流大学建设和一流学科建设。

（五）全国研究生教育工作会的改革要求

在2013年7月召开的全国研究生教育工作会议上，教育部、国家发展与改革委员会、财政部三部委联合颁布了《关于深化研究生教育改革的意见》。

该文件明确提出了未来一段时期，我国学位与研究生教育改革的指导思想、总体要求和具体措施，成为我国学位与研究生教育工作今后一段时期改革与发展的重要指南。该文件中指出，要"以服务需求、提高质量为主线"，以"分类推进培养模式改革、统筹构建质量保障体系"为着力点。以《关于深化研究生教育改革的意见》为指导，教育部与有关部委于 2013 年下半年及 2014 年上半年，先后出台了《关于深入推进专业学位研究生培养模式改革的意见》《关于加强学位与研究生教育质量保证和监督体系建设的意见》《博士硕士论文抽检办法》《学位授权点合格评估办法》等一系列配套改革文件。

湖北省学位与研究生教育管理部门要充分发挥省级地方政府的统筹作用，尤其是在《关于深化研究生教育发展的意见》指导下，如何实行湖北省学位与研究生教育管理体制改革，如何在重点学科和学位授权点中观规划与建设、学科建设监控体系构建、学位授权点评估体系建设等方面推进改革，从而实现湖北省学科建设在规模与结构、质量和水平、公平与效益等方面的协调发展，这是当下湖北省学位与研究生教育工作所必须解决的问题，也是全面深化湖北省学位与研究生教育改革的必然要求。

二、研究意义

本研究具有重要的理论意义和重大现实意义，具体表现为如下两方面。

（一）理论意义

学科建设作为高等学校整体发展的龙头和引领，在高等学校整体改革与发展中发挥着至关重要的作用，这也成为我国高等教育界的共识，这也是近些年来学科建设成为高等教育研究领域热点问题的原因所在。在梳理我国关于学科建设研究的现状时，可以看到，有一些学科建设领域尚未涉猎，许多问题的理论研究深度还不够，主要包括如下几方面：一是在学科建设管理体制研究上，需要弥补空白点。比如对于学科建设管理体制的研究，尤其是政府、市场、学术三种力量如何有效参与高校建设与发展，如何发挥市场组织和学术组织的作用。二是学科建设管理机制研究上的不足。在当下中央强化宏观管理，省级政府加强省级统筹，进一步扩大高校自主办学权的管理体制改革背景下，高校如何通过开展学位点自我评估、学科点动态调整等手段，培育自身的自律意识，强化自身的自主办学，构建起比较科学的学科建设管理机制，相关研究比较缺乏。三是学科建设质量保障体系建设上的不足。比如与国外高等教育发达国家相比，我国社会组织参与高等教育评估存在明显不足，社会中介机构培育不够，参与高等教育评估不够，这往往导致中央和省级地方政府在政策出台、投入资助上缺失相应的决策依据。以上这些问题，都有待在理论上予以厘清，为实践操作层面提供理论上的指导。

（二）现实意义

除却以上的理论意义外，该课题具有更为重要的现实意义，主要体现在如下几方面。

一）应对日益激烈国际高等教育竞争态势的需要

正如在研究背景部分所论及，自 20 世纪末至今，世界发达国家，诸如美、英、德、法、日、韩等国都将研究生教育发展上升到国家战略发展的高度，政府高度重视研究生教育的发展，具有极强的竞争意识和忧患意识，以国际视野着眼本国的研究生教育发展，实施重点建设工程，通过建设一批高水平大学和重点学科，争占科技和创新人才培养的制高点。我国政府结合自身所处的特定经济社会发展阶段，提出了建设创新型国家的战略发展目标。创新型国家战略发展目标的提出，主要基于两点：一是自身经济发展的客观需要。我国当前社会经济发展面临转型期，唯有实现科技创新和产业升级转型，才能谋求今后一段时期的经济稳步发展，创新型国家建设是世界上许多国家在特定发展阶段成功实现经济转型的共同经验，创新型国家建设成为我国发展的必然选择。二是经济全球化的客观要求。经济全球化使得某一国的经济发展与世界经济的发展紧密联系，各个国家和地区的经济发展都面临这一新形势、新挑战，国际竞争日趋激烈，这是我国经济发展必须面对的现实外部环境。

基于这一社会经济建设与发展的战略目标，我国研究生教育发展必须实现由研究生教育大国向研究生教育强国的转变，以适应经济社会发展对高层次人才的需求。湖北省作为研究生教育大省，其研究生培养单位数、学位授权点数、国家重点学科数、研究生培养规模、研究生培养质量均居我国研究生教育前列，在我国研究生教育发展占有举足轻重的地位，对我国研究生教育事业发展发挥着十分重要的作用。因此,湖北省学科建设在战略构思与发展上,必须把握这一国际形势,认真谋划未来一段时期内湖北省高等教育的发展,尤其是"十三五"期间学科建设的发展,以满足我国在创新型国家建设过程中对创新型人才的需求,增强国际竞争力,适应当前高等教育的国际竞争。

二)实现研究生教育大国向研究生教育强国转变的需要

自改革开放以来,我国研究生教育经过 30 多年的发展,取得令世人瞩目的建设成效。尤其是自 20 世纪 90 年代末期起,经过近十年的努力,研究生培养规模得到持续快速增长,到 2008 年,我国当年授予博士学位人数已经超过美国,成为世界研究生培养第一大国。虽然我国已成研究生教育大国,但在高水平大学建设、高水平学科建设以及高层次创新人才培养等方面,与世界研究生教育发达国家相比,尚存在较大差距,即我国是研究生教育大国,而非研究生教育强国。我国近几年提出了要实现由高等教育大国向高等教育强国转变的发展目标,要实现这一目标,研究生教育作为高等教育的重要组成部分,必然要实现由研究生教育大国向研究生教育强国的转变。学科建设作为高校建设与发展的核心所在,要适应这一转型需要,就必须在今后一段时期内谋划自身的发展,尤其是站在战略发展的高度,认真思考并精心计划湖北省"十三五"学科建设的改革与发展。

三)实现湖北省"十三五"经济社会发展目标的需要

当下已处于"十二五"建设的末期,各行各业、各单位都要着手"十三五规划"的预研和谋划,尤其对于湖北省学位与研究生教育而言,显得尤为迫切。这种迫切性和必要性体会在如下三方面:一是 2013 年 7 月召开了全国研究生教育工作会议,教育部、国家发展改革委、财政部出台了《关于深化研究生教育改革的意见》,我国学位与研究生教育处于重要的改革攻坚期。在这一形势下,湖北省需要按照国家改革精神,结合自身省情,谋划未来一段时期湖北省高等教育改革,尤其是高校学科建设改革的重大事宜,为湖北省高校发展指明方向,引领湖北省高校整体的改革与发展。二是围绕湖北省省级政府如何发挥自身应有的职能和作用,如何培育高等教育社会中介组织机构,从而发挥社会中介组织在高等教育管理体系中的作用,为湖北省政府在政策制定上提供决策依据,需要予以引导和支持。三是结合当前我国学位与研究生教育改革的现实环境,围绕湖北省学科建设改革与发展这一主题,结合湖北省学位与研究生教育的省情,为切实加强高等教育强省建设,需要制订《湖北省高校"十三五"学科建设规划》,并出台相应的指导湖北省高校学科建设改革与发展的指导性意见。

三、研究对象相关概念的界定与探讨

本课题的研究对象是学科建设，本节主要就这学科建设的内涵及其相关概念进行分析与探讨，明确研究对象的内涵，为后续研究奠定基础。

（一）基本概念内涵及界定

一）学科、专业的内涵

1.学科的内涵

《现代汉语词典》对学科一词的解释是："按照学问的性质而划分的门类，如自然科学中的物理学、化学。"《辞海》解释为："①学术的分类。指一定科学领域或一门科学的分支。如自然科学中的物理学、生物学；社会科学中的史学、教育学等。②'教学科目'的简称。"显而易见，这些定义只能供做一个粗略的参考。著者认为，"学科"是指按知识体系自身的逻辑，对在科学研究的发展过程中，已形成自身相对稳定的研究领域进行的一种相对固定的、科学的划分和界定。

2.专业的内涵

《辞海》将专业定义为"高等学校或中等专业学校根据社会专业分工的需要设立的学业类别"，并指出"各专业的教学计划，体现本专业的培养目标和要求"。其他一些辞书关于专业的定义，与此大同小异。有不少学者从不同角度给专业下过定义。从高校的角度来看，专业是为学科承担人才培养职能而设置的；从社会的角度来看，专业是为了满足从事某类或某种社会职业的人才需求，而必须接受相应的训练需要而设置。因此，从人才培养供给与人才培养需求上看，专业是人才培养供给与需求的一个结合点。

二）学科建设、专业建设的内涵

与学科和专业紧密相连的，还有两个概念，那就是学科建设和专业建设。

1.学科建设的内涵

目前普遍的认识有以下几种：一是从学科建设的内容上来认识。即学科建设是高等学校以学科为划分，对学科的研究方向、师资队伍、科学研究、人才培养、科研基地的系统建设。二是从学科建设的地位和作用上来认识。即学科建设是高校建设和发展的龙头和引领，是高校建设的核心工作。

在当下我国高等教育不断发展、不断壮大且日趋成熟的情形下，各高校对学科建设的认识不断提升。现今高校办学管理模式基本是以教学、科研、师资、后勤保障、财务管理等各种办学资源为管理对象进行划分，而学科建设的视角则是以学科为划分，通过学科来引领高校相应资源的有效配置。这样，学科建设涵盖了高校的有关具体办学内容，应该是高于高校办学的具体操作层面，因而属于高校办学思路层面的概念。当下对学科建设定位的主流认识，认为学科建设是高校的龙头，学科建设是高校建设与发展的核心所在，这些对学科建设的认识只是注意到其重要性，但对其定位依然放在具体办学层面上。作为高校领导决策层面的学校领导，应该摆脱原有的管理和具体办学层面对学科建设进行思考，将学科建设上升到办学理念层面，对高校的长远发展进行谋划。基于这一认识，著者认为，学科建设是上升到办学思路层面上的、以学科为划分对高校相应资源进行有效配置或建设的一种办学思路。

2. 专业建设的内涵

正如以上对专业内涵的分析与界定，专业是按照社会对不同领域和岗位的专门人才的需要而设置。不同领域专门人才所从事的实际工作需要有什么样的知识结构作基础，专业就组织相关的学科来满足。因此，专业建设的目标在于人才培养。鉴于此，著者对专业建设作如下的界定：为了满足社会发展和国民经济建设的对人才培养的需要，以社会需求为导向，以育人为目标，以学科为依托，高校按照自身的基础与社会需要，以现有的学科为基础，开展的相应的师资队伍建设、基本条件建设以及教学计划、培养方案、教材和教学条件建设等的总和。

（二）相关概念辨析

一）学科、专业的联系与区别

1. 学科与专业的联系

学科和专业两者相互关联，表现在如下几方面：一是学科和专业是在不同语境下，对知识的一种划分，将人类所拥有的知识给予了相应的界定或边界，以区别于其他学科或专业；二是专业以学科为依托，学科的发展又以专业为基础；三是学科为专业发展提供新成果，为拓宽教学内容、师资培训、研究基地建设等提供支撑；而专业主要为学科发展承担人才培养的任务和发展的基础；四是在现实的高等教育活动中，尤其在人才培养活动中，学科和专业两者并没有明确的界线。

2. 学科与专业的区别

学科和专业虽相互关联，但也有其差异，表现在如下几方面：一是学科是单一的对知识的一种划分，体现了对知识的一种唯美追求，体现的是对知识的科学划分，而专业则是从社会需求与供给角度对知识的划分，体现了社会对知识的客观需要。二是学科在建设与发展过程中，其覆盖面更为宽广，包括了学科的研究方向、师资队伍、科学研究、人才培养、基地建设、服务社会等诸多方面，而专业在建设与发展过程中，其覆盖面较窄，主要是围绕人才培养这一中心工作的相关教学活动的总和。三是在高校具体的人才培养实践中，学科面向的是研究生培养，而专业面向的是本科生培养。

二）学科建设与专业建设的联系与区别

1. 学科建设与专业建设的联系

（1）专业建设和学科建设是高校工作的重心

高校有三项基本职能，即科学研究、人才培养和服务社会。专业建设和学科建设从学科专业的角度，覆盖了高校的三项基本职能，成为引领高校建设的一条纽带。专业建设的主要目标是本科生培养，学科建设的主要目标是科学研究、研究生培养，加上两者所共有的服务社会的职能，就涵盖了高校的三大基本职能，因而共同形成了高校工作的重心。

（2）专业建设是学科建设的起点

任何一所高校的发展，都是从本科教育开始的。研究生教育是在本科教育发展到一定程度和水平后，开展的更高层次的教育。因此，从历史发展的角度来看，专业建设是学科建设的源头和起点；学科建设是专业建设的延续与发展。

（3）学科建设是专业建设的外部环境

专业建设是学科承担人才培养职能的基础。任何一所高校的人才培养质量，主要取决于这所高校的学科建设水平。从系统论的角度来观察，如果将专业建设视为一个系统，其内涵（包括师资队伍建设、基本条件建设以及教学计划、培养方案、教材和教学条件建设等），尤其是师资队伍建设受到学科建设的影响，即学科建设的科学研究、研究生培养、学术交流、基地建设等都会影响师资队伍的建设与发展，成为专业建设的重要外部环境，影响专业建设的发展。

2. 学科建设与专业建设的区别

（1）目的和内容不一样

如前所述，学科建设与专业建设在目的和内容上有区别。学科建设的目的是为了提升高校的整体实力和水平，是为了满足社会对人才培养的需求以及对科学研究的需求，而专业建设仅仅是为了满足人才培养的需求。另外，在人才培养的需求上看，又有所区别。学科建设是为社会培养具有创新能力的高层次专门人才，解决社会发展中的理论问题和前沿问题；而专业建设是为社会需要培养有较高素质的应用性人才。在内容上，学科建设的重心在学术队伍建设，管理工作上重视科学研究；而专业建设的重心在人才培养，管理工作上重视教学管理。

（2）建设对象不一样

毫无疑问，学科建设的对象是学科，而专业建设的对象是专业，这两者是有区别的。另外，从人才培养的角度上看，两者的培养对象不一样。学科建设的培养对象是博士研究生和硕士研究生；而专业建设是为社会培养并输送本科生。因此，从这一角度上说，学科建设为研究生教育服务，而专业建设为本科教育服务。

（3）管理部门不一样

目前高教系统实行三级管理，即中央政府、地方政府和高校三个层次。从这三个层次上看，学科建设与专业建设的管理部门都不一样。学科建设的管理部门按层次来看，分别是国务院学位委员会办公室、地方省级学位委员会办公室和研究生院（部、处）。专业建设的管理部门分别是教育部高等教育司、省（市、自治区）教育厅高等教育处和教务处。

（4）地位和作用不一样

学科建设关注的是学科前沿问题，其主要作用是知识的发现与创新，它直接关系到一所高校的声誉及影响力。因此，学科建设已成为各高校建设与发展的核心工作，在高校建设与发展中处于龙头地位。专业建设的作用是人才培养，即本科生的培养。随着高校竞争的日趋激烈，科学研究及研究生教育逐渐成为办学的主要工作，专业建设处于次要的地位，专业建设的中心地位往往为高校领导层所忽视。

四、研究目标与研究内容

（一）研究目标

本研究目标有如下几方面：一是对学科建设相关理论问题开展深入研究，包括学科组织形式、学科建设创新、学科建设绩效评价、学科建设评估等问题，弥补学科建设理论研究领域的研究深度不够，比如学科组织形式创新问题的研究，学科建设绩效评价方法问题，都有待深化；二是从战略分析与战略管理的高度，探讨湖北省学科建设的长远发展目标与战略发展举措，为湖北省高校学科建设理清思路，为湖北省高校的改革与发展指明方向；三是结合湖北省教育厅正在着手开展的"十三五规划"制订工作，基于本课题的研究报告和研究成果，形成湖北省"十三五"学科建设发展规划，为湖北省教育厅提供决策依据和决策材料。

（二）研究内容

结合课题选题及研究需要，本课题研究包括七部分，即绪论、学科建设改革与发展相关问题的理论探讨、湖北省高校学科建设的历史回顾、湖北省高校学科建设的现状分析、湖北省高校学科建设所面临的形势分析、湖北省高校学科建设战略改革与发展目标、湖北省高校学科建设改革与发展的战略举措。

第一部分为绪论部分。绪论部分主要对本课题的研究背景和研究意义、研究内容与研究方法、相关概念的界定等方面分别进行阐述。其中，研究背景主要从党的"十八大"及"十八大三中全会、四中全会、五中全会"精神的贯彻落实、我国经济社会发展对高水平创新人才的需求还为迫切、《国家中长期教育改革和发展规划纲要（2010—2020 年）》出台、全国研究生教育工作会议召开以及世界高等教育竞争态势日益激烈等多个层面进行分析；研究意义主要从对深化学科建设理论的理论意义及应对日益激烈国际高等教育竞争态势、实现研究生教育大国向研究生教育强国转变和实现湖北省"十三五"经济社会发展目标三方面进行探讨。研究内容主要对整个课题每部分的研究内容进行梳理与简要介绍，以把握整体的研究思路；研究方法主要从方法论的层面上，对不同的研究部分，需要以什么样的合适方法有效进行研究予以的分析。创新点主要是在本课题研究过程中，所形成的具有创新意义的新观点和新成果。相关概念的界定主要是对本课题的研究对象，即学科建设，对学科、专业、学科建设、专业建设等相关概念的内涵及与相关概念进行辨析，明确本课题的研究对象。

第二部分为学科建设改革与发展相关问题的理论探讨。这部分的研究内容结合本课题研究的政策研究属性以及主要强调改革与发展的主题，因而对于学科建设的理论探讨主要侧重于学科建设研究领域中的学科群、组织形式创新、学科建设创新、学科建设绩效评价、学科建设评估等五方面的内容，既关注学科建设的建设周期，同时也关注了学科建设创新与发展两大主题。

第三部分为湖北省高校学科建设的历史回顾。这部分包括三方面的内容：一是简略介绍了建国前及建国初期湖北省高等学校学科建设的总体情况；二是以改革开放为重要分界点，重点梳理改革开放后湖北省高校学科建设的发展情况，尤其是对第八次学位授权审核后，基于每一次的审核结果，对湖北省学位授权单位、学位授权点从数量、结构、布局等方面进行量化分析；三是在梳理湖北省高校学科建设的发展脉络的基础上，总结了湖北省高校学科建设所积累的主要经验，以期能为下一阶段湖北省高校学科建设提供经验借鉴。

第四部分为湖北省高校学科建设的现状分析。这部分包括五方面的内容：一是从湖北省国家重点学科和省级重点学科等方面详细分析湖北省重点学科建设的现状；二是分析了湖北省学位授权单位和博士、硕士学位授权点建设的现状；三是分析了湖北省专业学位授权单位和专业学位授权点的现状；四是从学科方向、师资队伍、科学研究、人才培养和科研基地等方面探讨了湖北省学科内涵建设的现状；五是探讨了湖北省学科建设的管理现状；最后对湖北省学科建设中存在的主要问题进行了分析。

第五部分为湖北省高校学科建设所面临的形势分析。这部分包括三方面的内容：一是结合我国社会改革发展的形势，着重从"四个全面"战略布局、治理体系和治理能力现代化建设、依法治国等方面，分析我国高等教育，尤其是湖北省高等教育以及高校学科建设所面临的机遇和挑战；二是结合我国经济发展形势，尤其是中国经济进入"新常态"后，中国高等教育及湖北省学位与研究生教育改革发展所面临的机遇和挑战；三是结合我国高等教育改革发展的形势，尤其是高等教育综合改革、一流大学一流学科计划、研究生教育综合改革等高等教育改革与发展的新形势和新要求，全面分析湖北省高校学科建设所面临的机遇与挑战。

第六部分为湖北省高校学科建设改革与发展目标。这部分包括三方面的内容：一是对湖北省高校学科建设改革与发展的指导思想，主要分析湖北省高校学科建设改革与发展指导思想的主要背景，提出湖北省高校学科建设指导思想，并对其内涵进行分析；二是对湖北省学科建设改革与发展的基本原则进行分析，提出贯彻国家精神、把握发展方向，适应国家需求、实行重点建设，优化结构布局、完善学科体系，强化内涵建设、提升学科水平，完善体制机制、确保建设效益等五项基本原则；三是提出湖北省学科建设改革与发展的思路与目标。

　　第七部分为湖北省高校学科建设改革与发展的战略举措。这部分是课题研究的对策部分，主要从把握改革发展方向、全面推进高校综合改革，始终坚持改革创新、引领学科战略发展方向，引导高校合理定位、构建学科建设全新体系，着力实施四大工程、提升学科整体实力水平，实施学科动态调整、不断优化学科结构布局，科学厘清三大关系、保障提升人才培养质量，加强条件保障建设、确保实现学科建设目标等七方面提出了相应的对策。

五、研究思路与研究方法

（一）研究思路

　　结合本课题研究现状，尤其是本课题研究的需要，将从理论研究、历史考察、现状研究、形势分析、改革发展目标、改革发展重大举措等六部分内容依次进行，形成比较科学和系统的研究构架体系。

　　理论研究是整体研究的理论基础，是本研究必须首先要解决的问题，也从理论上探讨学科群、学科组织形式、学科建设创新、学科建设绩效评价、学科建设评估等基本问题，探讨其应然状态。

　　历史考察是对研究对象过去的研究与探讨。此部分将从时间维度来梳理、分析湖北省高校学科建设的发展历程，以白描的方式，将湖北省高校学科建设的重大事件进行全面梳理，尤其是国家组织的学术型学术授权点审核工作中，湖北省高校学位授权单位和学位授权点变化情况，并在此基础上总结湖北省高校学科建设的成功经验。改革与创新虽然是对过去的否定，但首先是继承，只有合理地继承，才能科学地发展。

现状研究是对研究对象当下的分析与考量。此部分将对湖北省学科建设的现状进行研究与探讨，主要从湖北省重点学科以及学位授权单位和学位授权点的数量、结构、布局等内容进行梳理和分析，查找存在的主要问题，为后续的对策研究提供现实基础。

形势分析是对外部形势的分析和探讨。此部分基于 SWOT 分析法，对湖北省高校学科建设所面临的国内政治、经济、教育改革等相关影响因素进行分析，探讨影响湖北省高校学科建设的外部影响因素及其对湖北省学科建设的影响。

对策研究主要包括湖北省"十三五"学科建设的指导思路、基本原则和改革思路，以及湖北省"十三五"学科建设的重大改革举措等主要内容。

（二）研究方法

结合本课题研究的需要，拟采用理性思辨法、文献研究法、调查研究法和访谈法。

一）理性思辨法

拟借鉴管理学、社会学及教育学中的相关理论，重点探讨学科群、学科组织形式、学科建设创新、学科建设绩效评价、学科建设评估等，以解决本课题的理论研究问题，为整体研究提供理论支撑。

二）文献研究法

拟采取文献研究法，通过对相关文献的收集与整理，对湖北省学科建设的发展历程进行总结与梳理，主要解决本课题历史考察部分的研究问题。

三）调查研究法

拟对湖北省高校学科建设的现状进行调研，全面了解湖北省学位授权单位、学位授权点和专业学位的现状，重点学科建设的现状，管理体制、管理模式、运行机制、学科组织形式等现状，形成相关系列的调研报告，为课题现状分析打下基础，拟采用问卷法和现场询问等方式进行调查，主要解决本课题现状部分的研究问题。

四）访谈法

拟到江苏、上海、陕西、广东等省教育厅进行访谈，主要是了解其他相关省市在省级政府学科建设改革方面的一些改革举措和设想，为本课题的对策研究提供支撑，主要解决本课题对策部分的研究问题。

第一章　高校学科建设改革与发展
相关问题的理论探讨

　　本章结合课题研究的需要，主要从理论上探讨学科群、学科组织形式、学科建设创新、学科建设绩效评价、学科建设评估等相关问题，为后续研究打下基础。

第一节　关于学科群的相关探讨

　　以学科群开展学科建设，是近些年许多高校实施学科建设的一种重要方法，在高等教育界引起了广泛的关注。早在 2005 年 10 月在杭州召开的"高新技术高峰论坛——学科汇聚与科研平台"学术研讨会上，与会大学校长就学科群建设问题提出了"学科汇聚"这一新的概念。作为身处学科建设一线的大学校长们，为什么舍熟悉的"学科群建设"而用"学科汇聚"这一陌生的新概念？这是应该引起重视并值得深思的问题。理论研究是行动的指导，回顾学科群研究的历史，全面总结并分析目前的研究现状及存在的主要问题，并在此基础上提出建议，将会对今后的学科群研究具有重要的意义。

一、"学科群"研究总体情况概述

　　20 世纪 70 年代，日本筑波大学诞生了学科群组织，这一令世人瞩目的新生事物当时颇具轰动效应，引起了当时高等教育界的广泛关注。上世纪九十年代，随着我国实施"211 工程"建设，许多高校对学科群有了实际的建设需要，于是我国不少一流大学便风起云涌般兴起了学科群建设的高潮。这一现象对我国高等教育理论界产生了强烈影响，不少有识之士纷纷指出，对于学科群建设的研究应引起高度关注，学科群建设是我国高校发展的新动向，带有一种探索性、方向性的发展趋势，同时对学科建设理论发展也具创新性的意义。

从现有文献来看，国内较早对学科群进行研究的是俞长高先生。他在1994年《学位与研究生教育》第2期上发表的"一流理工大学学科群的特征与建设"一文中，结合当时国家正在着手实施的"211工程"建设，提出了学科群建设，并结合理工类高校的特点，对建设一流理工大学学科群的特征与建设思路进行了分析与思考[①]。尔后，对学科群建设研究的文章如雨后春笋，从不同的角度进行了多方面的研究，可谓硕果累累。对于前期的研究，从研究内容上来看，包含了学科群内涵和特点、学科群建设的意义、学科群建设的组织形式及学科群建设的实践与经验总结等内容，对学科群的研究较系统，同时也实现了理论研究与工作实践的有机结合；从研究主体来看，包括了高等教育理论研究者和高等教育管理工作者，形成了理论层面与实践层面相互支撑的可喜局面。

二、"学科群"研究现状及存在的主要问题

（一）学科群研究的现状

近些年，高等教育界对学科群开展了广泛而深入的研究，取得了可喜的研究成果。下面从学科群的内涵、建设意义及组织形式等几方面，将已有的主要研究观点进行梳理和分析。

1. 学科群内涵研究

对学科群内涵的理解，主要有三种观点：第一种观点认为"学科群的组建，是围绕着重大科研攻关项目或者某一具体的系列研究来组织实施的，它的目的是为了承担大型科研攻关项目，获取重大科研成果，学科群建设的本质是科研，而不是学科自身"[②]，并强调学科群的特征表现在学科群的组织上，提出了学科群由上游理论研究和技术基础研究、中游开发研究和下游的与产业接轨三部分组成。第二种观点认为"学科群是具有某种共同属性的一组学科，每个学科群包含有若干个分支学科。它是学科基础相关、内在联系紧密、资源共享、优势互补的多个学科的组合，这些学科可以是同一学科门类的，也可以是

---

① 俞长高：《一流理工大学学科群的特征与建设》，《学位与研究生教育》1994年第2期，第7—9页。

② 杨兴龙：《谈学科群建设》，《中国高等医学教育》1995年第1期，第14—15页。

不同学科门类的"[1]。第三种观点是将现有学科分为五大学科群，即"数理学科群、物理学科群、生理学科群、心理学科群和事理学科群"[2]。

2.建设意义研究

由于对学科群内涵认识的不一，从而对开展学科群建设意义的认识也不一致，主要有如下二种：第一种是单一目标型，即学科群建设的意义就是为了承担重大科研攻关项目、解决重大科研难题这一单一目的；第二种是多目标型，即"有利于学科发展、有利于学生的培养、有利于出科研成果"[3]等。

3.组织形式研究

对学科群建设组织形式的研究，主要有如下几种观点：第一种观点按学科群组织的几何形式，将学科群建设的组织形式概括为五种主要形式，即"树状型、网络型、星团型、行列式型和原子团簇型"[4]，其中"树状型"以一级学科为主干，延伸出若干二级学科，按学科层次分级而构建的学科群；"网络型"是指学科群在纵向上具有明晰的学科层次，横向上则表现为相关学科、跨学科的有机联结；"行列式型"是以性质相近的学科组成学院，构成学科群的"列"，以重要综合科学研究任务为纽带，组成横向联系的学科群，以研究中心为组织形式，构成行列的"行"；"星团状型"是指由核心主干学科、骨干支撑学科、外围学科分层交叉构成学科群；"原子团簇型"是指由核心主干学科、骨干支撑学科、外围相关学科分层交叉构成学科群，在有实力的核心主干学科带动下，催生群内对经济建设、社会发展和科学进步具有全局性重大影响的相关高新技术学科和应用性人文社会学科并促进其发展。第二种观点从学科群结合的紧密程度，将学科群的组织形式分为三种形式：一是实体型，即"由某种强有力的行政机构把一些学科组合在一起而形成的学科群"；二是紧密型，即"由比较稳定的学术团队组织起来的学科群"；三是松散型，即"由重大科研课题联系在一起的学科群"[5]。

---

[1] 陆爱华：《对工科院校学科群构建问题的探讨》，《学位与研究生教育》2005年第6期，第46-50页。

[2] 徐东：《论学科向学科群演化的必然规律》，《现代大学教育》2004年第6期，第10-14页。

[3] 陆爱华：《对工科院校学科群构建问题的探讨》，《学位与研究生教育》2005年第6期，第46-50页。

[4] 王栾井、学科群：《学科综合化发展的新趋势》，《江苏社会科学》1997年第1期，第171-176页。

[5] 王元良：《浅议学科群建设》，《高等理科教育》1995年第3期，第11-13页。

4. 运作模式研究

对学科群运作模式的研究较少，主要的观点认为其组织形式包含"技术源头与学科支撑、工业化试验和产业化三部分"，即"上游有高水平的基础、技术学科为源头，周围有相关学科支撑，下游有工业化试验和产业化基础，群体有支柱学科，相关学科间有交叉网络联系，构成适应市场经济的、有自我发展能力的实体"[①]。

（二）"学科群"研究存在的主要问题

从以上的研究情况不难看出，对学科群的研究，研究内容虽然涉及面比较广，但总体而言，仍处于初步研究阶段，主要表现在如下几方面：一是从某一学科群或某一高校自身的工作实践进行总结的多，系统理论研究的少；二是对学科群基本内容的研究看法不一，许多基本内容的研究仍然是仁者见仁，智者见智；三是理论研究与实践的脱离。下面分别从内涵、意义、组织形式和运作模式分别予以说明。

1. 内涵

在上面列举的内涵界定中，第一种属于实践型，它来源于学科建设实践，主要是基于开展"211工程"建设和"985"工程建设的高校。但这种界定仅仅是对学科群建设中所做实践工作的一种浅层次的总结。以开展科学研究为目的，实施学科群建设是开展学科群建设的一种形式，但它不能准确、完整表述学科群建设的内涵，不能将此等同于学科群建设。第二种是对学科群内涵比较准确的把握，但缺乏对学科群组建目的性的说明。学科本是独立存在的，将部分学科组织在一起形成学科群，离开了高校的实际情况和建设目标，学科群的界定就失去了应有的意义。第三种是对学科群发展历史的一种概述，它反映的是学科群过去发展的粗略脉络。《授予博士、硕士学位和培养研究生的学科、专业目录》（1997年版）将学科划分为12个学科门类、88个一级学科和382个二级学科，因此，这种划分与目前开展学科群建设的范围相比，学科群的划分太粗，没有实践性的指导意义。

2. 意义

对于开展学科群建设的意义，因对内涵的理解不一，对意义理解的差异就显而易见了。单一型因对学科群内涵理解的深度问题，使其对学科群建设意义的理解单一化。开展学科群建设的意义仅为科学研究，是不能全面反映学科群

---

① 王正青：《抓学科群建设 促研究生培养》，《高等工程教育研究》1997年第1期，第13-16页。

建设意义的。多目标型包括了学科自身的发展、人才培养和科学研究，是比较系统的概括，但也存在一些问题：一是全面性的问题，除以上的意义之外，开展学科群建设对于学科基地的建设具有十分重要意义。目前以学科群为重要形式实施建设的 "985" 工程，其重要内容就是学科平台建设，因此，学科群建设对学科基地的建设也应具有重要意义，应将此部分纳入到建设意义中来。二是建设意义的层次问题。就目前开展学科群建设的实际情形来看，其意义应该是有层次性的，最重要的应该是科学研究，其次是人才培养、基地建设和学科自身建设。

3. 组织形式

对学科群组织形式的研究，第一种分类法从几何形状上予以分类，主要存在以下两方面的问题：（1）组织形式类型界定模糊。此种分类法存在着对几种类型界定的模糊性，很难将其划分开来。如星团型与原子团簇型，网络型与行列式型。另外，从几何图形本身的界定来看，树状型、行列式型、星团型和原子团簇型本身就是网络型的一种。因此，这种分法从概念本身出发就比较模糊，不具科学性。（2）各种类型相互重叠。这种分类法与现状情况相比，其中几种结构的界线与现实的对应是不够明确的，存在许多重叠之处。如树状型与网络型的重叠，其对应的现实院系建制中以一级学科组建院系的情形。如星团型与原子团簇型，其对应的都是现实院系建制中跟学科门类或以学科门类组建院系的情形。这种分类法联系目前许多高交开展的学科群建设实践，对跨学院实施学科群建设，根据结合的紧密程度进行的一种划分，划分比较科学，同时也具有可操作性。不过，这种分类法也存在问题。第二种分类中的 "实体型" 仅在原有学院基础上，根据学科群建设的要求，将重新组建研究院、学科特区等行政机构作为实体型组织的全部对象。作为对研究对象的一种分类，这种分法不具完整性。这种分类法仅将跨学院设置行政机构作为其研究对象，而对学院内部开展的学科群建设未包括在内。显然，学院内部开展学科群建设也是实施学科群建设的一种重要组织形式。作为一种科学的完整的划分，应该将现有院系组织开展学科群建设纳入其中。

4. 运作模式

运作模式是开展学科群建设的方式。以上提到的运作模式主要是产、学、研相结合的一种实践，是工科学科群结合自身情况做的总结，也是许多工科学科群建设成功的经验。但对于文科、理科、经济、管理等其他学科群的建设，这种方式就不适用了。因此，这种运作模式有其局限性。

三、"学科群"研究的趋势

从以上学科群研究现状的回顾以及对存在的主要问题的分析，不难看出，对于学科群的研究需要进一步深化，部分重要研究内容需要开展研究。因此，对于今后学科群的研究与实践，应该把握如下几点。

（一）加强理论研究，理论联系实践

理论研究是实践的指导，因而首先应加强理论研究。从目前对学科群内涵、特点、组织形式及运作模式的研究来看，普遍存在的问题就是没有考虑其适用的对象。我国开展学科群建设的最初来源于"211工程"建设，实行学科群建设的主体大多为工科院校，许多研究往往将学科群研究的对象就界定在工科学科群的建设上。但工科学科群与其他学科群之间，差异性很大。基于这种情形，理论研究要扩大其适用范围，使之具有普遍指导意义。比如，对人文社会学科、理科、医学、农学等学科开展学科群建设的必要性和可行性研究，应该成为学科群研究的重要内容。其次，理论要与实践密切联系。研究要结合我国高校开展学科群建设的现实情况，使理论研究有实践作支撑；同时各高校要将自身开展学科群建设的实践及时进行总结和归纳，使许多好的做法和举措具有一定的普遍适用性，使之可以得到推广。随着学科群建设的意义得到许多高校的认同，开展学科群建设成为许多高校开展学科建设的重要形式。紧密依托建设实践，将不同类型高校、不同类型学科群以及学科群建设过程的实践不断充实到学科群建设的理论研究中来，对学科群的研究将起到十分重要的作用。

（二）注重研究重点，解决突出问题

学科群研究需要进一步深入研究的内容很多，研究中要把握重点，解决突出问题，尤其是对学科群组织形式的研究，它是学科群研究的重点和难点问题，也是学科群建设实践的关键所在。就现状而言，对学科群组织形式研究，一是研究得很少，二是缺少专题研究，此部分的研究亟待深入。对于学科群组织形式的研究，首先要紧密结合实际，找准角度，对学科群组织形式进行科学、准确的划分。比如，可以从学科群建设的现实出发，将学科群的组织形式划分为学院实体型、新组实体型、学术团体型、科研凝聚型等，就是一种很好的分类方法。其次，针对不同的类型，分析其优、缺点，说明其适用对象。比如按著者上述的划分，"学院实体型"其优点包括如下几方面：一是学科群集中在一个学院，便于组织和管理；二是学科群往往集中在一个

一级学科内，学术队伍成员间相互熟悉，有协作经历，便于协同开展建设；三是因为学科发展的历史，容易从学科群中找出得到大家认同的学科群组织者。当然，同时也有一些缺点，主要有如下几方面：一是学科群与外界相对封闭，不利于学术交流，尤其是跨学科专家之间的相互交流不够，使学科群的创新意识和创新能力受到影响；二是学科覆盖面相对单一，对于承接综合性科研项目，往往需要其他学院的协作。其适用对象主要是对现有优势学科和特色学科群。总之，要结合实践，进行深入研究，充分分析其优缺点，找准适用对象。再次，要解决好组织的有效力问题。学科群组织形式是多样化的，除"行列式型"或"实体型"外，其他组织形式，如学术组织或以科研项目为纽带的组织形式，均为是松散型的组织形式，其组织的有效力有限。当然，包括实体型在内的所有学科群组织形式，都存在着如何结合实际，提高学科群建设有效力这一共性问题，这也是深入开展组织形式研究的重要课题，尤其是非实体型组织形式的有效力问题，成为学科群研究的重点和难点。最后，学科群组织形式研究要注重创新。对于高校学科群建设实践方面的一些新动态和新内容，将其纳入其中，不断丰富和完善学科群组织形式的研究。如部分高校开展的学科特区实践是一种很好的方式，应将此部分的研究与实践纳入到组织形式的研究中来。

（三）开展系统研究，积极实施创新

目前对学科群的有关研究尚有待进一步深化，尚有许多研究领域属于空白。正如本文开头所提到的"学科汇聚"，它与学科群建设的区别与联系何在，如何实现学科群建设与学科建设工作的有效链接问题，学科群建设与学科平台建设的关系问题，学科群建设的规模问题，都是学科群研究与实践的空白。另外，要不断实施创新，将新的实践与研究内容纳入到学科群研究中来。比如，近些年来许多高校在实行"211工程"或"985"工程建设过程中，为承担重大科研项目，解决重大科研问题，而开展的跨一级学科或门类、跨院系的行为，少数高校（如南京大学、东北大学、复旦大学等）为强化这些学科群的建设与发展，实行了学科特区管理形式。这都是对学科群建设的创新与积极探索。实践证明，这些注重实效、锐意创新的举措，不仅取得了良好的建设成效，同时也为学科群理论研究提供了重要的研究内容。

总之，结合当前学科群建设的实践，针对其中存在的主要问题，把握目前学科群研究与实践的重点、难点，填补其中的空白研究领域，深入开展理论研究与实践，将对学科建设理论的发展与完善，对目前高校开展的学科建设实践，都具有重要的理论意义和现实意义。

四、关于学科群组织形式的探讨

上世纪七十年代，日本筑波大学诞生了"学科群"组织，这一令世人瞩目的新生事物当时颇具轰动效应，引起了当时高教界的广泛关注。上世纪九十年代，随着我国实施"211工程"建设，许多高校对"学科群"有了实际的建设需要。学科群建设的组织形式作为其中的重点和难点问题，进行专题研究，将对学科群研究与实践具有十分重要的理论意义和现实意义。

（一）我国高校院系建制的现状

从专业目录的学科分类体系看，所谓"学科群"是指若干具有相同级次的学科点的集合。我国各高校结合自身学科的实力与办学传统，考虑院系设置的规模，其院系建制比较复杂，从学科群的角度上来看，主要包括如下几种形式：第一类是按某一学科门类或者跨学科门类组建学院。这类学院学科较多，相对而言，各学科的实力不强，各学科师资人数较少。如许多高校成立的"文法学院"、"经管学院"、"工学院"、"农学院"、"医学院"等。第二类是按某一一级学科组建学院。这类学院学科较少，往往是各高校的优势学科或特色学科，各学科具有较强的实力，各学科师资人数较多。如众多高校成立的"机械学院"、"材料学院"、"建筑学院"、"交通学院"等。第三类是打破学科间线性限制，按产业或行业的集合设置学院。这类学院的设立主要是考虑社会的需求，突破了单纯按学科建院的思路，但它仍需要大学内多种学科的支撑。如随着人民生活生活水平的不断提高和消费观念的更新，我国宝玉石业的兴起，中国地质大学设置了以岩石学、矿物学为学科支撑的"珠宝学院"。

（二）对学科群组织形式的思考

鉴于以上对学科群建设二种组织形式的分析，著者将学科群的组织形式分类四类：一是学院实体型、新组实体型、学术团体型和科研凝聚型。下面对四种就其内涵、适用范围和优缺点逐一进行分析。

1.学院实体型

"学院实体型"组织形式是依托现有的高校建制对学科群进行建设，是高校实施学科群建设的主体。实施学科群建设，是高校突出学科建设重点，强化自身优势学科群和特色学科群的举措，而高校的优势和特色学科群一般都集中在现有的某一学院中。因此，"学院实体型"组织形式的适用对象主要是对现有优势学科和特色学科群，其学科基础较好，有较大的社会影响力，其发展目标是学科群的深层次发展问题。其优点表现在：一是学科群集中在一个学院，便于组织和管理。二是学科群往往集中在一个一级学科内，学术队伍成员间相互熟悉，有协作的经历，便于协同开展建设。三是因为学科发展的历史，容易从学科群中找出能得到大家认同的学科群组织者。四是学科群一般在本学科和社会上已具一定影响力，有利于承接高水平科研项目，有利于学科群的发展。"学院实体型"组织形式的缺点表现在：一是学科群与外界相对封闭，不利于学术交流，尤其是跨学科专家之间的相互启迪，使学科群的创新意识和创新能力受到影响。二是学科覆盖范围相对单一，对于承接综合性的科研项目，往往需要其他学院的协作。

2. 新组实体型

"新组实体型"是根据学科群建设发展的需要，将部分学科由原来的院系建制中脱离出来，重新组建学院、研究所或学科特区等高校两级单位。高校的新兴学科或交叉学科，往往在其起步时依托于原来的多个学科，当其发展到一定程度时，高校领导层对于经济、社会发展等宏观环境的把握，为了这一学科群的长期稳定发展，往往会新组建学院或研究所等实体单位。因此，新组实体型的适用对象是已经发展壮大起来的新兴学科群或交叉学科群。这一组织形式的优点包括：一是有利于加强对新兴学科群、交叉学科群的组织与管理。二是有利于新兴学科群或交叉学科群的进一步发展。其缺点和不足之处在于：增加了高校建制数量，扩大了行政管理人员队伍，增大了办学成本。

3. 学术团体型

"学术团体型"是指由比较稳定的学术团体或学术组织而将相互关联、联系紧密的学科群组织起来的组织形式。学术团体或学术组织是学者、专家之间根据学术研究与交流的需要，由学者、专家自发组建的学术性组织，而非行政性机构。由于对这一学科群的发展后势无法预测，因此，这种组织形式适用于新兴学科群或交叉学科群起步阶段的建设。这一组织形式的优点包括：一是有利于学科群专家、学者间的交流，促进新兴学科和交叉学科的萌芽。二是没有增加学院建制数，没有增加办学成本。其缺点包括：一是由于学术性团体或组织，没有行政上的统一组织与领导，学科群的组织与建设出于学者自发的学术责任，学科群建设缺乏稳定的目标和有效的组织与管理。二是没有固定的经费作支撑，学科群的组织与建设没有财力上的保障。

4. 科研凝聚型

"科研凝聚型"是指通过重大科研项目将相关学科的部分成员汇聚在一起的学科群建设形式。这种建设形式往往以一个学科为核心学科，其他相关学科参与，以承担重大科研课题、联合攻关重大科研难题为目标。这一组织形式有广泛的适用性，既适用于传统优势和特色学科群的建设，也适用于新兴学科群或交叉学科群的建设。其优点包括：一是开展建设的目标明确，通过学科优势的汇聚产生合力，有利于开展高水平的重大科学研究工作。二是没有设立专门的管理机构，减少管理机构的设置，没有增加管理成本。其缺点包括：一是各相关学科参与人员不多，研究领域和影响力有限，从而对学科群建设与发展影响不大。二是主要强化了核心学科的发展，对其他参与学科的建设与发展，其影响力有限。三是建设时间直接受科研工作的影响，科研项目结题后，相应的建设工作即结束，缺乏长效建设机制。

对于学科群组织形式的选取，除了考虑以上学科群组织形式的适用对象和优缺点外，还受多方面因素的影响，包括高校自身现行的院系建制、学科建设目标与学科基础、学科群建设的目的等微观因素，同时还包括国家的教育发展政策、科研规划、社会和行业发展势态等宏观因素，都将影响高校对于学科群组织形式的选取。因此，对于学科群组织形式的选取是各高校结合自身实际与条件，分析外部环境后，所做的一种理性选择。

第二节 关于学科组织形式的探讨

2013 年初，教育部学位与研究生教育发展中心公布了第三轮学科评估结果。武汉理工大学材料科学与工程在此轮学科评估中，绝对排名居全国第 5 位，相对排名居全国 5.1%，较 2002—2004 年全国第一轮学科评估结果（绝对排名全国第 27 位，相对排名 55.1%）相比，取得了明显进步。武汉理工大学材料科学与工程在这一数量众多、竞争激烈的传统学科中，经过多年的建设与发展，确立了在我国材料科学与工程领域优势学科的地位。究其缘由，该校材料科学与工程学科组织结构优化对于该优势学科的形成与发展起到了十分重要的支撑作用。

一、武汉理工大学材料科学与工程学科组织结构演化的发展轨迹

武汉理工大学（由原武汉工业大学、武汉交通科技大学和武汉汽车工业大学于 2000 年合并组建）材料科学与工程学科始建于 1954 年，已有六十年的发展历史。经过几代人的不懈努力与探索，已形成比较合理的学科组织结构，对该优势学科建设与发展起到了重要的支撑作用。从武汉理工大学材料科学与工程学科组织结构演化过程来看，大体经历如下几个阶段。

（一）单一学院（系）的初始阶段（1954—1978 年）

建国初期，在当时百废待兴的特定社会环境条件下，面向我国建筑材料行业对专业人才的迫切需求，原武汉工业大学成立了硅酸盐工程系。该系下设若干教研室，这种系——教研室的学科组织架构是当时我国高校普遍的学科组织形式。该系自创办之初，一直到 1978 年国家恢复研究生招生的二十多年里，主要围绕本科生培养而开展建设，在硅酸盐工程系这一学科组织中，为服务于本科生培养，建设了少量的教学实验室，但没有独立建制的相关科研组织机构。在这一阶段，该校材料科学与工程的学科组织是其硅酸盐工程系，其组织结构的特点是：学科组织由单一的教学机构（系）组成，学科组织结构中缺乏有独立建制的科研组织机构，即有教学组织作支撑，而无科研组织作支撑。这种学科组织结构从学科建设阶段而言，属于专业建设阶段，学科功能是比较单一的本科生人才培养。

（二）学院为主、科研基地为辅的建设阶段（1979—1993 年）

自恢复研究生招生之后，由于研究生培养以及开展科学研究的需要，原武汉工业大学开始着手科研基地的谋划与建设。20 世纪 80 年代中期，原武汉工业大学围绕材料科学与工程学科的建设与发展，尤其是该学科研究生培养的需要，建成了材料研究与测试中心这一材料领域的公共测试平台，主要服务于该学科教师和研究生开展科研和教学实验。与此同时，原武汉工业大学把握当时世界材料学科发展的学术前沿，着手组建了材料复合新技术实验室。这一时期为满足建材行业对人才的需要，在原有硅酸盐工程系的基础上，成立了硅酸盐科学系。至此，该校材料科学与工程学科的学科组织由硅酸盐工程系、硅酸盐科学系、材料研究与测试中心、材料复合新技术国家重点实验室等 4 个独立建制的系和科研基地组成，其学科组织结构的特点是：学科组织由 2 个系和 2 个独立建制的科研基地组成，学科组织结构中，即有教学组织作支撑，又有科研

机构作支撑，形成了以学院（系）为主、以科研基地为辅的组织结构。这种学科组织结构从学科建设阶段而言，属于学科建设阶段，学科功能由比较单一的本科生人才培养拓展到本科生、研究生培养和科学研究，学科功能以人才培养为主，科学研究为辅。

（三）学院和科研基地并举的发展阶段（1994—2007 年）

自 1994 年以后，武汉理工大学为加快材料科学与工程学科建设，重点加强了一批传统材料领域、新材料领域以及新兴交叉学科领域科研基地的建设，形成了支撑材料科学与工程学科发展的科研基地群。在传统材料领域，建设了硅酸盐建筑材料国家重点实验室、绿色建筑材料及制造教育部工程研究中心等国家和省部级科研基地；在新材料领域，建设了材料复合新技术国家重点实验室等国家和省部级科研基地；在新兴交叉学科领域，建设了光纤传感技术国家工程实验室、湖北省生物材料生物材料工程技术研究中心、燃料电池湖北省重点实验室等国家和省部级科研基地。到 2007 年，这批国家和省部级科研基地均为独立建制，三个国家科研基地人数均达到 40 人以上的规模。这一时期，原有的硅酸盐工程系和硅酸盐科学系合并组建为材料科学与工程学院。至此，该校的材料科学与工程学科组织由材料科学与工程学院、硅酸盐建筑材料国家重点实验室、材料复合新技术国家重点实验室、光纤传感技术国家工程实验室、绿色建筑材料及制造教育部工程研究中心、湖北省生物材料生物材料工程技术研究中心、燃料电池湖北省重点实验室等国家和省部级科研基地组成，其学科组织结构的特点是：学科组织由以多个独立建制的国家和省部级科研机构和学院组成，学科组织结构中，既有学院作为支撑，同时有多个独立建制的科研机构作支撑，科研机构已具较大规模，实现了学院和科研基地的并重。这一阶段属于学科群建设阶段，学科功能包括本科生和研究生的人才培养以及科学研究，对高校办学特色的凸显也发挥了重要作用。

（四）学院和科研基地协同的改革阶段（2008—2009 年）

2008 年，武汉理工大学将材料科学与工程学院作为学校研究型学院建设的试点建设单位，进行试点改革。试点改革的目标是将该校材料科学与工程学科建成世界一流水平学科，进一步凸显学校的办学特色，其试点改革的核心内容是积极探索材料学院与相关科研基地协调发展、相互支撑的协同关系。这一阶段在学校的统一领导和组织下，由材料科学与工程学院牵头，其他相关科研基地参与，在科研人员、教学人员的流动与互动共享、科学研究和人才培养的协作、科研设备的共享等方面进行了系列改革探索，初步形成了学院与科研基地良性互动的发展机制。这一阶段，学科组织结构从形式上来看，没有任何变化，即学科组织仍由学院和科研基地两部分组成，从内在实质上来看，却发生了重要变化。学科组织结构中的学院和科研基地，在建设与发展中协同互动，将原有两者相对独立、协作不够的教学组织与科研组织，通过打破体制壁垒和机制障碍等改革举措，实现了支撑同一学科群的多个教学组织和科研组织的协同。其学科组织结构的特点是：学科组织仍然由学院和科研机构组成，学科组织结构在形式上没有变化，但在学科组织结构的内涵上发生了质变，强调学院和科研机构在教学、科研上的全面协同。这一阶段属于优势学科群建设阶段，学科功能除人才培养、科学研究之外，更在于加强优势学科群的建设，进一步凸显办学特色。

（五）国际合作的拓展阶段（2010 年至今）

2010 年，武汉理工大学校领导班子换届。新一届的校领导班子上任后，大力实施人才强校战略和国际化战略，加强高水平师资队伍建设，加强与国外高水平大学在人才培养和科学研究上的全面合作。该校材料科学与工程学科把握这一发展机遇，通过招聘海外战略科学家和高水平学科带头人，与国外高水平大学组建联合实验室，拓展并进一步丰富学科组织结构。2010 年以来，先后与哈佛大学联合共建了武汉理工大学——哈佛大学纳米材料重点实验室，与密歇根大学共建了武汉理工大学——密歇根新能源材料重点实验室等一批重要国际合作科研基地，构建了跨国界的材料科学与工程学科组织结构。

二、武汉理工大学材料科学与工程学科组织结构优化的主要举措

武汉理工大学材料科学与工程学科经历了单一学院的初始阶段、学院为主科研基地为辅的建设阶段、学院和科研基地并举的发展阶段、学院和科研基地协同的改革阶段、国际合作的拓展阶段，在不同的发展阶段，其学科组织结构优化举措有其差异性，梳理其发展过程的重要举措，主要包括如下几方面。

（一）探索组建实体型科研基地，为学科组织结构优化创造了基本条件

在武汉理工大学材料科学与工程学科组织结构优化的发展过程中，尤其是在其初始阶段和建设阶段，可以看到，为了实现其学科组织结构的优化，即转变学科组织结构比较单一，或者说以学院为主的状况，该校在加强实体

型科研基地建设，形成学院和科研基地共同支撑该校材料科学与工程学科的学科组织结构上，进行了长期、持续的建设与努力，为学科组织结构优化创造了基本条件。

前 30 年的建设与发展史上，该校材料科学与工程学科的组织结构比较单一，主要以院（系）为主，科研基地实力较弱。自 1981 年国务院学位委员会开展首批学位授权审核之后，武汉理工大学该学科首批成为博士学位授权点。博士学位授权点的获得，对于博士研究生这一高层次创新人才培养的现实需要，客观上要求该学科要实现由单一人才培养职能向科学研究与人才培养职能兼顾的转移，必须探索组建实体型科研基地，优化学科组织结构。

正是基于这样的发展需要，1986 年，原武汉工业大学利用世界银行贷款组建了材料研究与测试中心，加强材料学科公共研究平台建设。该中心是当时全国高校中为数不多的大型材料检测中心，服务于该校材料科学与工程学科教学和科学研究，尤其是高水平科学研究工作。同时，原武汉工业大学紧紧把握世界材料学科发展的新动态，扶持新材料领域的建设与发展，于 1987 年建成了材料复合新技术国家重点实验室。

科研基地的建设，仅有机构尚远远不够，必须引进一批高水平的科研人员充实其中。鉴于材料学科两个科研基地建设与发展对高水平科研人才的迫切需要，原武汉工业大学积极探索实体型科研基地制度体系建设，通过制订优惠政策引导有关具有较强科研能力的人才向科研基地转移。为鼓励并吸引优秀科研人员到科研基地工作，原武汉工业大学对人事政策进行了调整，将整体的师资队伍分为两个系列，即教师编制和科研人员编制，并在职称评聘上，对研究员系列人员给予政策上的倾斜。相关人才政策的出台，对于吸引优秀人才到两大基地开展研究工作，起到了重要的政策引导作用，切实为科研实地建设发挥了重要的推动作用。科研实体建设的探索与实践，即专门科研机构的建设，打破了原有大学单一院系制的学科组织结构，为该校材料学科组织结构优化创造了基本条件，使得学科组织结构优化成为可能。

（二）强化科研基地系统建设，为学科组织结构不断优化奠定了良好基础

武汉理工大学在 20 世纪 90 年代初期，虽然在材料科学与工程学科建成了材料复合新技术国家重点实验室和材料研究与测试中心两个重要的科研基地，但客观上而言，材料研究与测试中心主要面向以材料学科科研的测试服务，材料复合新技术国家重点实验室的研究领域比较单一，主要在于复合材料领域，这样的学科组织结构尚不能支撑起该校面向未来的传统材料和新材料两大领域，具体来说，传统材料缺乏高水平科研基地，新材料领域高水平科研基地支撑面较窄，亟需加强传统材料领域高水平科研基地建设，亟需拓展新材料领域高水平科研基地建设，为学科组织结构优化创造基础和条件。

基于这样的情形，该校在其学科组织结构优化过程中，尤其是建设期和发展期，主要采取了如下措施：一是注重在多个材料学科领域的系统建设，形成了传统材料与新材料相互支撑、协同发展的良好态势。除进一步加强原有材料复合新技术国家重点实验室和材料研究与测试中心建设外，在新材料领域，新建了光纤传感技术教育部重点实验室、生物材料湖北省重点实验室、新材料国防重点实验室等；在传统材料领域，又新建了硅酸盐材料教育部重点实验室，形成了面向传统材料和新材料领域的科研基地群。二是加大建设投入力度，改善了科研环境和条件。武汉理工大学一直十分重视对材料学科领域科研基地的建设与投入。仅以"211工程"建设投入为例，武汉理工大学自"九五""211工程"建设期开始，就一直保持有四个重点学科建设项目专门支持材料学科的建设，基本占重点学科建设项目总数的一半左右。从"211工程"建设投入来看，"九五"期间，材料领域共投入2681万元；"十五"期间，材料领域共投入6134万元；三期建设期，材料领域共投入4568万元。武汉理工大学"211工程"三期建设对于材料学科领域的投入达到13283万元，这部分投入的90%以上用于大型仪器设备的购置，为相关科研基地购置了一大批先进科研仪器设备。同时，武汉理工大学利用"211工程"等项目，积极加强材料学科基地的基础设施建设，新建了逸夫楼（用于材料复合新技术国家重点实验）、硅酸盐国家重点实验室、光纤传感技术国家工程研究中心及其他省部级实验基地，仅三个国家级科研基地的建筑面积就达38000平方米。通过不懈努力，该校材料学科领域目前共有3个国家级科研基地、2个教育部科研基地和2个湖北省科研基地，既填补了原有传统材料国家级科研基地的空白，同时在新材料领域上有较大的拓展，形成了支撑传统材料和新材料两大领域的高水平科研基地群。

该校材料科学与工程学科相关实验基地的不断建设，尤其是加强高水平科研基地群建设，建成了一批高水平材料领域的国家和省部级科研实体组织，其学科组织结构得到不断优化，支撑该校材料学科的学科组织结构由单一学院制转变为以学院为主、科研机构为辅的学科组织结构，进而转变为由学院与多个科研机构共同支撑的、学院和科研机构并重的学科组织结构。

（三）创新学科组织结构，构架新型学院基地协同关系

经过多年的建设与发展，武汉理工大学材料科学与工程学科在组织结构上，渐渐形成了由材料学院和一批高水平相关科研基地共同支撑的局面。2008年以前，由于材料学院和其他相关科研基地均为学校独立的二级单位，无论在人、财、物的配置，还是人才培养和科学研究的开展，以及武汉理工大学实施二级目标责任制对各相关单位的考核上，均各自为阵，相互独立，协作不够，这种缺乏协同的学科组织结构，客观上影响了武汉理工大学材料学科的整体建设与发展。

为此，武汉理工大学专题对如何形成良好的学院与基地之间协同关系开展过系列调研和研讨，广泛征求有关管理人员、教职工代表的意见和建议，思考理顺学院和科研基地协同建设的思路与办法。经反复研讨并征求意见，武汉理工大学材料学科组建了跨学院和科研基地的学位评定分委员会、职称评审分委员会、教授委员会等相关组织，统一负责材料学科的人才培养、科学研究、师资队伍建设、重大工程建设等事宜。具体来说，包括人才培养中的研究生培养指标的分配、研究生和本科生培养方案的制订、研究生和本科生学位授予的审核等工作，科学研究中重大项目申请初审、重要科研成果申报初审等工作，师资队伍建设中教师职称评审、引进教师审查等工作，重大工程建设中的优势学科创新平台建设、"211工程"重点学科建设项目的立项与建设、重大基地建设等工作。

2010年，武汉理工大学结合材料科学与工程各科研基地内部学科组织结构中存在的问题，尤其是项目团队建设及内部积极性不够的问题，尝试在材料复合新技术国家重点实验室进行试点改革后，通过总结经验，然后在材料科学与工程各科研基地进行推广。武汉理工大学以材料复合新技术国家重点实验室为个案，针对当时该国家重点实验室研究方向较多、团队建设不够，即存在着个别科研人员独自为阵，既占用了大量有限的科研用房资源，又不能形成科研人员的汇聚，长时期里拿不了大课题，又不能出大成果的现象，武汉理工大学着手进行改革。改革的内容主要包括如下几点：一是科研用房有偿使用。该国家重点实验室将所有科研用房实行有偿使用制，即每年按照科研用房的面积进行计算，使用人要缴纳一定的年度使用费。这样，部分没有充足科研经费的研究人员将原有占有较多的科研用房调整出来，向科研实力较强、科研经费较充足的研究团队转移，形成了该国家重点实验室内的竞争机制，使得科研资源向优秀科研团队汇聚集中。二是实行科研目标责任制。原有该国家重点实验室因学校对科研政策的倾斜政策，对该国家重点实验室研究人员没有明确的年度考核目标和量化指标，研究人员较多，研究领域比较分散，在部分领域没有形成科

研合力，学科团队这一组织形式建设不够。针对这一现象，该国家重点实验室实行课题组年度目标和考核制，即每个课题组要有基本的科研经费、科研成果目标值，且通过年终考核，实行奖励制度。对于年度科研经费充足、科研成果较多的课题组，实行奖励，而对于年度科研经费不足、科研成果较少的课题组，奖励则较少，尤其是对于少数科研成效较差的课题组，除没有奖励外，还扣除一定比例的基本工资。这样的改革，使得原有少数单打独斗、科研能力一般的科研人员，无法在该国家重点实验室里继续待下去，学校将这些人员分流转移到相关学院从事教学工作，或融入到该国家重点实验到其他相关的课题组中去，形成了优胜劣汰的竞争机制，促进了该国家重点实验室科研团队的建设。

通过几年的改革实践，部分领域、科研团队建设取得了明显成效，科研人员向优势科研团队汇聚，形成了若干个在国内外都有较大影响的科研团队，有效地促进了科研机构中科研团队这一学科基层组织的建设。科研机构要有一定的规模以及形成科研团队联合攻关机制，这是世界范围内"硬学科"发展的成功经验，英国高等教育学者托尼·比彻在其《学术部落及其领地——知识探索与学科文化》一书中指出："喜欢大规模协作并由此导致由 20 或者 40 位作者的合著论文的物理领域几乎总是'大科学'的例子。这里，研究合作团队常常被比作美式足球队：需要高度的协调性，同时包含共同任务和分解任务。研究成员典型地包括来自许多高级专家的两个或两个以上研究机构的研究小组、一些中级的终身制或非终身制研究者、博士后、博士生及技术人员。"[1]

通过这些具体的举措，解决了该校材料科学与工程学科组织机构间协同不够的状况，形成了学院与科研基地在科学研究、人才培养上的协作互动，形成了学院与科研基地相互支撑、相互协同、共同发展、共同支撑的良性协作运行机制，将学院和科研基地两类学科组织结构有机融合，共同支撑并促进了武汉理工大学材料科学与工程学科的科学发展。

三、对高校优势学科组织结构优化的启示

从以上武汉理工大学材料科学与工程学科组织结构演化的轨迹及具体举措进行理性思考，可以得到如下启示。

---

[1] 托尼·比彻、保罗·特罗勒尔：《学术部落及其领域——知识探索与学科文化》，北京大学出版社2008年版，第132页。

（一）学科组织结构应主动适应于学科不同发展阶段

按照系统论的观点，系统结构决定功能，不同结构决定不同功能。从高校优势学科的发展过程来看，大体可分为四个阶段，即专业阶段、学科阶段、学科群阶段和优势学科群阶段。当处于专业阶段时，主要面向社会培养本科生，其职能比较单一（即培养本科生）；发展到学科发展阶段，主要追求知识的发展，其功能得到拓展，由单一的本科生培养拓展到科学研究和人才培养（包括本科生培养和研究生培养）；及至学科群阶段，其目标主要是追求知识创新，其功能得到了完善，即包括了人才培养、科学研究和知识创新；最后发展到优势学科群阶段，其目标是追求办学特色的凸显，以扩大高校的社会影响力和竞争力，体现的是一种办学理念的提升①。

从学科发展的四个阶段来看，不同阶段的功能存在较大的差异，后面阶段较前面阶段而言，其功能更为丰富。因此，按照系统论的观念，伴随着学科功能的不断发展，学科组织结构应主动与学科功能变化相适应，学科组织结构也应发生相应的变化。具体来说，在专业阶段，一般是单一的学院（或系）的组织结构；在学科阶段，应有相应的科研基地，学科组织结构调整到以学院为主，而辅之以科研基地；在学科群阶段，科研基地数量明显增多，学科组织结构调整到以学院和科研基地并重的状态；当学科发展到优势学科群的阶段，科研基地数量增多且实力很强，学科组织结构调整到学院与科研基地协同互动、相互协作、共同发展的状态。国内高校优势学科群的形成与发展，大都经历了这样的一个历程，均有高水平的科研基地实体作为其优势学科群的支撑。比如，清华大学的材料科学与工程学科，除了其材料学院外，还有新型陶瓷与精细工艺国家重点实验室、先进材料教育部重点实验室、先进成形制造教育部重点实验室等科研机构，共同作为该校材料科学与工程学科的学科组织结构支撑，使得该学科在全国的学科排名中一直居全国前列。

（二）构建一批高水平的科研基地是高校优势学科建设与发展的重要支撑

高校优势学科是学科成长期的成熟阶段，也是学科发展的最高阶段，其功能既包含有学科传统的人才培养、科学研究和服务社会等功能外，更承载着高校办学特色的形成与彰显，是高校实现特色办学与特色发展的具体体现。

---

① 梁传杰：《高校优势学科群形成过程探析》，《高等工程教育研究》2011年第4期，第90—95页。

　　高校优势学科在其实力与特色的彰显上，必须有强大的科研能力和水平，尤其是知识创新的能力，因而必须有一批相关的高水平科研基地作为重要支撑。宣勇教授等人曾对我国国家重点学科的学科组织结构进行过调查研究，调查发现，"大部分国家重点学科拥有博士后流动站，大部分自然科学类学科拥有国家或部委级的重点实验室，半数以上的人文学科拥有国家级重点研究基地"[1]。这从实证的角度说明了高水平科研基地与国家重点学科建设的紧密相关度，反映了高水平科研基地对高校优势学科的重要支撑作用。可以这样说，如果没有高水平的科研基地作为支撑，就很难出高水平的科研成果，也很难将一个学科建设成为具有重要影响的优势学科。

　　从学科组织对学科功能与作用的发挥上来看，不同的学科组织影响了学科在其功能与作用的大小和强弱。单一学院的组织结构固然可以支撑起某一学科的人才培养和科研职能，但从社会分工理论的视角来看，只有分工的进一步细化，学院和科研基地分别在人才培养和科学研究上有所侧重地承担起相应的职能，才能使学院和科研基地各自在人才培养和科学研究上更好地发挥自身的作用，才能使学科的实力和水平得到有效的提升，进而慢慢演化和发展成为在自身领域有影响的优势学科。比如，国防科学技术大学的计算机科学与技术学科，除了计算机学院外，还建设了并行与分布处理国家重点实验室、计算机研究所、软件研究所、微电子与微处理器研究所、网络与信息安全研究所等研究机构。其中，并行与分布处理国家重点实验室专职研究人员数量近200人，拥有中国工程院院士2人，拥有"高性能计算"教育部创新团队和"千万亿次高性能计算关键技术"国家自然科学基金委创新研究群体，使得该校计算机科学与技术学科在国家前三轮学科评估排名中，一直居全国前列。

　　（三）学院和科研基地协同是高校优势学科建设与发展的关键所在

　　学院和科研基地虽然在人才培养和科学研究上各有所分工，各有所侧重，但人才培养和科学研究两者是一个有机的统一体，两者紧密相关，相互联系，相互支撑。人才培养，尤其是研究生培养，为开展科学研究提供重要的人才资源，研究生是导师开展科学研究工作的重要帮手，没有研究生的参与，研究生导师因人手不足，很难开展高水平的科学研究工作。教师和科研人员所开展的科学研究，其对学术前沿的把握，有助于学生开阔学术视野，同时，教师和科

---

[1]　宣勇等：《大学学科组织成熟期及其表征——基于国家重点学科的调查》，《教育发展研究》2008年第1期，第30—34页。

研人员将自身的研究成果应用于教学活动中，有利于丰富授课内容，有利于人才培养质量的提升。

高校优势学科之所以能成为优势学科，在于其人才培养和科学研究两大功能的整体优势，在于这两大功能在社会上综合影响力的整体呈现，从而在社会上形成自身的声誉与品牌。因此，高校优势学科的建设必须是人才培养和科学研究两大功能的整体提升，必须是学院和科研基地在分工基础上的密切协同，这两者之间的密切协同，正如熊彼特对作为创新主体企业家的评价一样，企业家的功能和最大本领在于可以把各种生产要素混和在一起，使其发生近似于化学反应的变化，从而产生新的现象，形成一种质变。

学院和科研基地之间的协同，主要在于解决如下几方面问题：一是制度上的协同设计。之所以将制度设计放在首要地位，原因在于与制度相比，即便是学科建设中的核心要素——师资队伍或人才，都显得微不足道。经济学家威廉·鲍莫尔在《资本主义的增长奇迹：自由市场创新机器》中论述到，"制度比人才更重要，制度可以吸引人才、造就人才、激励人才。"[1] 这在经济领域如此，在教育领域亦是如此。学院和科研基地作为高校并行的二级单位，两类主体在建设与发展上的协同，必须依靠高校作为上一级的管理机构在更高层面上的整体制度设计，使学院和科研基地形成有机统一体。高校在优势学科建设中，对于学院和科研基地协同制度设计是一项系统工程，既有对学院和科研基地的整体建设与综合考核，又有对学院和科研基地的重点投入与独立考核；既有对师资队伍引进与聘用、考核与流动的合理设计，也有对科研和教学资源的综合统筹与集中配置；既有对人才培养上对招生指标、课程教学的制度安排，也有对科学研究上鼓励学院和科研基地合作的制度设计。二是高校将学院和科研基地作为一个整体进行制度构架。在建设投入上，要加大对优势学科的建设投入力度，将支撑优势学科的学院和科研基地统筹考虑。对于学院的投入，主要侧重于人才培养条件的建设，搭建人才培养大平台；对于科研基地的投入，主要侧重于科研条件的建设，建设科研大平台。在年度考核上，要以对学院和科研基地的综合考核为主，同时也结合对学院和科研基地各自的建设任务和建设目标的单独考核，作为年终对相关单位的奖励分配依据，建立能够激发教学和科研人员积极性分配奖励制度。在资源调配上，充分实现学院和科研基地在

---

[1] 威廉·鲍莫尔：《资本主义的增长奇迹》，《自由市场创新机器》，中信出版社2004年版，第23页。

科研与人才培养条件设施上的共享，打破原有学院和科研基地相关资源相对封闭的格局，尤其是在科研设备的共享上，建立科研设备拥有者、管理者与使用者等多元主体互利互惠的管理机制。在师资队伍建设上，要转变原有重科研、轻教学的倾向，建立起既能激发科研人员积极性的人员聘用、考核制度，同时也要能激发教学人员积极性的相关制度。比如，武汉理工大学在鼓励科研人员，建立学科责任教授、学科首席教授制度时，同时也建立了品牌专业责任教授、精品课程责任教授等以教师教学水平、教学质量与教学效果来评聘教师的制度，鼓励部分教师积极开展教学工作。

（四）学科组织走国际化道路是高校优势学科走向世界的必然要求

对于高校优势学科发展目标与定位而言，面向国际，走向国际，是高校优势学科建设的必然要求。在当下国际学术交流日益频繁的环境下，单一走高校学院与科研基地内部协同的道路，这是不足以适应学科发展国际化需要的。无论是支撑高校优势学科的学院，还是科研基地，都必须加强与国际知名大学相关学院和科研机构的合作，与国际知名大学建立起联合培养人才的机制，尤其是与世界知名大学和高水平科研机构联合共建国际化的联合实验室，这既是对我国学科水平与世界一流学科尚存较大差距的准确认知，也是积极采取有效手段尽快缩小差距的重要举措，这也是武汉理工大学材料科学与工程学科通过短期建设取得明显进步的重要措施。学科组织走国际化道路，尤其是国外高水平大学共建科研基地，这是国外许多高水平大学加强自身特色学科建设，拓展学科组织，优化学科组织结构的重要举措。比如，美国普林斯顿大学的科学研究院，与世界许多知名大学在计算机科学、物理学等领域均开展合作，吸引全球相关领域的知名专家赴该研究院开展联合研究，使普林斯顿大学的计算机科学、物理学等优势学科一直居于世界前列。

纵观世界各大学的建设与发展史，可以看到，学科的发展一直就伴随着学科组织形式的不断探索与创新。早期的柏林大学，在原有学院制的基础上，经洪堡改革后，探索了讲座制或研究所制；现代高等教育的领跑者——美国，也创造了学系制或系科制。无论是德国的讲座制，还是美国的系科制，"两者各有利弊，但因其数百年来在大学教学和科研中不可取代的地位而成为各国学习的榜样。两类模式在坚持自己传统的同时，又互相借鉴和学习，以应对社会科技发展的需求"[1]。因此，从这种发展态势来看，将以科学为主导的讲座制与以

---

[1] 宠青山等：《世界一流大学学科组织特征研究》，《理工高教研究》2005年第2期，第1-3页。

人才培养为主导的系科制进行有机衔接，正是学科组织发展的方向，也正是本文所提及学院和科研基地协同而形成新的学科组织形式的原因所在。

第三节　关于学科建设创新的探讨

江泽民同志在庆祝北京师范大学建校 100 周年大会上指出："当今时代，科技进步日新月异，国际竞争日趋激烈。各国之间的竞争，说到底，是人才的竞争，是民族创新能力的竞争。"研究生培育单位是高层次人才培养和科学研究的重要基地，是进行知识创新的主要载体，是这场世界性竞争的中流砥柱。学科建设作为研究生培育单位的核心工作，是研究生教育单位工作的主线。要提高民族创新能力，就要积极推进高等教育创新，就要推进学科建设创新。因此，实施学科建设创新，搞好学科建设，责任重大，意义深远。

一、学科建设创新的内涵

学科建设创新是指在整个学科建设过程中，以提高学科整体实力和人才培养质量为目标，以进行创新为手段，以科学、务实的态度，适应当前社会发展对学科的要求，将创新意识贯穿到整个学科建设中的一项系统工程。学科建设创新的内涵有两个层面，一是对学科自身的创新，一是对学科建设管理工作的创新。学科自身的创新，是指通过该学科的纵向发展或者与有关的学科进行交叉融合，不断提高该学科学术队伍具备创新意识和创新能力，能培养出具有创新能力的人才，能取得创新性科研成果。具体表面在以下几方面：第一，跟踪国内外学术发展前沿，紧密结合国家和地方的经济建设、社会发展和科技进步，适时调整研究方向，形成自己的特色和优势。第二，建设一支结构合理、素质良好、具有创新精神的学术队伍。第三，科研实力不断增强，科研水平不断提高，取得了一批科研成果。第四，培养一批具有创新意识和创新能力的人才。第二个层面，是指学科建设管理工作的创新。学科建设管理工作创新是指学科建设管理工作者要在做好日常管理工作的基础上，以不断改革创新的精神，探索学科建设管理工作的新思路、新方法和新手段，从而提高工作成效，提高服务质量和工作效率，最终达到增强学科实力，提高学科整体水平的目标。这两个层面是相辅相成的，第一层面是内容和目标，第一层面指导第二层面。第二层面是手段和方法，第二层面为第一层面服务。

二、学科建设创新的重要意义

（一）实施学科建设创新是适应当前教育发展形势的重要举措

我国当前研究生教育处于快速发展时期，主要表现在两方面：一是学位授权点规模的快速增长，二是研究生培养规模的快速增长。快速发展的一个必然产物就是质量问题，发展与质量是一对矛盾，是当前我国研究生教育发展面临的一个主要问题。目前，许多研究生教育单位已出现导师队伍人数不足、教学科研条件极需改善、学生思想管理跟不上等诸多问题。研究生教育规模的快速增长及出现的种种问题，需要以一种超常规的思路来重新构思、重新规划研究生教育工作，需要解放思想，开拓创新，实施学科建设创新，以创新求发展，无疑是适应当前研究生教育快速发展的重要举措。

（二）实施学科建设创新是进行学科建设的重要方法

任何一项管理工作都具有两种管理方法，一种是维持，另一种是创新。维持和创新对学科建设工作都具有重要的作用。其中维持是保证系统的活动顺利进行的基本手段，也是系统中大部分管理人员要花大精力从事的工作，要按预定的规划来监视和修正系统的运行，尽力避免各子系统之间的摩擦，减少因摩擦而产生的结构内耗，以保持系统的有序性。但仅有维持是不够的。由于外部环境是不断变化的，系统若不及时根据内外变化而适时进行调整，则可能被变化的环境所淘汰。因此，创新与维持一样，是管理工作必不可少的组成部分，是一种重要的管理方法。

随着信息时代、知识爆炸时代的到来以及我国近些年来研究生招收规模的快速扩大，客观上要求学科的建设与发展与之相适应，主要表现在学科建设要满足国民经济和社会发展对人才的需求上，表现在学科建设要满足社会进步和科技进步对高水平科学成果的需求上。为适应这种需要，学科在其各个发展时期，在研究方向、学术队伍、科学研究及人才培育等建设内容上，在学科建设的管理方法和手段上，与时俱进，不断创新，求发展，做好学科建设工作。

三、探索学科建设创新途径

(一) 解放思想，树立创新观念，积极开展学科建设创新活动

"世变时移，变法亦益"。自古以来，每当社会生产关系不适应生产力发展的时候，人们就开始思索变革，进行创新，寻求一种更有利于社会发展的生产关系以推动生产力的进一步发展。社会发展如此，研究生教育工作也是如此。当前研究生教育处于一个快速发展期，过程中出现了许多问题。虽然这些问题是发展中的问题，前进中的问题，但需要我们谨慎对待，仔细思考，认真解决。解决这些问题，需要我们树立一种积极努力谋发展的敬业精神，以求真务实的态度，努力创新的精神，解放思想，积极开展学科建设创新活动。只有从思想上树立了创新观念，学科建设创新活动才能顺利实施。

(二) 积极实行学科交叉，促进学科建设创新

学科的发展有两种方向，一是纵向的发展，就是各学科越分越细，所研究的领域也越来越专，学科向纵深方向发展；二是横向发展，就是多学科的交叉融合。比如信息高速公路这一跨世纪工程被誉为与发明蒸汽机有同等重要意义的伟大工程，其研究与开发需要微电子学、计算机科学、通信科学、材料科学、社会学等学科的协同攻关。黄河河床变化的预报研究，综合采用了天文学、水文学、气象学、液体力学等多门学科的理论、方法，发现了一系列重要的规律，由此形成了气象水文学学科。当今高科技的发展轨迹几乎都处于多学科的交叉融合上，这是当今学科发展的主流。因此，学科的交叉渗透是学科横向发展的途径，是学科创新的重要方法。

学科的交叉要有其可行性，学科交叉的实效性受多方面因素的影响，如社会、经济需要情况，交叉学科中各学科所选取的交叉内容的活力等，都会影响到学科之间实行交叉的最终结果。因此，在实行学科交叉时，要在各学科中活动强、作用范围广的研究领域中进行选取，然后进行学科交叉。

(三) 加强学科内涵建设，实行学科建设的内涵创新

学科建设内涵创新，就是从学科建设的具体内容上，将创新的思想引入到各项具体建设内容上去。主要包括如下几方面的内容。

1. 实施学科研究方向创新，发展学科特色与优势

研究方向是学科的支撑和组成部分，是学科的进一步细化。学科门类、一级学科及专业名称的统一，各研究生培养单位在学科、专业上的特色是通过研究方向来表现的。因此，研究方向是学科特色的标识。长期以来，各研究生教

育单位由于发展基础、建设情况等自身条件存在差异，行业背景等环境也不一样，各自都形成了自身的特色。如何在新形势下，进一步保持和发展自身特色与优势，是学科建设创新的重要内容。要把握学科发展方向，跟踪学科发展前沿，结合自身实际，以"人无我有，人有我优，人优我特"为要求，适时实施研究方向创新，才能保持学科活力，才能在新形势下不断保持和形成自身的特色和优势，才能在竞争中处于优势地位，保持学科健康、稳定、持续的发展。

2. 实施学术队伍建设创新，提高科研水平与实力

学术队伍是学科建设的核心，是学科建设创新的主体。没有一流的学术队伍就不可能有一流的学科，因此，学科建设创新要求学术队伍建设创新。学术队伍建设创新就是要建立一支年龄结构、学历结构、职称结构合理，具有创新精神、创新意识和创新能力的学术队伍。在建设过程中，既要充分发挥老专家的领头羊的作用，利用其丰富的经验，做好传、帮、带工作，又要大力培养、选拔优秀中青年学术骨干，提高其学术水平和科研能力。另外，要抓住现在科研机构改制和留学归国人员不断增多的机遇，积极引进学术带头人和学术骨干，做好学科队伍建设工作。

科学研究是学科建设的主要内容，科研成果是学科建设创新的目标和重要标志。在实施学科建设创新过程中，要瞄准学科发展前沿，选择具有原创性或具有实际应用前景的重要课题，积极争取国家自然科学基金、国家"863"、国家"973"等重大课题或其他重大横向科研课题。站在一个高的起点，通过高水平科研项目的研究，容易出一批高水平的学术论文，容易获得一批高水平的科研奖项，从而取得了一批高水平的标志性成果。

3. 实施人才培养模式创新，提高人才培养质量

创新能力的培养是研究生教育有别于本科生教育的根本所在。人才培养模式创新，首先要根据人才培养的目标，把握社会对人才需求的导向，做好研究生培养工作。我国前几年开展的专业学位教育，就是根据社会对人才需求的多样性而开展的一项培养模式创新工程。目前专业学位教育包括工商管理、公共管理、法律硕士、教育硕士、工程硕士等，专业学位教育的种类，根据社会需要，还将得到进一步的发展。其次是培养环节的创新工作。要围绕人才培养目标，完善研究生培养方案，积极改革教学内容、教学方法和教学手段，提高教学效果和质量。

（四）提高管理人员管理水平，积极开展学科建设管理创新

学科建设工作是高校管理工作的重点，但无论从理论研究上还是工作实践

上看，对这一工作的探索都有很大的空间。学科建设管理工作者要加强学习，不断提高自身的业务能力和水平，积极思考学科建设的管理创新。比如学科建设的管理方式，近几年就有所创新。高等学校进行学科建设的模式，由最初的单纯申报型发展到现在的立项建设型，建设思路由原来缺少规划与监控的单一管理，发展到现在的"立项—>建设—>中期检查—>验收—>评估"的系统建设与管理。实践证明，这种学科建设管理方式在少数率先试行的高校中取得了明显的成效，目前这一管理方式已通过国务院学位办在全国范围内试行[①]。又如，南京大学蒋树声校长提出了建设"学科特区"的创新举措。为了建设和发展具有国际先进水平的新兴学科，引进和培养一批杰出人才，形成一流的学术队伍，该校从 2000 年开始，先后成立了分子医学研究所、地球系统科学研究所等多个学科特区。这些"学科特区"的管理和运行机制参照了具有国际惯例，实行所长负责制，人财物管理充分自主，尤其注重从国外成组引进杰出人才[②]。正是有了这种新的有效的管理机制和运行机制，避免了引进学术团队时不必要的人事磨合和不合理的资源配置，能够迅速形成一支高水平的学科队伍，科学研究和人才培养等方面也取得了明显的成效，对学科建设工作起到了重要的推动作用。

总之，实施学科建设创新是目前研究生教育发展的客观要求，是时代赋予研究生教育管理工作者的使命。积极开展学科建设创新理论研究，在工作中进行探索与实践，将促进高等学校学科建设，带动高等学校的整体发展。

四、学科建设项目碎片化的困境与出路探寻

自清末民初京师大学堂之开办，我国高等教育经过百余年的摸索与实践，以学科建设为引领的高校办学思路已成普遍共识，这既是高校组成以学科为基本要素的内在逻辑把握，更是高校追求特色办学和特色发展理念观照下对学科建设固有内涵的准确认知。对于学科建设内涵的认知，呈现不同主体视野下的不同图像[③]。以学科建设属性为视角，学科建设包含了高校的师资队伍建设、科

---

① 梁传杰：《一种学科建设管理模式——立项建设的研究》，《学位与研究生教育》2001年第9期，第40-42页。
② 蒋树声：《关于研究型大学发展规划的战略思考》，《中国高等教育》2003年第2期，第20-22页。
③ 梁传杰：《对学科建设几个基本问题的思考》，《研究生教育研究》2012年第2期，第57-60页。

学研究、人才培养、基地建设、学术交流等内在性要素和外显性要素，这就意味着高校所开展的师资队伍建设、科研平台建设、人才培养、国内外学术交流等项目，均可纳入学科建设之范畴，成为学科建设的有机组份。毫无疑问，高校的建设与发展，必须以学科建设项目予以推进，这是高校建设的具体抓手，失却了这些具体的抓手，高校建设就无法推进。当下的问题在于，这些学科建设项目统筹不够，协同不够，影响建设项目有效服务于高校发展目标和有效服务于高校整体建设，从而影响高校的特色办学与特色发展。因此，深入探讨并积极破解高校学科建设项目碎片化问题，成为当下我国高等教育必须正视且亟待解决的重要命题。

（一）高校学科建设项目碎片化的现实困境

梳理当下高校学科建设项目的现状，高校学科建设项目碎片化主要表现在如下几方面。

1. 建设项目多元

高校学科建设项目多元化，是当前高校开展学科内涵建设的普遍情形，这种多元化主要表现为建设层次的多元化和建设内容的多元化。建设层次的多元化，是指学科建设项目分别来源于国家、地方和高校三个层面的投入。比如，国家层面有"985 工程"建设、"211 工程"建设、优势学科创新平台建设、"2011 计划"等项目，地方层面有省级重点学科建设项目、省级"2011 计划"、省级师资队伍建设项目、省级重点实验室建设项目、省级人才培养建设项目等，高校层面包括校级重点学科建设项目、高校师资队伍建设项目、高校科研平台建设项目、高校人才培养建设项目等。建设内容的多元化，是指各建设项目在建设内容上，涵盖了师资队伍建设、科学研究、平台建设、人才培养等多种内涵。比如，"985 工程"主要建设对象是学科高水平科研平台，"211 工程"主要建设对象是高校优势和特色学科，师资队伍建设项目主要建设对象是师资队伍，人才培养建设项目主要建设对象是人才培养，包括本科生培养和研究生培养，等等。

高校学科建设项目的多元化，因建设投入渠道多元，高校建设投入明显增多，有力地促进了高校学科实力和水平的提升，体现了中央和地方两级政府高度关注并通过项目形式强化高校建设，反映了两级政府支持高校发展的建设职能。但不可否认，这种高校学科建设项目的多元化，因管理部门不一，其出发点和目标各有其差异性，使得各建设项目之间缺乏围绕高校整体建设目标，尤其是学科建设目标的协同，导致各建设项目在建设目标上难以与高校整体建设目标有机契合，各建设项目在建设内容上难以围绕学科整体发展形成有机衔接，最终影响各建设项目的综合建设成效。

2. 目标指向各异

在中央、地方和高校所开展的众多学科建设项目中，其建设目标和指向存在着较大差异。有的项目着眼于高校整体实力和水平的提升，比如国家实施的"985工程"建设项目，其目标在于建成少数世界一流的高水平大学；有的项目着眼于世界一流学科建设，比如国家实施的"211工程"建设项目，其目标在于建成一批世界一流学科[①]；有的项目着眼于世界一流科研基地建设，比如国家实施的优势学科创新平台建设项目，其目标在于建成一批具有国际一流水平的科研基地；有的项目着眼于某一领域高水平的创新中心，比如国家实施的"2011计划"，其目标在于通过体制机制改革，在探索建立面向科学前沿、行业产业、区域发展以及文化传承创新重大需求的四类创新创新模式，跨单位组建协同创新中心，提升综合创新能力；有的项目着眼于区域内重点学科建设，比如各省（市、自治区）开展的省级重点学科建设，其目标在于建成一批能够较好满足并服务于地方经济建设和社会发展建设需要的省级重点学科；有的着眼于高水平师资队伍建设和人才引进，比如国家开展的长江学者计划、千人计划、国家自然科学基金创新研究群体、教育部创新团队等项目，其目标在于建成一批高水平师资队伍和科研创新团队；有的项目着眼于人才培养并提升人才培养质量，比如国家开展的特色专业建设项目，其目标在于建成一批具有示范效应的高水平专业，保证并不断提高高校本科生人才培养质量。凡此种种，不一而足。总之，无论从国家层面，还是地方政府层面以及高校层面，均设立了多种学科建设项目，但各类建设项目在建设目标上存在着较大差异。

《国家中长期教育改革和发展规划纲要》中明确提出"促进高校办出特色"[②]。高校学科建设项目的设置与实施，其目标应该指向并服务于学校的发展目标，即实现高校的特色办学与特色发展，而高校特色办学和特色发展的体现在于优势学科和特色学科的建设与形成。一所高校在社会上的声誉与影响力，往往并不在于这所高校的整体实力和水平，其直接体现于该高校某个或

---

① "211工程"部际协调小组办公室：《"211工程"发展报告（1995—2005）》高等教育出版社2007年，第6页。

② 《国家中长期教育改革和发展规划纲要（2010—2020年）》，http://www.gov.cn/jrzg/2010-07/29/content_1667143.htm。

某些学科在社会上所形成的影响力。当前各学科建设项目目标上存在的差异性，导致各学科建设项目的建设对象呈现出繁杂纷乱的现象，有的是对高校面上的整体建设，有的是对部分学科的整体建设，有的是对部分学科某一内涵的单项建设。简而言之，高校各学科建设项目的目标指向与高校特色办色与特色发展的目标指向契合不够，存在着较大偏差。

3. 内容衔接不足

由于各学科建设项目来源不一，目标各异，从而使各学科建设项目学科建设项目建设内容衔接不足，这种建设内容衔接不足主要表现在两方面：一是学科建设内涵建设的系统性不足。学科建设是高校建设与发展的重要思路，是基于以学科为引领，统筹师资队伍建设、科学研究、人才培养、基地建设、学术交流等内涵的建设模式，但当前学科建设的多渠道来源、多元目标取向，使得高校各种学科建设项目在建设体系上主要强调了自身项目的目标与自身建设的重点，造成项目之间缺乏统一的协调与统筹，致使建设内容衔接不足。比如，高校在自身层面上开展的师资队伍建设、科研平台、人才培养等项目，其对高校学科建设面不一，有的是面向高校所有学科的建设，有的是面向部分学科的建设，有的是面向优势和特色学科的建设，难以形成对某些学科的系统建设。二是学科建设内涵建设的重复性。学科建设项目内涵建设缺乏其系统性，同时也导致了学科建设内涵建设的重复与交叉。比如，高校在国家层面上开展的学科建设项目，"985 工程"建设与"211 工程"建设项目，基本上所有的"985工程"建设项目同时也受到"211 工程"建设项目的支持，而这两者之间在具体的建设内容上并没有明显的差异。又比如，高校在自身资助建设层面上开展的师资队伍建设项目、科研平台建设项目、人才培养建设项目与中央和地方政府资助的国家和省级重点学科建设项目在建设内容上，往往还是着眼于高校特色和优势学科建设，在师资队伍、科学研究和人才培养等方面存在着重复交叉建设的现象。

4. 部门协同不够

高校学科建设项目碎片化，还表现为管理部门的协同不够。无论是不同管理层次的管理部门，还是同一层次的不同管理部门，各管理部门均有其对自身建设管理工作的分工与职责，在工作中难免有基于自身角色的价值取向和工作目标。这种价值取向和目标存在着较大差异。对于不同层面的管理部门而言，其价值取向与目标存在明显差异。比如，中央教育管理部门主要从宏观层面出发，推进国家层面世界高水平大学和一流学科的建设，提升我国高等教育在世界上的水平和影响力；地方教育管理部门主要从中观层面出发，推进所在地高校省级重点学科的建设，提升高等教育服务地方经济和社会发展的能力和水平；高校主要从微观层面出发，推进高校自身整体实力和办学水平，扩大高校影响力，提升自身办学质量和办学效益。对于同一层面的不同管理部门而言，也存在着同样的问题。比如，高校层面的人事管理部门的主要目标在于提升高校整体的师资队伍水平，研究生教育管理部门的主要目标在于保证并提高研究生培养质量，本科生教育管理部门的主要目标在于改善本科生培养条件、保证并提高本科生培养质量，科研管理部门的主要目标在于提升高校的科学研究能力和创新水平，等等。总之，不同层面的管理部门、同一层面的不同管理部门在价值取向、工作目标上均存在着较大差异，在现有的管理体制下，因缺乏统筹而使各建设项目协同不够，影响了各建设项目的综合建设成效。

（三）高校学科建设项目碎片化的破解路径

对于当前高校学科建设项目碎片化，尤其是高校学科建设项目目标指向多元、内容衔接不够、部门协同不够等具体问题，需要从管理体制改革、建设思路创新和具体路径探寻等三方面谋求出路。

1. 管理体制改革

要解决高校学科建设项目碎片化的问题，必须从高等教育管理体制改革着手，理顺中央政府、地方政府及高校三者之间的责权问题，为谋求破解高校学科建设项目碎片化创造良好的外部环境与条件。

我国高等教育管理体制改革要按照党中央、国务院的统一要求和部署，"转变政府职能，解决好政府与市场、政府与社会的关系问题，要简政放权"，"政府工作重点转到创造良好发展环境、提供优质公共服务、维护社会公平正义上来"，"既要把该放的权力放开放到位，又要把该管的事务管住管好"。[1]从破解高校学科建设项目碎片化问题的角度来看，高等教育体制改革需要解决如下几方面的问题：一是解决好中央教育管理部门、地方教育管理部门和高校的责权问题。中央教育管理部门要进一步转变职能，减少审批事项，将工作重心放在宏观管理，做好顶层设计、宏观制度建设和服务工作，强化对中央教育管理部门开展的相关建设项目的监管，尽量少或者不要干预高校微观层面的建设工作。地方教育管理部门应将工作重心放在中观层面的管理，做好区域高等教育规划、中观制度建设和区域服务工作，强化对地方教育管理部门开展的相关建设项目

---

① 李克强：《转变政府职能释放改革红利》，《人民日报》2013年5月15日，第1版。

的监管。中央和地方两级政府要减少政府评价，建立以社会评价和市场评价为依据的科学投入机制，转变对高校现行的以专项投入为主的拨款机制，建立以教育规模和绩效评价为主的投入方式，避免"跑部前进"。二是中央教育管理部门各司局之间要加强沟通、交流与协商，处理好中央教育管理部门所开展的各建设项目间的关系。具体来说，要理顺现有开展的"985 工程"、优势学科创新平台、"211 工程"、"2011 计划"等国家层面建设项目的关系，从国家高等教育宏观发展目标的要求，统筹好不同部门对高校的建设与投入，进一步明确各建设项目的目标和建设内容，为高校提供宏观指导，减少对高校微观层面建设的干预。地方教育管理部门各处室之间也要加强沟通、交流与协商，处理好地方教育管理部门各处室所开展的建设项目间的关系。具体而言，要理顺现有开展的省级"2011 计划"、省级重点学科建设项目、省级科研平台建设项目、省级人才培养建设项目等项目的关系，统筹好对本地区高校的建设与投入，明晰各建设项目的目标和建设内容，减少对高校微观操作层面的干预。三是加强现代大学制度建设，把高校建成面向社会依法自主办学的法人实体，确立大学真正的独立法人地位。在扩大高校自主办学权的改革形势下，高校要按照中央和地方政府的改革精神和工作要求，结合自身校情，围绕特色办学与特色发展的目标，统筹好不同来源渠道的建设项目。同时，高校要强化自律意识，规范自身的办学行为，不能为了争取项目和投入，虚报、瞒报建设项目。

2. 建设思路创新

理顺中央政府、地方政府和高校三者的责权关系，主要是为有效解决高校项目碎片化创造良好的环境和条件，而更为关键的是，要切实破解高校学科建设项目碎片化这一问题，在于高校自身建设思路的创新。对于高校内部建设思路的创新，可以概括为学科引领、统筹集成、改革驱动和管理创新，探讨解决高校建设项目碎片化各种问题的基本思路，寻求破解之道。

所谓学科引领，是指高校在办学和发展思路上，要紧紧抓住学科这一核心关键要素，切实将学科作为引领高校整体发展、推进高校特色办学的核心所在，带动并促进高校师资队伍建设、科学研究、人才培养、平台建设等各项工作。以学科为引领，可以将高校各建设项目的建设目标统一到高校整体建设与发展的目标上来，统一到高校特色办学与特色发展上来，从而解决高校各建设项目建设目标各异的问题。

所谓统筹集成，是指高校围绕中央、地方和学校所开展的各项重点建设项目时，紧紧围绕学校特色发展的要求，从宏观层面将现有相关的重大建设工程和计划予以综合统筹，通过集成各重大建设工程和计划的建设合力，着力于优势学科和特色学科的建设，积极培育新兴交叉学科和特色领域方向，促进优势和特色学科的系统建设和整体发展，进一步凸显学校办学特色和办学优势。统筹集成现有高校各建设项目，既是以学科为引领发展思路的贯彻和落实，更是将现有各建设项目形成有效汇聚、形成合力的举措，从而解决各建设项目内容分散、内容缺乏统筹的问题。

所谓改革驱动，是指在高校各重点建设项目的整体推进过程中，要通过高校内部体制机制改革和制度创新，切实改革现有影响并制约各重点建设项目建设推进过程中的制度弊端，释放改革活力，尤其是要解决管理上行政权力过大、学术权力不足以及相互割裂的管理体制问题，解决各建设单位积极性、主动性不够、缺乏竞争的机制问题。通过改革，营造良好建设氛围，切实推进各重点建设项目的顺利开展。改革驱动主要是形成学科引领，尤其是有效统筹集成现有建设项目多元化，解决建设项目管理部门协同不够的必要手段。

所谓管理创新，是指在各建设项目的建设与实施过程中，要构建起鼓励勇于创新、勇于试点改革的制度环境，鼓励各建设项目在建设过程中，积极推进建设模式、管理模式、管理机制的管理创新，确保各建设项目的建设成效。管理创新是在整体改革过程中，通过激励和约束机制的构建与完善，激发建设项目多元主体的积极性，确保各项改革政策和改革举措能够落实到位，提高建设项目的建设成效。

3. 具体路径探寻

高校要按照以上的改革创新思路，对高校学科建设进行系统设计和科学谋划，在建设思路上，既要有改革的力度，又要尽量减小改革阻力，既要有创新的举措，又要使具体操作有可行性，对于破解高校学科建设项目碎片化的问题，具体实施路径可概括为：学科引领、分层建设，统筹规划、项目集成，体制改革、管理创新，试点改革、逐步推进。

（1）学科引领，分层建设

各高校要结合自身的办学定位与发展目标以及所开展的学科建设项目，在整体设计与建设上，以学科建设引领学校师资队伍建设、科学研究、人才培养、平台建设等具体建设内容。同时，在整体建设的推动上，按照分层建设思路，可将学科建设划分为国际一流学科、国内一流学科、省内一流学科、新兴交叉学科等学科建设层次，实施分层建设，做到有所为有所不为，学科建设要突出重点，服务于高校特色办学和特色发展。在这一建设思路的指导下，使高校学科建设形成抓手，要结合各高校自身的校情，形成国际一流学科建设工程、国内一流学科建设工程、省内一流学科建设工程和新兴交叉学科培育工程等形式，分别加强不同层次、不同目标学科的整体建设，推进高校整体发展。

（2）统筹规划，项目集成

在实施国际一流学科建设工程、国内一流学科建设工程、省内一流学科建设工程和新兴交叉学科培育工程时，关键在于如何实现现有各种建设项目与这四类学科建设工程的有效集成问题。要围绕高校整体建设与发展目标，统筹调配现有学科建设项目，形成对国际一流学科建设工程、国内一流学科建设工程、省内一流学科建设工程和新兴交叉学科培育工程相关投入与建设资源的合理配置，四大工程的形成，其实质是现有建设项目资源的配置。大体而言，国际一流学科建设工程一般应集成现有"985工程"、优势学科创新平台建设项目、"211工程"、国家"2011计划"、人才强校工程等重点建设项目，服务于高校优势学科的建设；国内一流学科建设工程应集成现有"211工程"、省级"2011计划"、人才强校工程、科技创新与产业化工程等重点建设项目，服务于高校特色学科的建设；省内一流学科建设工程应集成省级"2011计划"、人才强校工程、科技创新与产业化工程、创新人才培养工程等重点建设项目，服务于高校特色学科的建设；新兴交叉学科建设工程应集成"211工程"、人才强校工程、科技创新与产业化工程、创新人才培养工程等重点建设项目，服务于高校新兴交叉学科的建设。各高校因校情不一，所开展的建设项目也有差异，因而在项目集成上自然应有所差异，可视各自校情予以调整。四大建设工程与相关支撑重点项目关系见下表1-1所示。

表1-1　四大建设工程与相关支撑重点项目的对应关系

建设对象	建设工程名称	支撑项目
国际一流学科	国际一流学科建设工程	985工程 优势学科创新平台 国家"2011计划" 211工程 人才强校工程 科技创新与产业化工程 创新人才培养工程等
国内一流学科	国内一流学科建设工程	省级"2011计划" 211工程

国内一流学科	国内一流学科建设工程	人才强校工程 科技创新与产业化工程 创新人才培养工程等
省内一流学科	省内一流学科建设工程	省级"2011计划" 人才强校工程 科技创新与产业化工程 创新人才培养工程等
新兴交叉学科	新兴交叉学科培育工程	211工程 人才强校工程 科技创新与产业化工程 创新人才培养工程等

（3）体制改革，管理创新

按照以上的建设思路和项目集成方式，必须要进行高校内管理体制改革和管理制度创新。改革现行管理体制，探索项目负责人、学术管理和行政管理三力均衡的管理体制。实行项目负责人制，加大项目负责人的责权利，激发项目负责人积极性；强化学术管理，充分发挥学术管理在学科建设中的作用；强化行政宏观规划、统筹和决策职能，增强行政服务职能。探索并实行矩阵式学科建设管理模式。

成立高校学科建设领导小组，组长由高校主要负责人担任，成员包括高校主管科研、人事、人才培养的校领导，以及学校人事、财务、国有资产、科研、本科生教育、研究生教育、国际交流等主要职能部门负责人，负责学校事业规划和学科建设的整体规划和重大事项的决策，负责国际一流学科建设工程、国内一流学科建设工程、省内一流学科建设工程和新兴交叉学科培育工程等四大工程项目负责人的聘任和考核等。成立学科建设领导小组下的日常管理机构，将学校事业发展规划、学科建设规划统一纳入其管理职责范围，全面负责负责学校整体事业规划和学科建设规划的起草，负责国际一流学科建设工程、国内一流学科建设工程、省内一流学科建设工程和新兴交叉学科培育工程等四大工程的项目发布、项目评审、中期检查、验收管理，项目负责人（支撑项目负责人、秘书）聘用管理，经费管理以及制度建设等。

成立校学科建设学术委员会，由校外专家组成，负责对学校学科建设工作的学术指导，负责项目评审、项目中期评估、项目验收及学术指导，负责对项目负责人评价及续聘或解聘建议等。

实行项目负责人制（包括国际一流学科建设工程、国内一流学科建设工程、省内一流学科建设工程和新兴交叉学科培育工程四类建设工程和具体支撑项目）。项目负责人负责项目论证、项目建设、所属支撑项目项目的统筹与管理、经费管理，负责对所属支撑项目负责人推荐及建议，项目秘书的聘任。支撑项目负责人负责支撑项目论证、建设、经费管理及支撑项目秘书聘任。四类建设工程及其支撑项目均采取项目负责人制，项目负责人和支撑项目（计划）在原有的薪酬下，额外对项目负责人实行年薪制，支撑项目（计划）负责人也实行年薪制。秘书负责有关具体日常管理工作，也有相应的年薪报酬。

积极实行管理创新。一是竞争立项。在项目立项论证上，引入竞争机制，鼓励具备一定条件的学术带着人均可组织人员进行项目论证，经校学科建设学术委员会评审后，由校学科建设领导小组决策，择优立项。二是动态投入。按各建设项目建设情况，按学科建设绩效评价投入管理办法，进行建设经费的动态投入与管理。三是后期奖励。每个建设项目建设周期一般为 3 年，各高校可从总建设经费中预留一部分奖励资金，对建设成效优秀的项目或人员进行奖励。四是鼓励创新。鼓励各学科建设项目实行管理创新，尤其是支持进行学科建设模式改革和学科组织模式改革创新，对于管理创新优异的项目或人员从奖励资金中予以单独奖励。

（4）试点改革，逐步推进

试点改革有两个层次的改革，一是在建设层面上，为稳步推进高校学科建设工程改革，采取先从四类学科建设工程中选取少数项目进行试点，探索新的管理体制和运行模式。通过 1—2 年的改革试点，及时总结经验并予以改进完善。在试点的基础上，再予以推广，确保改革工作稳步推进。二是在建设范围上，对于试点改革的学科建设工程，将学科建设工程与支撑项目进行统筹，对于未纳入试点改革的学科建设项目，其对应的原有"985 工程"、优势学科创新平台、"211 工程"、"2011 计划"等项目，仍按原有建设方式进行，其管理体制仍按原有管理体制运行。

五、学科交叉的困境与出路探寻

在中国高等教育已迈入大众化、竞争日趋激烈的当下，追求特色发展，实现特色办学，无论是北京大学、清华大学等已基本迈入世界一流大学行列的高水平大学，还是刚刚经过专升本的普通本科高等院校，均将此作为努力和奋斗的共性战略发展目标。《国家中长期教育改革与发展规划纲要（2010—2020年）》也明确提出，"促进高校办出特色"，"引导高校合理定位，克服同质化倾向，形成各自的办学理念和风格，在不同层次、不同领域办出特色，争创一流"[①]。为实现这样的战略发展目标，许多高校在分析自身在高等教育系统中的"生态位"，谋求自身在教育大系统中的科学合理定位，并逐步形成了以学科建设为龙头，引领高校整体发展的办学思路。以学科交叉为关键手段，通过学科交叉加强优势特色学科建设，从而形成自身的办学特色，是各高校在不同层次、不同类型层面上实现特色发展的利器，许多高校都做了卓有成效的探索。南京大学于1999年开展的学科特区，先后建成了"分子医学研究所"、"国际地球系统科学研究所"等6个学科交叉研究中心。北京大学于2006年成立的前沿交叉学科研究院。2010年西安交通大学成立了前沿科学技术研究院，设立了以物理、化学、生物、材料科学等学科为基础、鼓励学科交叉的11个研究中心，等等。这些重要创新举措，是各高校在当下的知识爆炸、科学研究既高度分化又高度综合的时代背景下，充分认识到学科交叉是创新的动力和源泉，学科交叉是学科创新、优势特色学科建设乃至交叉学科产生的重要手段。毋庸讳言，这一发展利器在现实实践中面临着诸多困境，其效用并没有得到充分发挥，迫切需要深入思考并探寻高校学科交叉开展的有效路径。

（一）高校学科交叉所面临的困境分析

近些年来，许多高校不同程度地开展了学科交叉活动，以推进高校的学科建设与发展，但客观上而言，学科交叉所取得的成效并不尽如人意，这不能不引起我们的理性反思。为什么一种有效的手段并没有产生应有的成效，是哪些因素影响、制约了学科交叉的开展？著者认为，我国高校开展学科交叉存在如下几方面的主要问题。

1. 内涵认知的误区

与学科交叉紧密联系的有多个相关概念，比如交叉学科、学科、学科建设、学科群、学科群建设等，在理论研究界开展学科交叉研究中，尤其是教育管理层在开展学科交叉实践上，往往混淆了这些概念的内涵，造成认知上的误区。从这些概念的大体分类来看，大致可划分为两大类：一类为学科的概念，比如学科、学科群、交叉学科，均为名词，指向学科这一种概念；另一类为学

---

① 《国家中长期教育改革和发展规划纲要（2010—2020年）》，http://www.gov.cn/jrzg/2010-07/29/content_1667143.htm。

科建设的概念，比如学科交叉、学科群建设、学科建设，均为动词，指向学科建设这一种概念。斯蒂芬·格奥尔格曾言，"词语破碎处，无物可存在"[①]，对学科交叉这一概念在词性、种概念等基本内涵上的理解偏差，使得相关的判断与推理、辩论与争鸣都无法在同一语境、同一语义下进行沟通和交流，既影响了这一领域内的相关研究，更直接影响了高校学科交叉的改革与实践。

2. 价值取向的偏差

价值取向属于意识形态范畴的内容，是形成某一利益共同体内群体共识、凝聚人心的关键所在。纵观各高校学科交叉的实践，不难发现其学科交叉价值取向存在的偏差，这种偏差主要表现在两方面：一是学科交叉并没能形成高校相关学科群体内广大教学科研人员、学生及管理人员的共识，往往仅是高校领导层、少数学科带头人、学术骨干和部分管理人员的意志，缺乏思想层面上的统一认识，使得学科交叉成为少数人的意愿和主动行为。简言之，就是没有在学科交叉领域这一学术共同体内形成群体内的共识。二是学科交叉领域学术共同体内价值取向的多元化。学科交叉的本意在于以学科交叉为手段，不同学科领域的人员汇聚于同一新的知识领域开展探究，以实现某一学科或某些学科在学科领域和学科内涵上的转移。是坚守原有学科领域？还是转移到新的学科领域？因学术共同体内个体的学术积累、专业发展方向、个人兴趣等个体差异，以及原有学科领域的熟悉以及学科交叉领域的诸多不可预期，如果缺乏充分地沟通与交流，是坚守还是转移到新的研究领域，是专注于人才培养还是侧重于知识创新，往往很难在相关学科群体内形成共识，从而出现价值取向上的诸多分歧。

3. 目标指向的偏离

明确的目标是基于一定价值取向下某一群体的希寄与愿境，而学科交叉这一行为的指向目标本属多元化，既有长远的目标，也有短期的目标，既有知识创新的目标，也有解决现实重大问题的目标，既可以是同时兼顾科学研究和人才培养双重职能，又可以仅仅是科学研究的单一职能，而这些多元化的目标，往往在学科交叉领域的学术共同体内并没有形成共同的目标。在学科交叉的现实中，学科交叉往往因某一社会重要需求而产生一种阶段性行为，因阶段性目标实现而终结，但也可能因这种学科交叉行为的持续有效开展引致另外一个知识领域的开启，形成新的知识范式，产生一个新的知识领域，形成一个全新的

[①] [德]海德格尔：《在通向语言的途中》，孙周兴译，《商务印书馆》2004年版，第149—150页。

交叉学科。从现有高校学科交叉的实践来看，更多的则是指向交叉学科的形成，而这与当下学科交叉更多来源于社会的重大现实需求，往往因现实需求的有效解决、缺乏持续的后续支持而"夭折"。

4. 发展载体的缺失

学科交叉必须要有相应的发展载体。纵观世界高等教育发达国家高校学科交叉的实践来看，都以某种形式的载体支撑了这一改革创新举措。比如，美国高校的学科交叉实践载体主要有三种形式，一种是交叉学科学院，即组建一个新的、与其他实体学院一样的高校二级教学科研机构；二是设置交叉学科教育项目，通过项目形式支持学科交叉具体科研和教学行为的实施；三是成立交叉学科中心和研究所，以支持学科交叉所开展的科学研究活动[①]。我国高校在学科交叉实践中借鉴了这些有益的做法，比如一些高校成立了高端研究院、交叉研究院等支撑平台，但从总体来看，存在着发展载体缺失、载体形式单一等问题。一是设立学科交叉实体机构需要有专门的场地、人员配置以及实验仪器设置，投入较大，因而设立发展支撑平台实体高校二级单位高校的比例偏低。以湖北省为例，许多高校都提出了学科交叉这些的建设思路和建设举措，仅江汉大学设立了交叉学科研究院这一独立的二级实体单位，而其他高校鲜有成立这样的二级实体机构。二是发展载体的形式单一。从我国高校开展学科交叉的实践来看，主要是成立交叉研究中心和研究所，而成立交叉学科学院这种更为成熟形式的极少，以其他形式支撑学科交叉的也较少。

5. 体制机制的障碍

如果说发展载体的缺失主要是高校建设投入方面存在的问题，那么开展学科交叉的体制壁垒与机制障碍则是当下高校学科交叉制度层面的问题，与经费投入相比，制度层面的问题显得更为突出。人的社会交往实践并不是杂乱无章的，而是建立在一定的交往规则基础之上，这些交往规则就是所谓的"制度"。这种制度层面的问题不过是浅层次的一种表象，其深层次缘由则在于相关主体的动力不足、积极性不高的利益激励问题。具体而言，学科交叉在制度层面问题主要包括如下几方面：一是相关学科所在学院对学科交叉意愿不强。实施学科交叉，其主要形式就是设立一个高校独立的二级机构，并配备有专职的教学科研人员，这些专职人员主要来源于相关的学院。对于与学科交叉相关的学院

---

① 杨海燕：《美国高校学科交叉发展的制度保障》，《中国高等教育》2009年第3期，第77-78页。

而言，必然要从其组织中剥离出一部分优质教学科研人力资源，影响到相关学院的教学科研实力，影响到教学科研绩效考核以及高校对其投入及政策支持等，必然会影响到相关学院的利益，这些相关学院对学科交叉缺乏积极性的缘由就不言自明了。二是相关学科的教学科研人员主动性不够。对于进入学科交叉新实体的教学科研人员而言，因新的学科交叉领域与其原有学科专业有较高的关联度，但又有其差异性，这种差异性会在短期内让相关教学科研人员有转型适应的要求。学科交叉能否有效实施，是否有光明的前景，是否可持续，都具有太多的不确定性，总而言之，拟进入学科交叉领域的人员对于自身的专业发展往往会多有疑虑，往往导致学科交叉人员难以汇聚。

（二）高校学科交叉认知与价值取向的确立

基于以上高校学科交叉所存在问题的分析，著者认为，上述五个问题不是同一层面的问题，对学科交叉内涵认知以及学科交叉价值取向问题是第一层面的问题，学科交叉目标指向、发展载体缺失、体制机制障碍等是第二层面的问题。不解决好第一层面的问题，第二层面问题就缺乏方向性的指导，导致方向性的失误，因而首先必须解决好认知层面及价值取向方面的问题。

1. 准确把握学科交叉的科学内涵

在与学科交叉相关的交叉学科、学科、学科建设、学科群、学科群建设等相关概念中，都关涉一个关键词，即学科。对于学科一词的内涵，从其词源来看，学科（discipline）一词最早源于希腊文中的 didasko（教）和拉丁文中的 disco（学）[①]，学科一词最早是教学的意思。此后，discipline 一词的内涵又有所变化，兼具有知识和权力的含义。发展到 14 世纪，英文中的 discipline 指各门知识，尤其指大学中的医学、法律、神学等主流知识体系。发展到当代，美国学者伯顿·R·克拉克则将学科界定为："学科明显是一种连接化学家与化学家、心理学家与心理学院、历史学家与历史学家的专门化组织方式。它按学科，即通过知识领域实现专门化。[②]" 著者认为，克拉克对学科这一概念内涵的理解，是基于托马斯·库恩范式论的一种表达。库恩在其《科学革命的结构》一书中指出，范式是指那些公认的科学成就，它们在一般时间里为实践共同体提供典型的问题和解答，代表着一个特定共同体的成员所共有的信念、价值、

---

① 谢桂华：《高等学校学科建设论》，高等教育出版社 2011 年版，第 57 页。
② [美]伯顿·R·克拉克：《高等教育系统——学术组织的跨国研究》，王承绪等译，杭州大学出版社 1994 年版，第 34 页。

技术等构成的整体①。因此，从这一理解层面上来讲，学科不仅仅是一个知识体系划分的问题，更是某一特定知识体系内、具有为体系内认可的、具其自身独特范式的学术共同体。

正是不同学科拥有不同的范式，这就带来了学科交叉所面临的问题。学科交叉由不同学科的学者共同开展研究，而原有各自的学科均有自身原有的范式，毫无疑问，这就必然会引起来自不同学科群体的人员，在新兴的交叉学科领域中其信念、价值、概念等认知上的差异性，需要有一个比较长的时期，在新的学科共同体内形成一种全新的范式，来统一这一新兴学术共同体的认识，也只有在新的范式出现后，新的交叉学科才正在产生。因此，学科交叉是学科面临无法解决的问题而出现学科危机，或学科面临发展重大瓶颈，或源于学术发展、社会发展重大命题，由不同学术共同体联合开展研究，形成拥有不同研究范式的新的学术共同体，最终以形成特有范式为目标（即交叉学科产生）的方式和手段。

2. 确立正确的学科交叉价值取向

在学科交叉上，主要有两种方式，一种是纵向交叉，一种是横向交叉，其中纵向交叉主要是学术共同体在知识体系不同层次上的交叉，这种交叉主要体现为科学领域在更深层次知识创新的需求。在人类科学发展史上，原有的学科总会面临新的学科危机。比如统治物理学学科范式一千多年的亚里士多德的《物理学》，受伽利略实验方式和数学推导的发难，最后出现了近代物理学的实验物理研究范式。麦克斯韦、玻尔的光波动理论和能量均分，颠覆了经典物理学的大厦，诞生了以相对论和量子力学为代表的新的现代物理学研究范式，这主要就是纵向层面学科交叉的一种体现。横向交叉主要是学术共同体在同一层次的不同知识体系上的交叉，主要表现在技术领域的需求。除知识本身所面临的科学革命外，近代以来，经济社会的现实需求，主要聚集于技术领域，也是学科交叉的重要源起。比如第二次世界大战中，雷达技术、核技术等的出现和兴起，当下互联网金融、数字出版、基因组技术等的兴起，这主要是横向层面学科交叉的一种体现。

价值在一般的意义上指客体的存在、作用以及它们的变化对于主体需要及其发展的某种适合、接近或一致，具有客体满足主体利益的关系属性，反映利

---

① [美]托马斯·库恩：《科学革命的结构》，金吾伦、胡新和译，北京大学出版社2003年版，第116页。

益集团构筑发展意识形态的原则和尺度，是特定集团将自身根本利益普遍化为社会共同利益并区别于其他集团利益诉求的核心内涵与主要表征。从以上两种不同学科交叉方式实践来看，其价值取向存在着较大差异。按照约翰·S·布鲁贝克的理解，高等教育主要存在着两种哲学，一种哲学以认识论为基础，另一种哲学以政治论为基础[①]。纵向交叉主要面向科学领域，侧重于知识创新，其价值取向在于学术共同体对新知识的追求，以认识论为基础，以追求知识为目的。而横向交叉主要面向技术领域，侧重于面向社会重大需求，以政治论为基础，对国家有深远影响。从学科交叉的发展实践来看，纵向交叉与横向交叉交替出现，在19世纪工业革命以前，学科交叉主要是纵向交叉，以认识论为基础，而工业革命后，学科横向交叉发展迅速，美国威斯康辛大学强调服务社会的思想，就开始了认识论与政治论并重的早期探索。此后，以服务社会需求的横向交叉慢慢成为学科交叉的主流，认识论日渐势微。著者认为，结合我国高等教育的现实背景和发展情况，学科交叉在价值取向上应以政治论为主，兼顾认识论，即学科交叉应服务于社会大系统的发展需要，尤其要强化横向交叉，同时也鼓励某些领域的学术共同体以追求知识为目的，开展纵向交叉，开拓新的知识领域。

（三）高校学科交叉的出路探寻

在明确了学科交叉的科学内涵及价值取向基础上，还需要在操作层面上解决学科交叉的其他几个瓶颈问题。

1. 选择适切的学科交叉载体

当下高等教育系统内对学科交叉的重要性已形成了普遍共识，但在现实实践中之所以难以取得比较明显的建设成效，难以在众多高校中普及，难以将这一举措持续有效开展，首在学科交叉载体的缺乏，更为准确地说，是没有与学科交叉在不同发展阶段、不同发展需求相适应的适切载体。

选择并建立与学科交叉活动相适切的支撑载体，主要应考虑两方面的因素：一是交叉学科的属性，二是交叉学科所处的阶段。学科交叉在载体选择上首先要考虑交叉学科的属性，不同学科属性的交叉学科"栖息"于不同文化传统、价值信仰及行为方式的学术共同体，学术共同体内成员的联系紧密程度差异性较大，对于载体的需求也不一样。托尼·比彻和保罗·特罗勒尔参引了科尔布和比格兰对学科的分类体系，将学科分为硬科学和软科学、纯科学和应用

[①]　[美]约翰·S·布鲁贝克：《高等教育哲学》，王承绪等译，浙江教育出版社1998年版，第13页。

科学，提出了纯硬科学、纯软科学、应用硬科学、应用软科学的四种知识分类，总体而言，硬科学学科其学术共同体成员间联系紧密，需要有比较固定的场所，需要有仪器设备等较好的科研条件，学科交叉的载体要实，需要有实体支撑；而软科学学科其学术共同体成员间联系松散，独立性较强，其学科交叉载体可虚，不一定需要实体支持。

其次，学科交叉在载体选择上还要考虑其学科发展阶段，因阶段不同而选择不同的交叉载体。众所周知，在多种支撑学科交叉的载体中，建立一个交叉性的学院实体对于学科交叉的支持力度无疑是最强的，也是最为有力的，但学科交叉的风险性也是远远高于固定学科领域的。对于任何一所高校而言，因学科交叉的成功率并不高，很难有决心一开始就投入较多的资金支持这一"游走"于多个学科边缘、前景难以预期的未知领域，因而高校的理性决策就在于因学科交叉的不同阶段而给予不同形式的载体支持。具体而言，当学科交叉尚处于初期，围绕重大科学问题或重大现实问题开展跨学科研究时，可以通过科研项目、交叉学科教育项目等形式予以支持，鼓励学科之间的交叉，鼓励新的学科交叉领域的相关人员作初步的尝试。当学科交叉逐步集聚了一批致力这一新的学科领域的人员，取得了较大进展，具备了较好基础，并不断形成在学术界的影响力，则可以成立专门的交叉学科研究中心或研究所，为这一交叉领域的研究人员提供比较固定的研究场地，使之成为更为紧密的学术共同体。当学科交叉领域慢慢发展成为具有自身学术研究范式，形成了自身固有研究领域和学术边界，产生出了新的交叉学科，并为学界认可、社会接受的崭新阶段时，高校可以成立专门的交叉学科学院，不仅是支持相关人员开展研究，还进行人才培养。总之，高校在实施学科交叉的实践中，需要考虑学科交叉领域的属性以及学科交叉所处的不同阶段，合理选择不同的载体形式，为学科交叉活动提供有效支撑。

2.探索"学科特区"人才汇聚制度

建立与学科交叉实践相适切的支撑载体固然为新的学术共同体成员搭建了一定的研究平台，为开展学科交叉奠定了物质基础，但如何吸引创新人才进入这一新的学科领域，则是另一必须面对并迫切需要解决的问题。没有与之相应的吸引优秀人才的人事制度，学科交叉平台只会是一个"空壳"。学科交叉的风险性、不可预知性必然会导致吸引人才十分艰巨，高校必须设立"学科特区"，以有别于高校一般政策而实行特殊政策来吸引、汇聚人才，即实行"学科特区"制度。

制度经济学的代表人物诺斯认为，制度是一系列被制造出来的规则，守法程序和行为的道德伦理规范，它旨在约束追求主体福利或效用最大化利益的个人行为，制度即"社会中的博弈规则，人为设计的对人们相互作用行为的约束"。因此，成立支撑学科交叉吸引人才的"学科特区"，关键在于高校要结合不同学科属性、不同学科交叉发展阶段，建立起与学科载体相适应、有利于人才合理流动、引导人才向学科交叉平台汇集的相关制度，尤其是当学科交叉处于学科交叉初期（科研项目或交叉学科教育项目支撑）、学科交叉发展阶段（成立交叉学科研究中心或研究所）时，必须在高校人事制度、科研制度、财务制度、教学制度、管理制度等方面予以政策倾斜（当学科交叉处于成熟阶段，即成立了交叉学科学院，则可以按照高校通行的政策制度，不一定实行"学科特区"政策）。

具体而言，当学科交叉尚处于初期和发展期时，在高校人事制度设计上，要出台交叉学科"人才特区"相关制度，包括人才可自由流动、可进可出的人才流动制度，建立起有利于吸引优秀人才、与国际接轨的多元人才选聘与薪酬制度，吸引国外优秀人才来校工作；建立多元化的人才引进模式，灵活采用"固定编制"与"流动编制"、"全时"和"非全时"聘用、"个体引进"与"团队引进"、"培养"与"引进"相结合等多种形式，选聘战略科学家、高端领军人才和创新团队；建立以创新质量和贡献为标准的考核与评价制度，主要考核科研工作内容，减少教学工作的考核与要求；完善以团队为单元的考核机制，鼓励学科交叉，跨部门、跨学院、跨学科、跨领域培育组建创新团队，建设高水平师资队伍。此外，高校在实施学科交叉时，还要建立起扶持"学科特区"的特殊科研制度、财务制度、教学制度等，给予"学科特区"负责人更多自主权，赋予负责人更大的的人财物支配权，赋予负责人更大的技术路线决策权。

3. 构建支撑学科交叉的运行模式

要保证学科交叉有序、有效实施，必须构建起支撑学科交叉的运行模式，包括成立"学科交叉"支撑机构、制订"学科交叉"建设规划、组织"学科交叉"建设、完善制度建设等。一是要成立专门的"学科交叉"支撑机构。这一机构既是一个学科建设的单元，同时也是一个管理机构。结合学科交叉所处的不同阶段，"学科交叉"支撑机构在管理层次可以处于高校二级单位的层次，也可以归属在院、处级之下，但无论处于何种层级，学科交叉支撑机构要享受"学科特区"待遇，需要有高度的自主权，即在人财物管理上有极大的自由度，并实行"学科交叉"负责人制，"学科交叉"负责人享有比其他高校二级单位负责人更大、更多的权力，因而也需要高校人财物等管理部门予以协助、配合。

二是科学制订"学科交叉"建设计划。组建"学科交叉"相关机构后，各学科交叉领域要按照高校整体发展目标，尤其是高校学科建设总体规划与发展目标，科学规划学科交叉领域的中长期建设目标和短期建设目标，形成中长期建设规划与短期建设规划的有机衔接，尤其是要制订好详细的学科交叉短期建设计划。短期学科交叉建设计划要形成比较完整的建设体系，包括学科交叉建设目标、建设内容、建设与改革措施、建设进度安排、经费筹措与使用、预期成效、需要的政策支持等，使之成为开展学科交叉的具体路线图。

三是组织学科交叉建设实施。经高校审议通过后的学科交叉建设规划和学科交叉建设计划，由学科交叉负责人牵头组织开展学科交叉的系统建设。学科交叉在实施过程中，要紧紧围绕一流师资队伍这一核心，抓住学科交叉开展科学研究和人才培养两个关键，高校有关职能部门要积极配合，积极有序推进所在领域的学科交叉建设活动。对于建设中出现的问题，由学科交叉所在机构提出，高校及时进行研究并予以解决，为学科交叉建设提供良好的条件。

四是完善制度建设。为保证学科交叉有序、规范化运行，要不断建立并完善相关制度建设。具体而言，要设立学科交叉资助基金，实行研究人员访问机制，举办专题研讨会，召开学科交叉领域的国际国内学术会议等，建立起学科交叉的人才选聘、职称评聘、考核等人事制度，要建立起有利于学科交叉的科研制度、财务制度、人才培养制度以及学科交叉载体自身的管理制度，为学科交叉有序有效开展提供良好的制度保障和制度环境。

第四节 关于学科建设绩效评价的探讨

一、学科绩效评价内涵界定及特征分析

（一）学科绩效评价内涵的界定

关于学科绩效评价，常可以看到与之相关的几个概念见诸有关学术论文，包括学科评价、学科评估、学科效益评价、学科绩效评估等。界定研究主要研究对象的内涵，是开展科学研究的基础和前提。按照这一传统的研究范式，有

必要先将有关概念进行比较与辨析，界定好学科绩效评价的内涵。商务印书馆《新华词典》中将"评价"解释为：一是指"评定货物的价格。也泛指衡量人物、事物的作用或价值"；二是"指评定的价值"。对于"评估"，其界定为："根据标准衡量；评价。例，资产评估"。对于"效益"，其界定为："效果和收益"。对于绩效的定义，目前比较有代表性的界定有两种：一种观点认为，绩效反映的是人们从事某一活动所取得的成绩或成果；另一种观点认为，绩效是业绩和效率的统称，包括行为过程和行为结果两层含义。

从以上的有关概念的界定来看，评价的内涵涵盖了评估，评估是指按照一定的标准开展的评价活动。绩效的第一种观点的含义与效益的内涵基本一致，这种观点存在的问题是：只考查了学科建设的产出，而忽视了学科建设的投入，而投入的多少直接影响到产出的结果；只考查了学科建设的最终成效，而忽视了学科建设的过程考查。第二种含义则较为科学，既考查了结果，也反映了过程，从结果和过程两方面进行了全面考核，但尚不完善，其不完善的地方表现在：只考查了成效，而没有考虑其投入，利用投入产出比来考查其绩效比单一地用业绩来考查要更为科学[①]。

关于学科绩效评价的研究由于尚处于研究初期，其评价指标体系和评价方法尚处于摸索阶段，因此，采用学科绩效评价这一概念比之于其他概念而言，更为科学合理。结合以上的分析，对于学科绩效评价的内涵，著者将其定义为：学科绩效评价是指某一主体采用一定的研究方法，对一定的学科建设对象或范围，按照投入产出情况，从过程和结果两方面科学、合理地衡量和考核其学科建设的业绩和成效，通过对不同学科建设对象的评价，为相应的管理部门提供决策参考的管理活动。

（二）学科绩效评价的特征分析

与其他绩效评价相比，学科评价具有自身特殊的要求，主要表现在如下几方面。

[①] 对于学科绩效内涵的认识，当前主要有如下几种观点：一是产出观。这种观点仅从学科成效来考察学科的绩效，而忽略了学科建设的投入，不是一种全面的考量。二是投入产出观。这种观点借用了企业绩效的观点，从投入产出比进行衡量，但只是机械的借用企业管理的经济绩效观点，而忽略了学科建设作为教育管理的特有属性。大学学科建设绩效观应该借鉴企业绩效投入产出的思想，在绩效考察上要充分考虑到学科建设的特殊情形。学科建设的特殊情形在于它是大学建设的一种战略思考，既考虑当下大学的发展，更着眼于大学未来的长远发展；既要考虑学科建设的投入产出的结果绩效，也要考虑其过程上的成效。

1. 评价的主体是高校

学科绩效评价因评价对象不一样，其评价主体也有其差异性。从学科绩效评价的对象来看，可以划分为三个层次，一是对高校学科整体绩效的评价，其评价主体是中央和地方两级政府，即中央和地方政府对高校整体学科建设情况的一种监控；二是对学科群绩效的评价，其评价主体是高校，即高校对自身所属的各二级单位（学院或系）的某一或某几个学科群建设情况的监控；三是对学科绩效的评价，其评价主体是高校的学院或系，即学院或系对自身所属的某一学科建设情况的监控。学科绩效评价各评价主体、评价对象及评价内容详见下表 1-2 所示。

表 1-2　学科绩效评价主体、对象和内容

评价主体	评价对象	评价内容
中央和地方政府	高校	高校学科整体
高校	学院或系（高校二级单位）	学科群
学院或系	系或教研室（高校三级单位）	学科

2. 评价指标体系上既要注重其系统性，更要关注和把握重点

学科绩效评价比较复杂，其复杂性即体现在投入的多元性，也体现在产出的多样化，投入包括对学科建设的人、财、物的投入，产出包括学科建设的人才培养和科学研究。对于高校学科建设绩效评价，必须体现这种多元的投入与多样化的产出，在指标体系中有系统的体现。比如，在人才培养上，除了要有一定的人才培养规模外，更强调培养高水平、高质量的人才，因而需要将全国优秀博士论文、全国优秀博士论文提名奖、国家教学成果奖等作为其重要的指标，纳入产出指标体系，一般性的学生发表论文、参与导师课题等指标则不应纳入其中。在科学研究上，要将国家科研成果奖、国家科研基地等作为衡量高校优势学科群科研产出的重要指标，其评价权重所占比例应较大，而一般性的发表论文数、三大检索数、出版专著数等指标，其评价权重所占比重应较小。

3. 评价既关注高校学科建设的结果，也要关注学科建设的过程

学科建设是一个长期积累的过程，高校学科建设绩效评价过程中，不能仅仅将建设的最终结果作为唯一的考察视角，必须兼之以过程的考察。因此，对于高校学科建设绩效评价，需要从结果和过程两方面进行综合考察与评价，才

能全面反映高校学科建设的成效。

二、学科绩效评价的原则

要做好学科绩效评价，需要遵循一些基本原则，才能有助于此项工作的有效开展。

（一）无量纲化原则

在高校学科绩效评价过程中，用来评价学科建设投入的要素包括人、财、物三方面的投入要素，在产出方面包括人才培养和科学研究两方面的产出要素，这些指标在量纲上不同，表现为计量单位上的差异。另一方面，即使是计量单位相同，各指标在数值上也可能存在着数量级上的差异。如何处理这种各要素之间在计量单位或数量级上的差异性，通用的做法就是无量纲化。所谓无量纲化就是指数据的标准化、规格化，它是通过数学变换来消除指标量纲对绩效评价的影响。因此，在多指标准的综合评价中，由于不同量纲的指标数据无法直接比较，因而指标数据的无量纲化是必不可少的。

（二）全面性和综合性原则

高校学科建设绩效评价要全面反映学科整体的建设成效，而学科建设又包含了高校学科发展的方方面面，因而高校学科绩效评价要综合各个统计指标的特性。从统计学的角度来看，当我们用某一方面的指标分析事物时，实际上是从不同侧面来认识事物，因而需要把事物的各个方面结合起来作为一个统一的整体来予以把握，经过这种分析与综合的方法，我们才能对事物的认识更加深入和客观。对高校学科建设的绩效评价亦是如此，既要把握高校学科建设的投入与产出，又要全面把握高校学科建设各种投入和产出要素，这样才能对高校学科建设的整体绩效有一个全面而系统的把握和测度。

（三）动态性原则

事物是发展变化的，综合评价也不例外。这是动态性的把握包括两方面的含义。一是随着时代的进步和社会的发展，反映高校学科建设绩效评价的指标也在不断变化，需要以新的观念来处理原有的指标体系，对原有学科建设绩效评价体系进行动态管理。二是对于指标体系中有关数据的选取，要有动态的观念对学科建设有关数据进行考察。高校学科建设中的投入要素也好，产出要素也好，有时在不同的时间段上有其特殊性。在某一时间段上，对于某个学科而言，无论是投入，还是产出，都可能偏离其平均水平，这样就不能客观地反映该学科投入与产出的真实情况，因而，需要选取某一较长的时间段作为绩效评价的标准，比如，近三年或近五年，就远比选取某一年的时间段来进行评价要客观得多。

（四）可操作性原则

由于学科建设涵盖了高校建设的诸多方面，对于其绩效评价而言，投入要素就包括了几十个不同的评价指标，产出要素也包含了几十个不同的指标，每一项评价指标又因高校学科数量较多，因而数据也很多，要将它们综合在一起，绝非易事。另外，多指标综合评价是一个实用性非常强的方法，其效果需要经过实践的验证和检验。因此，在对高校学科进行绩效评价时，要考虑到可行性和可操作性，使该方法能够应用于高校学科建设评价的实践工作中，因而要求方法体系具有资料易得、方法直观和计算简便等特点。

三、学科群绩效评价的指标体系

学科建设绩效评价体系构建是学科建设绩效评价的重要内容，是开展学科建设评价的依据和基础。正如上文对学科建设绩效评价内涵的界定，学科建设绩效评价要对学科建设的投入与产出情况进行综合考查，既要考查学科建设投入与学科建设产出两方面进行全面分析，又要对学科建设的过程和建设结果进行综合评价。因此，在学科建设评价指标体系的构建上，要全面予以体现，能够反映出学科建设绩效评价的目标和宗旨。

（一）指标体系的构建

在学科建设的投入与产出的评价指标体系构建上，要体现投入与产出两方面的内容。在学科建设投入方面，可以归纳为人、财、物三方面的投入要素，其中，人指学科建设周期中的师资队伍投入情况，包括正高职称人数、副高职称人数、中级职称人数和初级职称人数；财指投入到学科建设周期中的资金投入情况，包括国家的专项投入、地方政府投入、高校自筹经费投入、社会捐赠等；物指投入到学科建设周期中的实验仪器设备、图书资料、实验室面积、教室面积等物质条件。在学科建设产出方面，按照高校的职能，可以归纳为科学研究和人才培养两方面的产出要素，其中，科学研究包括科研项目、科研经费、科研成果和科研基地；人才培养包括两方面的内容，一是人才培养规模，包括本科生培养规模、硕士生培养规模和博士生培养规模；二是人才培养质量，包括教学成果奖、国家和省级优秀论文、精品课程与优秀教材等。学科建设绩效评价指标体系详见下表 1-3。

表 1-3　学科建设绩效评价指标体系

	一级指标	二级指标	三级指标
投入指标	人	正高职称人数	
		副高职称人数	
		中级职称人数	
		初级职称人数	
	财	国家专项投入	
		地方政府投入	
		学校自筹投入	
		社会捐赠	
投入指标	物	实验仪器设备	
		图书资料	
		实验室面积	
		教室面积	
产出指标	科学研究	科研项目	国家级重大科研项目数
			国家级重点科研项目数
			国家级一般科研项目数
			省部级重大科研项目数
			省部级重点科研项目数
			省部级一般科研项目数
		科研经费	科研经费总量
			纵向科研经费
		科研成果	国家级科研成果奖
			省部级科研成果奖
			三大检索论文数

			出版专著数
产出指标	科学研究	科研成果	获发明专利数
		科研基地	国家级科研基地数
			省部级科研基地数
	人才培养	人才培养规模	本科生培养规模
			硕士生培养规模
			博士生培养规模
			教学成果奖
			全国优秀博士论文
			省级优秀博士论文
			省级优秀硕士论文
			省级优秀学士论文
			国家精品课程
			省级精品课程
			优秀教材

（二）指标体系构建中需要关注的问题

在学科建设绩效评价的过程与结果的考查上，主要应考虑如下两点：一是在学科建设投入的考查上，要考虑学科建设投入在时间维度上的变化情况，即按照时间的变化，学科建设在人、财、物投入力度上，即建设绝对值是呈上升趋势还是下降趋势；在学科建设在人、财、物投入的发展势头上，即学科建设增长值是呈上升态势还是下降态势。二是学科建设投入与产出指标体系中各一级指标、二级指标或三级指标数值的选取上，要考虑学科建设的持续性、长期性和建设成效的后延性，对学科建设投入与产出指标值的选取不能仅仅某一年的相关数据，而应该是某一建设周期投入与产出指标的平均值，这样，才能比较真实、科学地反映学科建设在一定时期内的投入与产出情况，才能比较科学、合理地评价某一学科建设对象的学科建设绩效。

四、学科绩效评价的方法

（一）绩效评价方法

绩效评价的方法有多种，从目前开展绩效评价研究的现状来看，概而言之，主要包括两大类，一是指标权重赋权法，二是数据包络分析法（DEA）。指标权重赋权法包括德尔菲法、相邻指标比较法、层次分析法、变异系数法、熵值法、CRITIC法等，其中德尔菲法、相邻指标比较法和层次分析法为主观权重赋权法，变异系数法、熵值法、CRITIC法为客观权重赋权法。

1.德尔菲法

德尔菲法（Delphi）又称为专家咨询法，其特点在于集中专家的经验与意见，确定各指标的权数，并在不断的反馈和修改中得到比较满意的结果。基本步骤如下：

第一步，选择专家。这是很重要的一步，选得好不好将直接影响到结果的准确性。一般情况下，可以选本专业领域中既有实际工作经验又有较深理论修养的专家10—30人左右，并须征得专家本人的同意。

第二步，将待定权数的p个指标和有关资料以及统一确定权数的规则发给选定的各位专家，请他们独立地给出各指标的权数值。

第三步，回收结果并计算各指标权数的均值与标准差。

第四步，将计算的结果及补充资料返还给各位专家，要求所有的专家在新的基础上重新确定权数。

第五步，重复上述第三步和第四步，直至个指标权数与其均值的离差不超过预先给定的标准为止，也就是个专家的意见基本趋于一致，以此时隔指标权数的均值作为该指标的权数。

此外，为了使判断更加准确，让评价者了解已确定的权数把握性的大小，还可以运用"带有信任度的德尔菲法"，该方法须在上述第五步每位专家给出最后权数值的同时，标出各自所给权数值的信任度，并求出平均信任度。这样，如果某一指标权数的信任度较高，就可以有较大的把握使用它；反之，只能扎实使用或设法改进。

德尔菲法是调查、征集意见、汇总分析、反馈、再调查、……、一个反复的过程，专家们是处于互不知情的隔离状态，每个人的信息是他自己的知识、经验、专长以及调查机构反馈给他的汇总情况的集中体现，这就便于集中智慧。所以不少方法也都或多或少地借用这一想法，反复比较，协调，求得较好的结果和比较一致的意见。

2. 相邻指标比较法

相邻指标比较法往往与德尔菲结合使用，在发给专家征询意见时，为了便于专家考虑，先将所选的指标按一定标准排好顺序：

$$x_1, \ x_2, \ x_3, \ \cdots, \ x_k$$

然后让专家填一张表（见表1-4）把 x_2 与 x_1 相比，x_3 与 x_2 相比，$\cdots$，x_k 与 x_{k-1} 相比，相比的重要性的值列在第3列。w_i' 从第3列的值可以算出，它表示各个指标与 x_1 相比的重要性。由于 x_i 总是与上一个 x_{i-1} 相比，因此 g_i 表示 x_i 与 x_{i-1} 相比的重要性。

表1-4　评价指标专家意见征询表

指标（1）	参考指标（2）	相对重要性 $\dfrac{(1)}{(2)}=g_i$	权重 w_i'	归一化权重 w_i
x_1	x_1	g_1	w_1'	w_1
x_2	x_1	g_2	w_2'	w_2
x_3	x_2	$\cdots$	$\cdots$	$\cdots$
$\cdots$	$\cdots$	$\cdots$	$\cdots$	$\cdots$
x_k	x_{k-1}	g_k	w_k'	w_k
合计	—	—	$\sum w_i'$	1

$$w_i' = \prod_{j=2}^{i} g_i = g_i g_{i-1} g_{i-2} \cdots g_2, \qquad i = 2,3,\cdots k$$

而 w_i 只是将 w_i' 归一化，注意 $w_1' = g_1 = 1$，

$$w_i = w_i' \big/ \sum_{j=1}^{k} w_j', \qquad i = 1,2,\cdots k$$

相邻指标相比，一是为了方便，一次比较两个指标就可以了；二是为了求 w_i' 方便，只需将前面的 g_j 的值乘以 g_i。

当然也可以只给专家指标 x_1，…，x_k，让专家自己去排一个次序逐步比较。从上面的介绍就可以看出，这个比较顺序，并不要求后一个比前一个重要（即 $g_i \geqslant 1$），关键是两者便于比较就好。让专家自己去排一个比较的次序，其目的也在于此。当然，有时为了便于汇总各个专家的意见，可以指定一个指标为 x_1，它是各个专家进行比较的基准。

3. 层次分析法

层次分析法是 T. L. Saaty 教授在 20 世纪 70 年代提出的一种定性和定量相结合的决策分析方法，即可用于决策分析与方案比选，也可用于确定指标权重。该方法将复杂的问题及众多的因素分解，组成一个有序的递阶层次结构。通过两两比较及计算矩阵最大特征根和其相应的特征向量，以确定各指标的权重。这种方法的关键是尽量客观、公正地判断两指标的相对重要程度。层次分析法实施过程如图 1-1 所示。

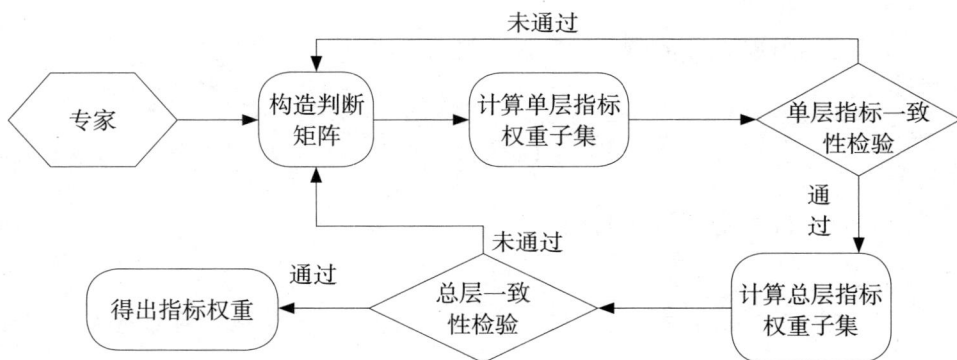

图 1-1　层次分析法实施流程图

层次分析法确定权重的具体步骤如下：

（1）通过分析各指标的相互关系，建立递阶层次的评价指标体系。

（2）构建两两比较判断矩阵。评价指标体系建立后，上下层次指标间的隶属关系就被确定了，对同一层次指标，进行两两比较，其比较结果以标度法表示，各级标度的含义如表 1-5 所示。

表 1-5 "1—9 比率标度"法判断矩阵标度及其含义

标度	含义
1	表示两因素相比，具有同样的"重要性"
3	表示两因素相比，一因素较另一因素"稍微"重要
5	表示两因素相比，一因素较另一因素"明显"重要
7	表示两因素相比，一因素较另一因素"强烈"重要
9	表示两因素相比，一因素较另一因素"极端"重要
2，4，6，8	上述两相邻判断的中值
倒数	若因素 i 与因素 j 比较，判断为 a_{ij}，则因素 j 与因素 i 比较判断为其倒数 $a_{ji}=1/a_{ij}$

这样对于同一层次的 N 个指标，可得到两两经比较判断矩阵 A，A=$\{a_{ij}\}$。判断矩阵中的值应满足下列条件：$a_{ij}>0$，$a_{ji}=1/a_{ij}$，$a_{ii}=1$

（3）计算权重。

①计算判断矩阵 A 的每一行元素的积 M_i

$$M_i = \prod_{j=1}^{n} a_{ij} \quad (i=1，2，\cdots，n)$$

②计算各行 M_i 的 n 次方根值 $\overline{W_i}$

$$\overline{W_i} = \sqrt[n]{M_i} \quad (i=1，2，\cdots，n，式中 n 为矩阵阶数)$$

③将向量 $(M_1，M_2，\cdots，M_n)^T$ 归一化，计算如下：$W_i = \dfrac{\overline{W_i}}{\sum\limits_{i=1}^{n} \overline{W_i}}$，$W_i$ 即为所求的各指标的权重系数。

④计算判断矩阵 A 的最大特征值 λ_{max}

$$\lambda_{max} = \sum_{i=1}^{n} \frac{(AW)_i}{nW_i}$$

$$上式中：A * W = \begin{bmatrix} a_{11} & a_{12} & a_{13} & \cdots & a_{1n} \\ a_{21} & a_{22} & a_{23} & \cdots & a_{2n} \\ a_{31} & a_{32} & a_{33} & \cdots & a_{3n} \\ \cdots & \cdots & \cdots & \cdots & \cdots \\ a_{n1} & a_{n2} & a_{n3} & \cdots & a_{nn} \end{bmatrix} * \begin{pmatrix} W_1 \\ W_2 \\ W_3 \\ \cdots \\ W_n \end{pmatrix}, \quad A * W = a_{i1}W_1 + a_{i2}W_2 + \cdots + a_{in}W_n$$

⑤一致性检验。

第一步，计算一致性指标 CI

$$CI = \frac{\lambda_{\max} - n}{n - 1}$$

第二步，查同阶矩阵平均一致性指标 RI 见表1-6。

表 1-6　平均随机一致性指标 R.I 查询表

阶数 n	1	2	3	4	5	6	7	8	9
RI	0	0	0.58	0.90	1.12	1.24	1.32	1.41	1.45

第三步，当 $n=1$，2 时，判断总具有一致性，不必检验；当 $n=3$，4，…时，计算一致性比率 CR=CI/RI，如果 CR < 0.10 时，则认为满足一致性要求，权重结果可用。当 CR ≥ 0.10 时，A 具有非满意一致性，则应予以调整或舍弃不用。

4. 变异系数法

综合评价是通过多项指标来进行的。如果某项指标的实际数值够明确区分开各个参评样本，说明该指标在这项评价上的分辨信息丰富，那么，为提高综合评价的区分效度，应给该指标以较大的权数；反之，若各个参评对象在某项指标上的实际数值差异较小，就表明这项指标区分开各参评样本的能力较弱，因此应给该项指标以较小的权数。极端地，如果某项指标在各参评样本之间根本没有差异，那么在这项评价中就无法排列出各参评样本的优劣来，因而理应给这项评价指标赋以零权。基于上述认识，可根据各指标的变异信息量的大小来确定权数。在统计学中，指标的变异信息量是用方差来衡量的，但由于各指标量纲和数量级的影响，各指标的方差不具有可比性，因此应选用可比的指标变异系数。将各指标的变异系数作归一化处理就可得到各指标的权数。具体作法是：

设有 n 个参评样本，每个样本用 P 个指标 x_1，x_2，$\cdots$，x_p 来描述。选求出各指标的均值 $\bar{x}_i$；和方差 S_i^2：

$$\bar{x}_i = \frac{1}{n}\sum_{j=1}^{p} X_{ji}$$

$$S_i^2 = \frac{1}{n-1}\sum_{j=1}^{p} (x_{ji} - \bar{x}_i)^2$$

则各指标的变异系数为：

$$V_i = S_i \sqrt{x_i} \qquad i = 1, 2, \cdots\cdots, p$$

对 V_i 作归一化处理，便可得各指标的权数 W_i：

$$W_i = V_i \Big/ \sum_{j=1}^{p} V_j \qquad i = 1, 2, \cdots\cdots, p$$

5. 熵值法

在信息理论中，熵是系统无序程度的量度，可以度量数据所提供的有效信息。熵值法就是根据各指标传输给决策者的信息量的大小来确定指标权数的方法。某项评价指标的差异越大，熵值越小，该指标包含和传输的信息越多，相应权重越大。

第一步：将各项指标数值进行归一化处理。

$$a_{ij} = x_{ij} \Big/ \sum_{i=1}^{n} x_{ij}，\quad i = 1,2,3,\cdots n，\ j = 1,2,3,\cdots m$$

第二步：计算评价指标的熵值。

$$H_j = -k\sum_{i=1}^{n} a_{ij}\ln a_{ij}（k = 1/\ln n）$$

第三步：将熵值转换为反映差异大小的权数。

$$w_j = \frac{1-H}{m - \sum_{j=1}^{m} H_j}$$

　　熵值法与变异系数法的基本原理比较相似，也是将原始数据的差异大小作为权重确定的依据，因而数据的独立性以及评价者的偏好在权重中不能得以体现。

6.CRITIC 法

CRITIC（Criteria Importance Through Intercriteria Correlaiton）法是由 Diakoulaki 提出的另一种客观权重赋权方法。它的基本思路是确定指标的客观权数以两个基本概念为基础。一是对比强度，它表示了同一个指标各个评价方案之间取值差距的大小，以标准差的形式来表现，即标准化差的大小表明了在同一个指标内各方案取值差距的大小，标准差越大各方案之间取值差距越大。二是评价指标之间的冲突性，指标之间的冲突性是以指标之间的相关性为基础，如两个指标之间具有较强的正相关，说明两个指标冲突性较低。第 j 个指标与其他指标的冲突性的量化指标为 $\sum_{t=1}^{n}(1-r_{tj})$，其中 r_{tj} 评价指标 t 和 j 之间的相关系数。各个指标的客观权重确定就是以对比强度和冲突性来综合衡量的。设 C_j 表示第 j 个评价指标所包含的信息量，则 C_j 可表示为：[124]

$$C_j = \sigma_j \sum_{t=1}^{n}(1-r_{tj}) \qquad j=1,2,3,\cdots,n$$

　　C_j 越大，第 j 个评价指标所包含的信息量越大，该指标的相对重要性也就越大，所以第 j 个指标的客观权重 W_j 应为：

$$W_j = \frac{C_j}{\sum_{j=1}^{n}C_j}, \qquad j=1,2,3,\cdots,n$$

（二）几种主要方法的比较

　　指标权重赋权法是将各级指标通过定性或定量的研究方法，给予其一定权重值的方法，是目前解决绩效评价的一种常用方法。数据包络分析法是一种定量研究方法，其原形是一个分式规划，利用变换，可以将原问题转化为一个等价的线性规划问题，再利用线性规模的对偶理论，可以得到一个对偶规划模型。它可以解决多种投入与多种产出绩效评价的评价问题，不需要事先知道或给出各个投入要素和产出要素的权重值，是解决多种投入与多种产出绩效评价的很好手段和方法。

　　指标权重法和数据包络分析法各有其优缺点。指标权重赋权法的优点在于：操作的简便性、可以定性与定量相结合，在多种投入与多种产出的绩效评价上，便于进一步分析各种投入对产出的贡献来；其缺点在于：受主观因素的影响较大，结论的科学性受到影响。数据包络分析法有较大的优越性，即对输入、输出指标有较大的包容性，可以接受那些在一般意义上很难定量的指标，同时在处理评价问题时比一般常规统计方法更有其优越性，主要表现在：一是可以同时计算多种输入与输出指标，输入和输出的数据可以是不同计量单位的指标，不需要预先确定指标间的关系和赋权值；二是 DEA 方法改变了过去评价方法中将有效与非有效混为一谈的局面，估计出确实有效的生产前沿面；三是致力于每个评价单元优化而不是对整个集合的统计回归优化，与传统的计量经济学方法相比，DEA 不需要预先已知的带有参数的函数形式。

（三）研究方法的选取

学科建设绩效评价涉及到多种投入与多种产出，投入要素和产出要素又含有一级指标、二级指标和三级指标等多级指标，且是不同类型的数据，用赋权法很难科学地评价其建设绩效，而数据包络分析法可以很好地解决这一问题，目前已有学者将这一方法应用于学科建设绩效评价工作之中，是一种将现代管理方法应用于高等教育实践的积极探索。但应用这一方法，也存在一定的问题：这一方法只解决了不同学科建设对象在结果绩效上是否有效的问题，缺乏对学科建设过程绩效的考查。

因此，要实现学科建设绩效评价的科学考查，即要解决学科建设结果上的绩效问题，同时又要解决学科建设过程上的绩效问题，需要将包络分析法与权重赋权法结合起来，进行全面的评价，才是解决学科建设绩效评价的更为合理的方法。具体来说，通过数据包络分析法解决不同学科建设对象的结果绩效评价问题，同时，通过赋权法，尤其是客观赋权法，解决学科建设中人、财、物的投入绩效问题，对学科建设的过程也进行科学的评价与考查，从而实现对学科建设投入与产出两方面综合考查的评价，实现对学科建设绩效评价的过程与结果的全面评价。

按照这一思路，要全面考察高校学科的建设绩效，在研究方法上，需要实现结果评价和过程评价的结合，其中结果评价采用数据包络分析法，过程评价采用矩阵图法，分别来评价高校学科某一建设周期的投入产出成效和某一建设周期的投入效益和产出效益。高校学科绩效评价方法体系的构架如图1-2 所示：

```
                    ┌──────────────────────┐
                    │    高校学科绩效评价    │
                    └──────────┬───────────┘
              ┌────────────────┴────────────────┐
    ┌─────────────────┐              ┌─────────────────┐
    │     结果评价     │              │     过程评价     │
    └────────┬────────┘              └────────┬────────┘
    ┌─────────────────┐              ┌─────────────────┐
    │   数据包络分析法  │              │     矩阵图法     │
    └────────┬────────┘              └────────┬────────┘
┌────────────────────────┐    ┌──────────────────────────────┐
│  某一建设周期的投入产出分析 │    │  某一建设周期的投入效益和产出效益 │
└────────────────────────┘    └──────────────────────────────┘
```

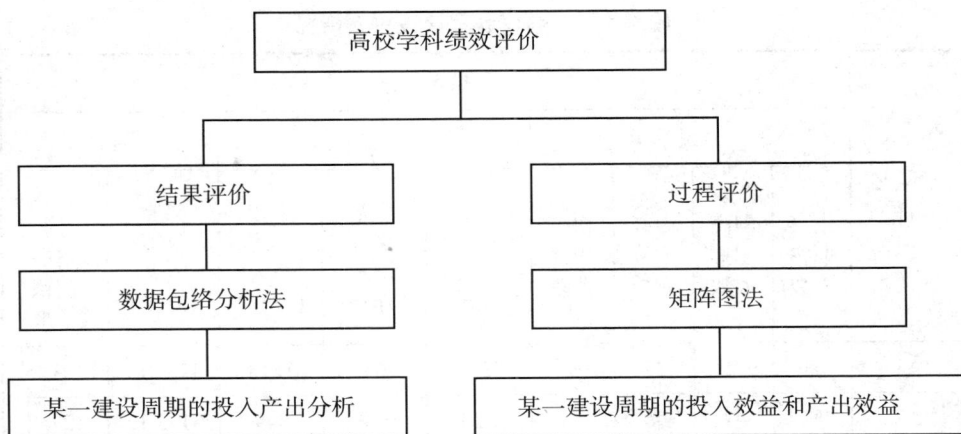

图 1-2　高校学科绩效评价方法结构图

五、学科绩效评价方法的应用

为研究方便，本研究选取了某高校为研究对象，将以上学科建设绩效评价方法在高校学科群绩效评价上予以应用。

（一）数据的收集与数据处理

在学科建设绩效评价的过程与结果的考查上，主要应考虑如下两点：一是在学科建设投入的考查上，要考虑学科建设投入在时间维度上的变化情况，即按照时间的变化，学科建设在人、财、物投入力度上，即建设绝对值是呈上升趋势还是下降趋势；在学科建设在人、财、物投入的发展势头上，即学科建设增长值是呈上升态势还是下降态势。二是学科建设投入与产出指标体系中各一级指标、二级指标或三级指标数值的选取上，要考虑学科建设的持续性、长期性和建设成效的后延性，对学科建设投入与产出指标值的选取不能仅仅某一年的相关数据，而应该是某一建设周期投入与产出指标的平均值，这样，才能比较真实、科学地反映学科建设在一定时期内的投入与产出情况，才能比较科学、合理地评价某一学科建设对象的学科建设绩效。下面以某高校各学科群为对象，采用以上方法对学科建设绩效进行实证分析。

1. 数据收集

该高校共有 20 个学科群，各学科群的投入情况见表 1-7，各学科群的产出情况见表 1-8。

续表 1-7　各学科群建设投入情况

学科群名称	投入指标								
	人				财			物	
	正高职称人数	副高职称人数	中级职称人数	初级职称人数	国家专项投入(万元)	地方政府投入(万元)	学校自筹投入(万元)	实验仪器设备(万元)	教学科研用房面积(平米)
A1	41	71	37	3	2287	65	1813	4463.13	14175
A2	32	42	45	4	1111	24	849	3183.12	12747
A3	34	76	41	6	180	15	130	1164.7	4915
A4	33	68	37	6	954	0	706	2856.53	7366
A5	14	27	29	4	656	0	679	4625.51	9992
A6	22	49	49	3	596	0	770	1781.09	8037
A7	11	26	21	2	574	0	836	2278.17	8107
A8	22	31	18	2	809	0	956	2358.65	6128
A9	14	45	34	6	410	0	674	2519.3	5319
A10	13	55	59	4	239	0	100	1304	4809
A11	13	52	33	1	296	0	170	1977.68	6154
A12	3	28	13	3	60	0	0	1663.75	5184
A13	14	53	51	5	92	20	95	412.27	1693
A14	48	105	111	5	623	0	485	4396.24	11360
A15	13	25	36	1	124	15	170	791.4	1935
A16	17	27	55	2	153	20	120	718.88	4570
A17	15	94	131	19	30	5	0	257.64	1641
A18	15	34	32	4	500	0	293	2123.27	8684
A19	10	34	18	1	62	15	80	217.46	1037
A20	13	12	17	1	115	0	0	619.88	2516

注：人和物的统计时间点为 2008 年 12 月 31 日；财的数据统计时间为 2000 年 1 月 1 日至 2008 年 12 月 31 日。

续表 1-8 各学科群学科建设产出情况

学科群名称	科研项目		科研经费（万元）			科研成果			科研基地		人才培养规模			人才培养质量							
	国家课题	省部课题	科研经费总量	横向科研经费	纵向科研经费	国家科研奖	省部级科研奖	获发明专利	国家科研基地	省部科研基地	本科培养规模	硕士培养规模	博士培养规模	省部级以上教学成果奖	全国优秀博士论文	省级优秀博士论文	省级优秀硕士论文	省级优秀学士论文	国家精品课程	省级精品课程	国家优秀教材
A1	102	68	28398.4	16542.5	11856.0	3	63	197	2	7	3177	2055	455	6	3	17	33	292	2	4	3
A2	19	14	19818.8	13166.6	6652.2	0	14	7	0	2	2229	887	101	2	1	4	6	73	1	2	0
A3	41	25	9335.6	7129.1	2206.6	0	25	0	0	2	2497	2676	353	1	0	7	10	92	1	3	1
A4	20	12	13228.5	9760.1	3468.3	1	11	29	0	0	2805	1206	135	2	0	1	7	126	1	7	1
A5	20	15	11119.7	6924.2	4195.5	0	15	2	0	1	1957	454	94	3	0	3	6	84	1	2	0
A6	19	13	14708.3	11637.9	3070.5	0	13	3	0	1	1857	1376	161	0	0	4	19	114	0	2	0

续表

A7	10	1	9429.0	8447.2	981.8	0	1	31	0	0	1844	689	49	0	0	0	4	71	0	2	1
A8	30	12	11606.2	8563.6	3042.6	2	10	25	1	1	1570	645	69	1	0	0	5	55	1	2	1
A9	15	8	8835.9	6072.4	2763.5	0	8	16	1	1	2730	1679	98	3	0	2	6	136	2	3	0
A10	18	15	6615.7	5769.4	846.3	0	15	1	0	0	1813	1672	58	1	0	0	8	84	0	1	0
A11	6	3	6817.2	5915.6	901.6	0	3	5	0	0	1853	1374	0	2	0	0	12	96	0	2	0
A12	5	3	11530.1	10208.3	1321.8	0	3	0	0	0	1157	160	7	1	0	0	0	7	0	0	0
A13	3	0	1286.8	956.4	330.4	0	0	0	0	0	1031	619	9	1	0	0	2	64	0	0	0
A14	36	29	6467.5	4504.9	1962.5	0	29	15	0	0	2143	653	38	12	0	0	9	115	1	11	3
A15	11	3	1971.1	1169.0	802.1	0	3	0	0	0	1457	785	82	0	0	0	7	101	0	3	0
A16	2	0	3427.1	2670.5	756.7	0	0	0	0	0	1287	709	38	2	0	0	2	44	1	4	1
A17	1	0	133.4	80.7	52.7	0	0	0	0	0	789	437	0	1	0	0	0	42	1	2	0
A18	4	2	7353.3	5172.2	2181.1	0	2	8	2	2	1872	495	72	1	1	7	5	66	0	1	0
A19	2	0	640.0	319.8	320.3	0	0	0	0	0	710	274	0	0	0	0	2	37	1	2	0
A20	11	8	2754.2	2200.5	553.7	0	8	36	0	1	821	146	0	1	0	0	2	36	0	1	0

注：科研项目、经费、成果和人才培养统计时间2000年1月至2008年12月31日累计；科研基地统计时间点2008年12月31日。

2. 数据处理

将以上学科建设投入和产出指标进行无量纲化处理，无量纲化处理公式为：

$$k_i = \frac{x_i - \min x_i}{\max x_i - \min x_i}, \quad （i=1，2，3，……，n）$$

式中：k_i 表示指标 x_i 的标准化值，$k_i \in [0，1]$；$\min x_i$ 表示评价对象整体中指标 x_i 的最小值；$\max x_i$ 表示评价对象整体中指标 x_i 的最大值。

3. 指标赋权

指标赋权的基本思路是确定指标的客观权数，以两个基本概念为基础：一是对比强度，它表示了同一个指标各个评价方案之间取值差距的大小，以标准差的形式来表现，即标准化差的大小表明了在同一个指标内各方案取值差距的大小，标准差越大各方案之间取值差距越大。二是评价指标之间的冲突性，指标之间的冲突性是以指标之间的相关性为基础，如两个指标之间具有较强的正相关，说明两个指标冲突性较低。第 j 个指标与其他指标的冲突性的量化指标为 $\sum_{t=1}^{n}(1 - r_{tj})$，其中 r_{tj} 评价指标 t 和 j 之间的相关系数。各个指标的客观权重确定就是以对比强度和冲突性来综合衡量的。设 C_j 表示第 j 个评价指标所包含的信息量，则 C_j 可表示为：

$$C_j = s_j \sum_{t=1}^{n}(1 - r_{tj}), \qquad j=1，2，3，\cdots，n$$

C_j 越大，第 j 个评价指标所包含的信息量越大，该指标的相对重要性也就越大，所以第 j 个指标的客观权重 W_j 应为：

$$W_j = \frac{C_j}{\sum_{j=1}^{n} C_j}, \qquad j=1，2，3，\cdots，n$$

按以上公式，经过数据处理，学科建设投入指标权重值见表 1-9，学科建设产出指标权重值见表 1-10。

4. 学科建设投入产出指标综合值的计算

将学科建设投入产出各项指标的无量纲化处理结果与其权重值加权综合后，得到的学科建设投入指标综合值见表 1-11，得到的学科建设产出指标综合值见表 1-12。

表 1-9　学科建设投入指标权重值表

一级指标	二级指标	权重值
人	正高职称人数	0.3612
	副高职称人数	0.1828
	中级职称人数	0.2092
	初级职称人数	0.2468
财	国家专项投入	0.2256
	地方政府投入	0.4675
	学校自筹投入	0.3069
物	实验仪器设备	0.5229
	教学科研用房面积	0.4771

表 1-10　学科建设产出指标权重值

二级指标	三级指标	权重
科研项目	国家课题	0.4928
	省部课题	0.5072
科研经费	科研经费总量	0.1722
	横向科研经费	0.4054
	纵向科研经费	0.4225
科研成果	国家科研奖	0.3932
	省部科研奖	0.3676
	获发明专利	0.2392
科研基地	国家科研基地	0.4916
	省部科研基地	0.5084
人才培养规模	本科培养规模	0.3674
	硕士培养规模	0.3209
	博士培养规模	0.3117
人才培养质量	省部以上教学奖	0.1166
	全国优博论文	0.1162
	省级优博论文	0.1216
	省级优硕论文	0.1025
	省级优秀论文	0.0763
	国家精品课程	0.1982
	省级精品课程	0.1373
	国家优秀教材	0.1314

表 1-11 投入指标综合值

投入指标 DMU	人	财	物
	X1	X2	X3
A1	0.4909	1.0000	0.9807
A2	0.3896	0.4244	0.7770
A3	0.4928	0.1449	0.2532
A4	0.4620	0.2119	0.5429
A5	0.1873	0.1775	0.8481
A6	0.3165	0.1869	0.4397
A7	0.1196	0.1959	0.5012
A8	0.2261	0.2397	0.4389
A9	0.2589	0.1521	0.4285
A10	0.2875	0.0378	0.2659
A11	0.1944	0.0554	0.3946
A12	0.0589	0.0030	0.3222
A13	0.2911	0.1661	0.0469
A14	0.7726	0.1414	0.8706
A15	0.1466	0.1461	0.1007
A16	0.2300	0.1765	0.1878
A17	0.7135	0.0360	0.0267
A18	0.2144	0.0966	0.5038
A19	0.1083	0.1246	0.0000
A20	0.0874	0.0085	0.1014

表 1-12 产出指标综合值

产出指标 DMU	科研项目 Y1	科研经费 Y2	科研成果 Y3	科研基地 Y4	人才培养规模 Y5	人才培养质量 Y6
A1	1	1	1	1	0.921242	0.854333
A2	0.192249	0.678354	0.090187	0.145267	0.389409	0.247125
A3	0.381639	0.306706	0.145872	0.145267	0.828845	0.194824
A4	0.182211	0.440369	0.23047	0	0.538948	0.310442
A5	0.204587	0.38372	0.089951	0.072634	0.289187	0.213894
A6	0.18479	0.481381	0.079496	0.072634	0.437122	0.141211
A7	0.051372	0.295895	0.04347	0	0.271333	0.098317
A8	0.231004	0.385787	0.350859	0.072634	0.238643	0.205944
A9	0.12798	0.297576	0.066103	0.072634	0.562419	0.332237
A10	0.194828	0.20797	0.088737	0	0.39755	0.067649
A11	0.046773	0.214776	0.023575	0	0.325981	0.10548
A12	0.041893	0.364228	0.017505	0	0.073148	0.009714
A13	0.009759	0.038529	0	0	0.113964	0.043665
A14	0.387077	0.215884	0.187422	0	0.303765	0.541225
A15	0.071169	0.064814	0.017505	0	0.248474	0.084348
A16	0.004879	0.10903	0	0	0.183373	0.228365
A17	0	0	0	0	0.048672	0.14314
A18	0.029555	0.245535	0.021382	0.145267	0.266655	0.142311
A19	0.004879	0.018549	0	0	0.016234	0.138299
A20	0.108462	0.086093	0.090384	0.072634	0.016533	0.03617

（二）利用数据包络分析法对学科建设投入和产出综合指标值的分析

利用 C^2R 模型对该校学科建设的投入与产出情况进行处理，其结果见表 1-13 所示。

表 1-13　C^2R 模型计算结果

松弛变量 DMU	θ^0	S_1^-	S_2^-	S_3^-	S_1^+	S_2^+	S_3^+	S_4^+	S_5^+	S_6^+	有效性结果
A1	1	0	0	0	0	0	0	0	0	0	技术有效，规模有效
A2	0.7724	0	0.0870	0	0.0750	0	0.0973	0.0195	0	0	非 DEA 规模有效
A3	1	0	0	0	0	0	0	0	0	0	技术有效，规模有效
A4	0.8936	0	0	0	0.1671	0	0	0.2068	0	0	非 DEA 规模有效
A5	0.9647	0	0	0.4136	0	0	0.0824	0.0900	0.0208	0	非 DEA 规模有效
A6	0.9445	0	0.0640	0	0.0322	0	0.0139	0.0046	0	0	非 DEA 规模有效
A7	1	0	0	0	0	0	0	0	0	0	技术有效，规模有效
A8	1	0	0	0	0	0	0	0	0	0	技术有效，规模有效
A9	1	0	0	0	0	0	0	0	0	0	技术有效，规模有效
A10	1	0	0	0	0	0	0	0	0	0	技术有效，规模有效
A11	1	0	0	0	0	0	0	0	0	0	技术有效，规模有效
A12	1	0	0	0	0	0	0	0	0	0	技术有效，规模有效
A13	0.6635	0.0522	0	0	0.0408	0.0129	0.0179	0.0179	0	0.0828	非 DEA 规模有效
A14	1	0	0	0	0	0	0	0	0	0	技术有效，规模有效

A15	0.9936	0	0.0903	0	0.0307	0.0363	0.0230	0.0409	0	0	非 DEA 规模有效
A16	0.8447	0	0	0	0.0459	0.0143	0.0244	0.0268	0.0371	0	非 DEA 规模有效
A17	1	0	0	0	0	0	0	0	0	0	技术有效,规模有效
A18	1	0	0	0	0	0	0	0	0	0	技术有效,规模有效
A19	1	0	0	0	0	0	0	0	0	0	技术有效,规模有效
A20	1	0	0	0	0	0	0	0	0	0	技术有效,规模有效

经过初步分析,可以看出,A1、A3、A7、A8、A9、A10、A11 等 13 个学科群技术有效、规模有效,而 A2、A4 等 7 个学科群非 DEA 规模有效。

为进一步分析以上 7 个学科群的投入产出绩效,利用 C^2GS^2 模型进行处理,其处理结果如表 1-14 所示。

表 1-14　非 DEA 有效 DMU 的 C^2GS^2 模型结果判别

DMU　判别标准	θ^0	$\frac{1}{q^0}\sum_{j=1}^{n} l_j^0$	θ^1	$\frac{1}{q^1}\sum_{j=1}^{n} l_j^1$	有效类型
A2	0.7724	2.8542	1	1	技术有效,同时规模收益递减
A4	0.8936	2.7450	1	1	技术有效,同时规模收益递减
A5	0.9647	2.7450	0.9750	1.0256	技术无效,同时规模收益递减
A6	0.9445	1.1092	1	1	技术有效,同时规模收益递减
A13	0.6635	1.3029	0.7083	1.4119	技术无效,同时规模收益递减
A15	0.9936	0.3833	1	1	技术有效,同时规模收益递增
A16	0.8447	1.3421	0.9266	1.0792	技术无效,同时规模收益递减

通过这一分析与处理，可以看出，在投入与产出绩效上，在以上 7 个学科群中，A15、A2、A4、A6 等 4 个学科群相对较好，而 A5、A13 和 A16 相对较差。

（三）矩阵模型的分析

按照指标赋权方法对投入和产出的二级指标进行赋权，并分别对投入和产出进行线性加权求和，投入和产出综合值的线性求和公式如下：

$$投入综合值 = \sum_{i=1}^{n} w_i x_i, \quad i=1, 2, \cdots, n$$

$$产出综合值 = \sum_{i=1}^{n} w_i x_i, \quad i=1, 2, \cdots, n$$

根据此公式得到该校各学科群投入与产出综合总值，见表 1-15 所示。

表 1-15 矩阵评价值计算

评价对象　　　　矩阵要素	投入 横轴	产出 纵轴	矩阵区域
A1	71.9035	89.8110	I
A2	46.2012	29.7790	II
A3	30.3753	31.7186	IV
A4	38.8268	34.4830	IV
A5	33.8275	22.2202	IV
A6	30.1843	22.4087	IV
A7	23.1384	14.7856	V
A8	26.3849	25.8318	IV
A9	27.2380	31.7395	IV
A10	21.9785	15.2856	V
A11	20.1076	14.6129	V
A12	10.9505	7.7529	V
A13	19.8155	4.8349	V

A14	59.1032	40.0138	I
A15	12.5794	9.4982	V
A16	19.2004	16.5212	V
A17	40.0461	8.1918	IV
A18	24.3059	14.5751	V
A19	7.9143	7.4178	V
A20	5.0688	5.4453	V

将以上所有学科群的投入平均值为 28.46，产出平均值为 22.35；然后将高入平均值的 12 个学科群再次计算其平均值，其中，投入平均值为 43.81，产出平均值为 38.22，按照以上两组数据，可以将所有学科群的投入与产出值对应表现在矩阵中，其图形如图 1-3 所示。

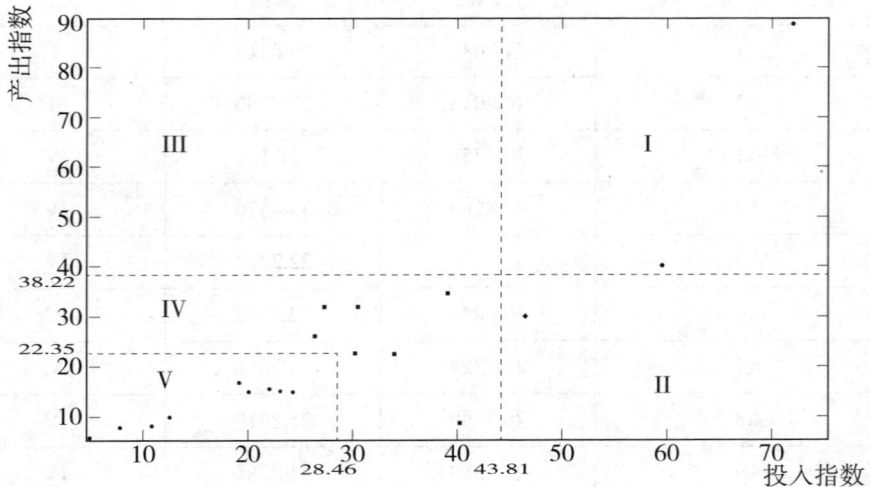

图 1-3　各学科群投入与产出矩阵图

从以上矩阵图可以看出，处于第 I 区的学科群有 2 个，其学科建设的投入与产出在该校中都处于最高水平，学科发展处于最好的状态；处于第 IV 区的学科群有 7 个，其学科建设的投入与产出水平均较高，学科发展处于较好的状态；

处于第Ⅴ区的学科群有 10 个，其投入与产出均较低，学科发展处于较差的状态；处于第Ⅱ区的学科群有 1 个，其投入高而产出低，学科发展状态最差。

（四）绩效评价的结论

从以上数据包络分析法和矩阵分析法可以看出，两者分析结果虽然有所差异，但大体一致。通过两种分析法结合，可以对各学科群的学科建设绩效进入深入分析，得出比较科学的结论。

A1 和 A14 其投入高，产出也高，经包络分析达到了规模有效和技术有效，因此，这 2 个学科群的学科建设绩效最优，处于该校第一层次；A3、A8、A9 和 A17 等 4 个学科群投入较高，产出也较高，经包络分析也达到了规模有效和技术有效，处于该校第二层次；A10、A11、A12、A18、A19、A20 和 A7 等 7 个学科群学科建设投入较低，产出也较低，经包络分析也实现了规模有效和技术有效，处于该校第三层次；A15 学科建设投入较低，产出也较低，实现了技术有效，未实现规模有效，但规模收益递增，处于第四层次；A4、A5 和 A6 等 3 个学科群学科建设投入和产出较高，未实现规模有效，且规模收益递减，处于第五层次；A13 学科建设投入和产出较低，未实现规模有效，且规模收益递减，处于第六层次；A2 学科建设投入高而产出较低，未实现规模有效，且规模收效递减，处于第七层次。

（五）相关启示

1. 绩效评价需要综合考虑学科建设的过程与结果

学科建设作为高校的核心建设工作，在引领高校的建设与发展上发挥着重要的牵引作用，要意识到学科建设的长期性与系统性，其建设成效需要长期的积累，决非一朝一夕的事情。因此，在学科建设绩效考查上，既要重结果，又要重过程；既要重产出，也要重投入。数据包络分析法的考察主要在结果和产出上，而矩阵分析法则可以考查学科建设在过程和投入上，两者各有所侧重。两种方法的综合应用，解决了长期以来，只重学科建设结果的现象。许多学科群虽然产出一般，但考察其原因，往往只是因为投入不足的原因所造成，其学科建设绩效仍然十分明显，而对于这些学科群，尤其是实现了规模有效且效益递增的学科群，其发展潜力较大，可以在今后的学科建设投入上加上建设力度，促进其快速发展。

2. 投入资源上均衡配置，产出效益上比例协调

学科建设要实现其过程和结果的绩效最优化，一是要实现在学科建设投入资源，即人、财、物的投资上合理配置，达到比较合适的资源配比，保证学科建设的投入力度；二是要在学科建设产出上实现均衡，实现学科建设在人才培养规模、人才培养质量以及科学研究的各项产出中都达到较合理的水平，从而实现学科建设产出效能的最大化。事实也证明，投资上的配置不合理，就是对部分资源的浪费；产出上的不协调，也会影响到学科的长远发展。

3. 绩效评价与建设奖惩机制相结合，构建学科建设良性运行机制

绩效评价是学科建设监控的重要手段，是对学科建设过程与结果的一种监督手段，要将学科建设绩效评价纳入学科建设管理体系之中，成为学科建设管理重要一环。要将学科建设绩效评价的结果，作为后期学科建设规划的重要依据，将学科建设绩效的好坏与后期学科建设力度挂钩，具体而言，对于学科建设绩效明显者，要给予奖励，通过加大建设力度，保证该学科在后期建设中有进一步的发展；而对于学科建设绩效较差的学科，则要有所处罚，降低学科建设投入。只有通过这种绩效评价与学科建设后期投入的有效衔接，才能构建成学科建设良好运行的激励机制，从而促进高校学科建设的有效进行。

第五节　关于学科建设评估的探讨

学科评估是学科建设的重要内容，需要研究和探讨的相关内容极多，研究内容极为丰富。受篇幅限制，本节主要关注了当下学科评估中的两个热点问题，一是学位点评估体系的整体构建与改革，二是学位点自我评估，以这两个当前学科建设的热点和难点问题为切入点，探讨学科评估。

一、学位点评估体系建设之改革

中国学位制度决定了学位点的资源属性，中国学位授权机制决定了学位点作为教育资源的竞争性特质。评估是现代高等教育的基本手段和根本方式，开展学位点评估是保证学位点良好教育资源禀赋的本质要求。由教育部、财政部、国家发展改革委联合颁布的《关于深化研究生教育改革的意见》[1] 和教育部

---

[1] 《教育部 国家发展改革委 财政部关于深化研究生教育改革的意见》，http://www.moe. edu.cn/publicfiles/business/htmlfiles/moe/A22_zcwj/201307/154118.html。

颁布的《关于加强学位与研究生教育质量保证和监督体系建设的意见》《学位授权点合格评估办法》等一系列文件，表明了国家重视学位点评估的立场，凸显了我国研究生教育改革的方向。学位点作为研究生教育的重要载体和基本支撑，一直是研究生教育建设与发展的重点所在。改革学位点评估体系建设，是强化人才培养质量保障与监督体系建设的主要内容，是保障研究生教育质量的重要途径，是贯彻国家关于深化研究生教育改革精神的必然要求。

（一）学位点评估体系的现实困境分析

学位点评估体系是指以学位点为对象，以研究生教育条件及其质量为目标，由各类不同主体所开展的多种评估活动而构成的有机系统。作为一个系统而言，其关注的要点有二：一是系统的组成要素，二是各组成要素的配比关系。因此，从这一意义上讲，学位点评估体系的构建要关注学位点评估体系由哪几种评估组成，同时又要关注不同评估或者评估主体、评估内容在评估体系中的组成比例关系，以服务于学位点评估体系构建的总体目标，即保证并提升研究生教育条件和研究生教育质量。

我国学位点评估体系经过多年的不懈努力，已构建了国家宏观层级、省域中观层级和高校微观层级三级学位点评估体系，在建设过程中取得了长足的进步和发展，对于保证研究生教育质量发挥了重要作用。基于以上对学位点评估体系内涵的界定与分析，以此来观照我国学位点评估体系之现实，我国学位点评估体系建设仍然存在着一些问题，主要表现在如下几方面。

1. 政府合格评估标准缺失，引导不够

在我国学位与研究生教育改革与发展中，中央和地方两级政府先后开展了多轮学位点合格评估，并将合格评估工作逐步制度化、规范化，形成了中央政府对博士点评估、省级政府对硕士点评估及开展学位论文抽查等专项评估的合格评估体系。目前的政府合格评估问题在于：一是对整体的综合合格评估开展得较多，专项评估开展得较少。比如，除对学位论文进行合格评估外，在专项评估中，尚缺乏对研究生培养条件、专业学位研究生培养基地、研究生导师队伍等学位点建设内涵开展的合格评估。二是政府所开展的合格评估中，尚没有出台其合格评估标准。当前我国学位点分博士点和硕士点两个层次、学术型和应用型两种类型，且不同学科间存在着较大的差异性，学位点评估内容比较繁杂，因而建立比较科学的学位点合格评估标准，难度极大。但政府不出台比较明确的学位点合格评估标准，就难以引导研究生培养单位实现研究生教育发展方式的转变，难以引导研究生培养单位实现研究生教育质量观的转变，难以引

导研究生培养单位将建设的重点转移到学位点内涵建设上来。

2. 社会中介教育评估机构不成熟，公信力较差

在学位点评估体系中，最为缺乏的是社会中介的水平评估。美国作为当下研究生教育最为发达、建设成效也最为明显的国家，其基本的经验在于政府力量、市场力量和学术力量的整合中，尤其重视市场在研究生教育中的作用发挥。据美国高等教育认证委员会 2011 年统计，全美通过美国高等教育认证委员会或美国联邦教育部认可的院校认证机构有 19 个，另有专业认证机构68 个，它们分别对美国 7800 余所院校和 2.2 万个专业开展了认证[①]。相比而言，我国社会中介评估所开展的水平评估极为不够，这主要表现在如下几方面：一是有影响力的社会中介评估机构极少。目前大陆真正具有社会中介性质的教育评估机构极少，除武汉大学邱均平教授课题组所开展的水平评估和武书连教授所开展的水平评估外，其他开展水平评估的机构极少。这主要是受政策因素、投资收益回报周期较长、专业性较强等多种因素的影响，社会中介教育评估机构发展并不理想。二是少数几个开展学位点水平评估工作的社会中介机构，其评估结果在社会中缺乏应有的认同度。目前大陆少有的几家社会中介机构所开展的水平评估，除在社会上有一定的影响外，真正关注并与研究生教育直接相关的政府部门和研究生培养单位，并没有将其作为评价、建设和决策的依据。产生这一问题的根本原因在于我国没有建立研究生教育的基本信息公共平台，使得社会中介机构开展学位点水平评估时，难以获取有信度的、比较全面的数据信息，这也是水平评估结果得不到社会认同的重要原因。有了这样的公共服务信息平台，各评估主体就可以开展独立评估工作，各研究生培养单位也省去了填报评估资料的烦扰。

3. 培养单位自我评估意识不强，评估办法不够科学

《中华人民共和国高等教育法》第 44 条规定："高等学校的办学水平、教育质量，接受教育行政部门的监督和由其组织的评价"。由于法律赋予的权威性，当前高校和科研机构普遍存在重视上级包括中央和省级政府组织的各类评估，积极准备和参与，并对评估结果比较关心。但这些评估机构在注重独立性、权威性、公正性的同时，并不能完全解决研究生培养单位学科建设存在的问题。研究生培养单位应该积极探索和主动开展适合自身学位点实际的自我评价，加强针对性和时效性，从而有效地提高学位点建设质量。目前不少研究生培养单

---

① 张振刚等：《美国高等教育质量保障体系》，高等教育出版社2013年版。

位对自我评价还未足够重视，对自我评价的重要意义认识不足，仅仅将开展学位点自我评估的目的定位于服务两级政府的合格评估，而不是以内涵发展为动力的自我诊断及有针对性地开展建设。此外，有些研究生培养单位虽然开展了自我评估，大多以汇报检查为主，评估的理论水平不高，实践经验不足，工作不够严谨和规范。

4. 三类评估协同不力，评估结果利用不够好

当前我国的评估机构还不够健全，相关政策和制度的规范还比较滞后，造成各种评估"你方唱罢我登场"，各种评估中介机构也鱼龙混杂，有时候由于利益的驱动，评估机构和评估对象各取所需，评估没有经过严格审核和严密组织，往往追求一个双方皆大欢喜的评价结果。在政府和社会中介评估机构开展的学科评估活动中，也存在某些同质性太强的问题。评估目标的设定、评估指标的选择、数据处理的程序都大体相似，评估的针对性不够强，评估结果大同小异，其指导意义也大打折扣。特别是政府决策部门对市场力量和学术力量的评估结果利用不够，导致培养单位对评估中反映出来的问题和建议重视不够，整改不力。

（二）学位点评估体系的改革路径探寻

当前全国各省、各研究生培养单位都在探索学位点评估体系建设，随着政府职能的转变，关注和研究我国教育改革与发展的人越来越多。著者认为，学位点评估体系改革对建立和完善国家力量、市场力量和学术力量，对学位点评估的影响和作用越来越重要。

1. 构建合理的多元主体参与的学位点评价体系

构建合理的学位点评估体系，一是要明确中央政府、地方政府、社会中介和高校四者在学位点评估活动中的分工与职责，形成对学位点评估的合理分工。两级政府主要职责是对学位点建设水平进行合格评估与激励引导，保证学位点水平和最低标准，主要强调学位点的整体综合评估，同时积极开展各类专项评估；社会中介的评估主要任务是对学位点进行整体水平的综合评估，通过这种水平评估，两级政府可以通过购买服务的方式，实现社会中介水平评估与两级政府所开展的有关工作挂钩，有偿使用有影响力、评估比较科学合理的中介机构的评估结果；高校的评估主要任务是按照学位点基本条件开展自我诊断式评估，通过加强对学位点自我评估，发现问题，解决问题，促进自身学位点建设的良性发展。

2. 加强政府合格评估的引导作用

政府应尽快出台学位点合格评估标准，按照学位点的不同层次，不同类型以及不同学科类型分别予以制定，着力开展学术型学位点和专业学位点两种类型的评估，尤其是专业学位点的评估。在两级政府的分权上，中央政府主要负责博士学位点的合格评估标准，省级地方政府负责硕士学位点的合格评估标准。在制定学位点合格标准上，既要有定量的指标，也要有定性的指标，形成两者的有机结合。同时，两级政府要发挥政府在合格评估中的引导作用，要结合不同时期研究生教育的重点所在，适时调整各层次、各类型的学位点评估标准。比如，在当前的形势下，要突出对人才培养质量的评价，尤其是人才培养能否适当社会需求，其就业质量作为其中的重要指标且应占有较大比重。此外，在政府组织的合格评估中，要充分发挥同行专家的学术把关作用，才能有效做好学位点合格评估工作。

3. 积极培育社会中介教育评估机构

培育社会中介教育评估机构，使其参与学位点水平评估，弥补我国学位点三大评估体系中的严重短缺，已是当务之急。要做好社会中介教育评估机构的培育，政府应在其中发挥重要作用：一是需要政府切实采取有力措施，在财政专项支持、税费减免、政府购买服务等多种政策上给予大力扶持，积极鼓励并引导社会资本投资研究生教育评估事业，加快研究生教育社会中介评估机构的培育与建设。二是政府要制定学位点信息基本标准，增强信息服务职能。中央和地方两级研究生教育管理部门在学位点信息标准制定上，具有其他相关主体所无法比拟的权威性，而学位点信息基本标准的制定是开展学位点信息建设的基础和前提，因而两级政府要切实承担起这一职责。因此，我们要以建立我国高等学校信息公开制度为契机，着力制定研究生教育信息公开条目，纳入高等学校信息公开范围。同时建立信息收集办法和审查制度，确保信息的真实和完整，为推动社会中介教育评估机构参与学位点评估工作搭建公平服务平台、提供良好服务，引导社会中介教育评估机构开展学位点评估。

4. 充分发挥学术组织在学位点评估中的学术力量

我国学位点评估体系政府力量、学术力量和市场力量之中，学术组织力量没有得到应有的发挥，或者说学术力量发挥得极为有限，使这三力之间没有形成应有的张力，从而影响了学位点评估体系这一系统整体职能的发挥。要充分发挥学术组织的学术力量，在政府主导的合格评估、社会中介主导的水平评估和研究生培养单位的自我评估中均要予以强化。比如，在政府主导的合格评估中，两级政府在博士学位点和硕士学位点指标体系的设计上，要充分征求并尊重专家的意见，构建起比较科学的评估指标体系。在社会中介所开展的水平评估中，转变现有单纯以数据统计信息作为水平评估结果的做法，实现基本数据的定量分析与征求专家意见的定性分析相结合的评估方式，使学位点水平评估结果更为客观、准确。在研究生培养单位所开展的自我评估中，要将现有评估内容比较单一的综合评估转向综合评估与专项评估相结合，更为重视专项评估。要以专家意见为主，行政意见为辅，切实发挥专家在研究生培养单位自我评估中的主导作用。

5. 增强研究生培养单位自我评估意识

两级政府开展的合格评估只是加强监控、保证学位点建设水平的一种手段，其目的在于各研究生培养单位增强建设意识，强化学位点自身建设。研究生培养单位作为学位点建设的主体，积极开展自我评估工作，通过自我评估发现问题、解决问题，是学位点评估极为重要的环节与内容。研究生培养单位加强学位点自我评估工作，首先要提高对自我评估工作的认识。从当前的现状来看，大多数研究生培养单位因种种原因而未开展自我评估活动，只有少数研究生培养单位开展了学位点自我评估工作，反映出对开展自我评估的认识不足。没有学位点自我评估工作，何以有针对性地有效开展学位点建设工作？没有学位点自我评估工作，何以能够及早发现问题、解决问题？其次，各研究生培养单位要将自我评估工作制度化、规范化。要结合研究生培养单位自身实际，制定比较完善和系统的自我评估管理办法，在评估对象、评估方法、评估时间、评估活动组织、评估结果的处理、后期建设措施等方面予以规范，与两级政府开展的合格评估的有机耦合，形成各研究生培养单位开展学位点自我评估的管理办法，并使之日常化。

（三）学位点评估体系的应然状态构想

通过对我国学位点评估体系问题的分析和改革的路径探寻，我们试图来构建一种学位点评估系统的应然状态。

1. 学位点评估体系的特征

著者认为，我国学位点评估体系具有如下特征：一是评估主体多元化。就开展学位点评估工作的主体来看，学位点评估主体包括中央政府、地方政府、社会中介以及研究生培养单位等4类评估主体。二是评估对象多层次。对于学位点评估对象（即学位点）而言，评估对象涵盖了学位点的不同类型和不同层次。学位点按类型可分为学术型和专业型两种类型，按层次可分为博士和硕士两个层次，按学科类别可分为基础科学和应用科学等领域。三是评估内容的复杂性。学位点评估既有对学位点的水平评估，又有对学位点的专项评估，还有对学位点的合格评估，且不同主体对于学位点的评估体系、评估标准、评估方法及评估关注点有较大的差异，因而在评估内容上，呈现出复杂性。

2. 学位点评估体系的总体构架

学位点评估体系的整体组成，可以以多种视角予以构架，包括不同层次、不同类型、不同主体、不同对象等。著者认为，基于我国学位点评估的现实情形，学位点评估体系主要应以不同主体为视角，尤其是关注各主体在学位点质量保障体系中应承担的职责以及所发挥的作用，来系统构架学位点评估体系。按照开展学位点评估的不同主体，可分为以政府为主导的学位点合格评估（包括专项评估）、以社会中介为主导的学位点水平评估和以研究生培养单位为主导的学位点自我诊断评估，即学位点评估体系由两级政府主导的合格评估、社会中介主导的水平评估和研究生培养单位主导的诊断评估共同构建而成。学位点评估体系结构见图1-4所示。

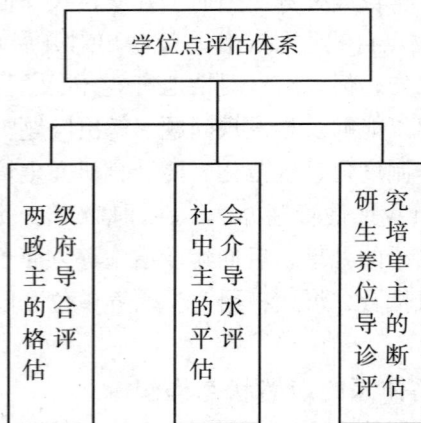

图1-4　学位点评估体系构成

3. 学位点评估体系的理想状态

学位点评估活动涉及到政府、市场、学术组织三类主体。三类主体在学位点评估中所发挥的作用大小不一，形成了不同主体属性的学位点评估体系，即政府主导型学位点评估体系、市场主导型学位点评估体系和学术主导型学位点评估体系。三种不同类型学位点评估体系中各主体所发挥作用见图1-5所示。

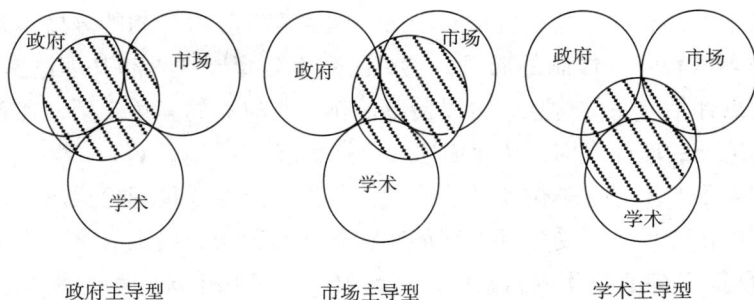

图 1-5　三种不同类型学位点评估体系中各主体所发挥作用示意图

从以上对学位点评估体系的组成来看，无论是按评估类型，还是按评估主体的划分，其核心在于政府、市场和学术组织三类主体在学位点评估体系中所发挥的作用。基于此，著者认为，要深入探讨学位点评估体系的应然状态，关键在于对不同主体在其中所承担的职责以及发挥的作用进行深入分析和探讨，或者说，政府、市场和学术组织三种力量在学位点评估中所占比重的多少，直接关系到学位点评估体系的构建。

伯顿·克拉克在其经典之作《高等教育系统——学术组织的跨国研究》中，构建了三种典型的高等教育体制，即国家体制、市场体制和学术体制，认为一个国家的高等教育体制取决于政府力量、市场力量和学术力量在高等教育体制中较量的结果[①]。比如，美国是比较典型的市场体制，前苏联是比较典型的国家体制，意大利是比较典型的学术体制。克拉克三角模型见下图 1-6 所示。

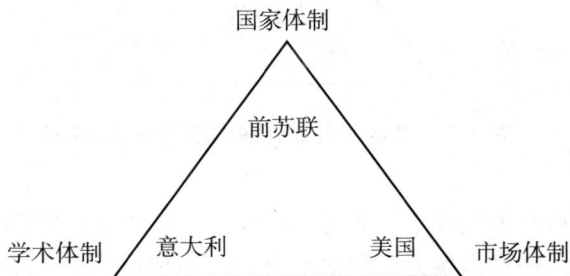

图 1-6　克拉克三角模型

---

① 伯顿·克拉克主编：《高等教育系统——学术组织的跨国研究》，王承绪等译，杭州大学出版社1994年版。

伯顿·克拉克的三角模型是对于某一国家高等教育体制的分析，是基于国家层面高等教育管理体制的探讨，它对研究生教育同样具有其理论指导意义。对于学位点评估体系的构架，可以借鉴伯顿·克拉克的三角模型，在管理体制上进行理论上的理性建构，从而描述其应然状态。

我们并不在于寻求学位点评估管理体制设计上的一种理想状态，或者说找到一个最优化的点（因受各种外部环境和条件的影响，很难寻求到这样的最优点），而是基于特定的环境和条件，对政府、学术和市场三种力量在发展、变化方向的把握，即要形成政府力量、学术力量和市场力量的有效张力，形成有利于学位点评估体系中三种力量的有效均衡，从而充分发挥政府、学术和市场三种力量的作用，使学位点评估体系的构建朝着有利于保证并提高学位点质量的方向发展。因此，著者认为，在我国学位点评估体系之中，受管理体制等多种因素的影响，从其现有状态而言，主要表现为比较典型的国家体制，即政府力量较强，而学术力量和市场力量较弱，因而需要强化学术力量和市场力量，使我国学位点评估体系朝着三角形的中心发展（见图 1-7），这是我国学位点评估体系改革的发展方向。

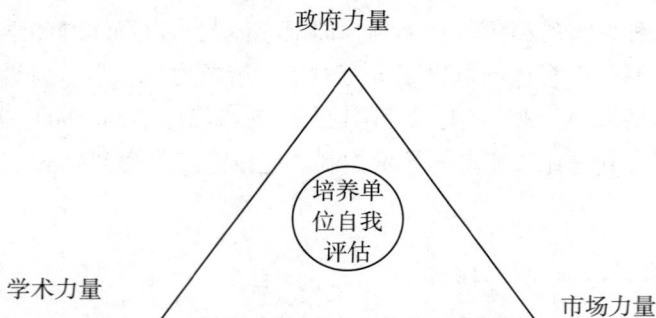

图 1-7　我国学位点评估体系的改革发展方向

在这一改革发展过程中，研究生培养单位作为研究生培养的直接主体，无论是国家力量，还是市场力量和学术力量，都必须通过研究生培养单位发挥作用，也就是这三种力量均作用于研究生培养单位的自我评估，形成对研究生培养单位的三力挤压，这也成为当下我们在探讨学位点评估体系建设时，为什么特别关注研究生培养单位自我评估的原由所在。

二、学位点自我评估机制之构建

2013 年 7 月，国家召开了全国研究生教育工作会议，教育部、国家发展改革委、财政部三部委联合颁布了《关于深化研究生教育改革的意见》[①]。以此次会议召开为重大事件和转折点，标志着我国研究生教育事业进入了全面深化改革的重要时期。以《关于深化研究生教育改革的意见》为指导，教育部与有关部委于 2013 年下半年及 2014 年上半年，先后出台了《关于深入推进专业学位研究生培养模式改革的意见》、《关于加强学位与研究生教育质量保证和监督体系建设的意见》、《博士硕士论文抽检办法》、《学位授权点合格评估办法》等一系列管理文件。由中央研究生教育主管部门在一较短的时间内，如此密集地出台一系列研究生教育管理文件，这在我国研究生教育事业发展过程中，实不多见。那么，我们从中央研究生教育管理部门这一系列举措出台的表象下，如何来认识、理解并深入领会当下研究生教育改革的精神，如何来准确认知高校学位点自我评估的所面临的形势和任务，以改革和创新的精神切实做好高校学位点自我评估工作，这是当下高校学位与研究生教育改革工作所面临的重要命题，必须认真思考并在实践上努力探索。

（一）改革背景下高校学位点自我评估所面临的形势与任务

在当前的研究生教育改革背景下，高校要深入学习并认真领会国家研究生教育改革的精神和实质，把握好改革的形势和潮流，明确高校学位点自我评估的发展方向和主要任务，把握好我国研究生教育管理体制改革这一宏观背景，贯彻"服务需求、提高质量"[②]这一主线，实现与研究生培养模式创新的有机结合。

1.高校学位点自我评估必须基于我国研究生教育管理体制改革这一宏观背景

李克强总理在多次会议上讲到，新一届政府开门做的第一件事，就是管理体制改革[③]，这充分显示了管理体制改革的必要性，有力说明了管理体制改革对于我国当前全面推进整体改革的重要性。因此，当前我国的研究生教育改革，

[①] 《教育部 国家发展改革委 财政部关于深化研究生教育改革的意见》，http://www.moe.edu.cn/publicfiles/business/htmlfiles/moe/A22_zcwj/201307/154118.html。

[②] http://www.moe.gov.cn/publicfiles/business/htmlfiles/moe/A22_zcwj/201307/154118.html.

[③] 李克强：《转变政府职能 释放改革红利》，《人民日报》2013年5月15日，第1版。

必须贯彻国务院的统一要求和部署，积极推进我国研究生教育管理体制改革，以此引领我国全面深化研究生教育改革工作的顺利开展。

那么，当前我国研究生教育管理体制改革的具体内容是什么？这一管理体制改革对高校学位点自我评估工作有何影响呢？著者认为，我国研究生教育管理体制改革要按照《国家中长期教育改革与发展规划纲要（2010—2020 年）》的总体要求，在研究生教育管理体制改革过程中，中央研究生教育管理部门应进一步减政放权，加强宏观规划与管理，强化服务职能；地方研究生教育管理部门应加强省级统筹，加强中观管理，增强服务能力；进一步扩大高校自主办学权，高校应增强自主办学、自我发展、自我约束的意识，强化研究生教育的主体意识和质量责任意识。正是在这样的研究生教育管理体制改革背景之下，高校学位点自我评估较之于以往而言，就显得尤为重要。高校在开展学位点自我评估工作上要转变转变观念，将此项工作作为自主办学的重要工作内容，在评估意愿上，由被动式自我评估转向主动式自我评估，强化高校在学位点建设上的主体意识、责任意识和使命感；在评估主体上，由行政主导转向行政与学术相结合、以学术为主，充分征求并尊重校内教师的意见、建议，充分发挥专家学者在学位点评估工作中的主导作用，强化学术治校。

2. 高校学位点自我评估必须贯彻"服务需求、提高质量"这一主线

在 2013 年召开的全国研究生教育工作会议上，明确提出了"服务需求、提高质量"这一主线，将此作为全面深化我国研究生教育改革的目标和主旨。高校学位点自我评估必须贯彻这一主线，在开展学位点自我评估工作的思考与总体设计上，将高校发展放在社会大系统视野下，努力提升高校服务于社会大系统的能力和水平，以学位点自我评估为手段，及时发现学位点建设存在的问题并加以改进，不断优化学位点结构，不断提升学位点的科学研究水平、人才培养能力和服务社会能力，提升高校学位点服务社会的能力，提高研究生培养质量。基于这样的考量，这就要求高校在学位点自我评估上，要从社会需求出发，稳步推进学科专业动态调整工作，适时调整学位授权点结构；同时，要强化建设意识和质量意识，加强学位授权点内涵建设，提升学位授权点整体实力和水平，切实保障研究生教育质量。

3. 高校学位点自我评估努力实现与研究生培养模式创新的有机结合

针对我国研究生教育当下存在的主要问题，对于未来一段时期我国研究生教育改革与发展，在三部委联合发布的《关于深化研究生教育改革的意见》中，提出了要以"创新研究生培养模式，统筹构建研究生教育质量保障体系"

为两大着力点，即以研究生培养模式创新和研究生教育质量保障体系建设为主要抓手，全面推进研究生教育改革。高校学位点自我评估属于研究生教育质量保障体系建设的重要内容，是研究生教育质量保障体系自身建设的重要组成部分，因而高校学位点自我评估与当下研究生教育改革主流关系的处理上，关键在于处理好与研究生培养模式创新的关系。处理好学位点自我评估与研究生培养模式的关系，主要在于在学位点自我评估中，要转变原有单一对学位点的综合评估，转向综合评估与专项评估的结合，转变原有对结果质量的关注，转向过程质量与结果质量并重的关注，尤其要强化对研究生教育过程质量和条件保障的评估。通过高校学位点自我评估工作的实施，促进高校学术型和专业型研究生培养模式的改革与创新，推进研究生教育发展方式的转变。

（二）构建高校学位点自我评估机制的基本原则

基于以上对研究生教育改革背景的分析，高校学位点自我评估需要把握高校自我评估与政府合格评估相结合、学位点自我评估与学科动态调整相结合、学位点自我评估与学科绩效投入相结合、综合评估与专项评估相结合、学位点评估与后续建设相结合等五项基本原则。

1. 高校自我评估与政府合格评估相结合

对于高校学位点自我评估机制的构建，首先要解决好高校与中央和地方两级政府的关系。在当下的研究生教育管理体制改革形势下，就是要解决好高校扩大自主办学权与两级政府发挥好规划、监督、服务职能的关系。基于这样的理解，著者认为，所谓高校自我评估与政府合格评估相结合的原则，是指在当前的改革形势下，要将高校自我评估与中央和地方两级政府所组成的合格评估形成有机衔接，将高校自我评估与政府合格评估形成有机整体，共同构建起新型学位授权点质量保障体系。具体而言，高校要转变办学观念，增强自我办学意识，切实实行自主办学、自我发展，强化学位点内涵建设，同时在高校自我评估与政府合格评估在评估主体、评估对象、评估内容、评估标准、评估时间、评估结果与反馈、评估结果处理等方面相互协调，形成有机统一体。

2. 学位点自我评估与学科动态调整相结合

在高校学位点自我评估机制的构建上，除要解决好高校与外部政府的关系外，还好处理好高校内部学位点评估与其他相关工作的关系。所谓学位点自我评估与学科动态调整相结合的原则，是指在当下国家出台了学科专业动态调整管理办法的情形下，各高校按照要求也要出台相应的具体实施办法，而学科专业动态调整必须基于学位点自我评估，以学位点自我评估为重要依据，才能组织开展学科专业动态调整工作。因此，高校所开展的学位点自我评估工作，需要与学科专业动态调整形成有机结合，整体推进学位点整体改革与建设。

3. 学位点自我评估与学科绩效投入相结合

在高校学位点自我评估机制的构建上，除了要处理好与高校内部的学科专业动态调整工作外，还需要结合当前国家所积极鼓励并推动的绩效投入改革。所谓学位点自我评估与学科绩效投入相结合的原则，是指高校学位点自我评估要与高校所开展的学科绩效投入工作结合起来，将学位点自我评估结果纳入学科绩效投入的标准之一，作为高校进行学科绩效评价与投入的重要依据，只有将学位点自我评估与建设投入相衔接，才能引起高校相关二级单位的高度关注，才能激发各相关单位开展学位点内涵建设的积极性，否则，学位点自我评估如果仅仅是高校职能部门所关注的事情，此项工作难以发挥其应有的功能与成效。

4. 综合评估与专项评估相结合

在高校学位点自我评估机制的构建上，除了要处理好与高校外部两级政府的关系，实行高校学位点自我评估与高校内部相关工作的有机衔接外，还要把握好学位点自我评估的组成内容。所谓综合评估与专项评估相结合，是指高校在开展学位点自我评估工作时，在评估组成内容的构架上，既要有学位点整体实力和水平的综合评估，又要有与学位点具体内涵的专项评估，尤其是要突出研究生培养的专项评估。强调综合评估与专项评估的结合，主要是基于两点考虑：一是学位点自我评估要突出研究生培养这一核心要素。学位点设置的目的在于研究生培养，必须要突出人才培养这一关键要素，而学位点自我评估难以全面反映研究生培养这一核心内容。二是现有学位点自我评估只是关注了学位点整体条件的评估，缺失专项评估与之相配合。高校所开展的学位点自我评估，往往从师资队伍、科学研究、人才培养、学术交流等方面对学位点基本条件和水平的评估，这些指标虽然能够从总体上反映学位点整体的实力和水平，但如果没有研究生培养条件、学位论文质量、专业学位研究生实习实践基地等围绕研究生培养质量所开展的专项评估，很难准确而真实地反映学位点在人才培养方面的具体条件和工作成效，因此，有必要实现综合评估与专项评估的有机结合。

5. 学位点评估与后续建设相结合

在高校学位点自我评估机制的构建上，除了考虑高校内部与外部的衔接、高校内部相关工作的衔接、高校学位点自我评估内容的科学安排外，还要把握好学位点自我评估结束后高校的后续建设问题。所谓学位点自我评估与后续建设相结合的原则，是指高校要将学位点自我评估的结果，尤其是在学位点自我评估工作中所发现的问题，及时形成学位点自我评估报告并反馈给高校相关二级单位，要求各相关二级单位结合综合评估和专项评估所发现的突出问题，形成整改和后续建设方案和报告，切实加强后续建设，高校学科建设管理部门要强化监督，做好服务，确保在学位点自我评估工作中所发现的问题得到有效解决，保证研究生教育人才培养质量。

（三）高校学位点自我评估机制的整体构架

当前高校开展学位点自我评估，在其机制的整体构架上，需要综合评估与专项评估相衔接，更要突出专项评估；多元主体参与，鼓励社会参与，突出学术评价；高校自我评估与后续建设等工作相结合，充分发挥自我评估的作用；高校自我诊断评估、社会中介水平评估与政府合格评估相结合，形成完整学位点评估体系。

1.综合评估与专项评估相衔接，更要突出专项评估

我国当前各高校所开展的学位点自我评估，从评估内容上来看，主要存在如下几方面的问题：一是评估内容比较单一，只有综合评估，专项评估缺失。这主要受两级政府所开展的政府合格评估的影响，高校在开展学位点自我评估的整体思考上，忽视了政府与高校在学位点合格评估中的不同角色、不同地位及不同职责。因此，高校不能简单照搬两级政府开展合格评估的做法，尤其是评估内容上的构架上，要从自身评估目标和需求出发，合理构架学位点自我评估内容体系。二是要内容多元化的专项评估体系亟待构架。高校在学位点自我评估内容的设计上，从其评估目标和需求出发，主要在于发现现有学位点所存在的问题，把握高校学位点自我评估实质是一种诊断式评估，需要比较全面地开展相关的专项评估，否则，高校难以发现学位点建设中所存在的问题，就更谈不上有针对性地开展建设。因此，高校要对专项评估作系统思考，全面构架专项评估内容体系。三是人才培养质量评价指标体系需要调整并进一步丰富。从当前各高校开展学位点自我评估的实践来看，在其指标体系的设计上，主要是沿用了政府开展合格评估的指标体系，在人才培养质量的评估指标体系上，主要选取了优秀博士论文、优秀硕士论文、研究生发表高水平学术论文等作为评价指标。在当前我国研究生教育发展观念转型（由"提高质量"向"服务需求、提高质量"的转变）的背景下，质量观要由原有学位论文质量观、过程质量观、学术质量观向以就业质量为主要评价标准质量观的转变。研究生教育质

量观的转变，要通过人才培养指标体系予以体现，需要以新的研究生教育质量观指导人才培养质量指标体系的重构。

基于以上对高校学位点自我评估内容上所存在的问题，要做好高校学位点自我评估，在评估内容的设计上需要把握如下三点：一是要综合评估与专项评估相结。高校要转变现有高校学位点自我评估将综合评估作为单一评估内容的现状，在内容上要予以重构，在评估内容上，既要包括综合评估，也要包括专项评估，形成两者的有机结合，这是基于学位点自我评估在内容构架上面与点的结合，形成点面结合的有机内容体系。二是要构建起多元化的专项评估体系。如果说综合评估对学位点是一种整体上的"粗略体检"，那么，专项评估则是对学位点重点部位的"深入诊断"，因而专项评估要把握学位点建设的重要具体内涵，对这些重要组份开展专项评估。比如，对于学位点整体研究生人才培养质量的专项评估，对于师资队伍能力、水平及导师指标研究生培养规模与质量的专项评估，对于研究生科研条件、教学条件的专项评估，对于学位论文质量的专项评估等等，都需要各高校结合自身实际，予以系统谋划和设计。总之，要充分发挥专项评估在学位点自我评估中的核心关键作用，将专项评估作为学位点自我评估工作的重点，并在实践中不断摸索，不断予以丰富。三是调整并丰富人才培养指标体系。要转变研究生培养质量观，突出人才就业质量，按不同层次、不同类型、不同学科学位点的差异性，分别制定包括研究生总体就业率、研究生就业去向与专业相关度、研究生就业薪酬水平、研究生就业满足度、研究生在学期间满意度、研究生学位论文质量等为主要内容的人才培养质量指标体系。

2. 多元主体参与，鼓励社会参与，突出学术评价

受高校学位点自我评估目标及评估内容的影响，我国当前开展的高校学位点自我评估在评估主体上存在如下问题：一是评估主体比较单一。现有高校学位点自我评估其内容比较单一，主要是对学位授权点整体的综合评估，高校根据国家开展合格评估的标准而制定相应的自我评估标准，其评估主体主要是高校的有关管理人员，由管理人员实行自我评估，因而高校学位点自我评估基本呈现单一主体的现象。二是社会缺乏参与。当前我国教育事业不断发展，慢慢由社会边缘走向中心，与社会联系度不断增强，研究生教育服务于社会发展，成为当前和今后一段时间我国研究生教育改革与发展的核心主旨。在这一背景下，学位点评估中社会满意程度成为其中的重要内容，而社会满意度必须要有社会有关单位的参与，从当前高校学位点自我评估的现实来看，社会参与积极

性和参与度基本缺失。三是学术评价不够。当前高校正在积极推进现代大学制度建设，强化学术治校，这是高校建设与管理的总体要求。在现有高校学位点评估工作中，学术组织参与较少，学术评价不够。

针对高校在学位点自我评估中所存在的主体相对单一、社会缺乏参与、学术评价不够等问题，著者认为，高校学位点自我评估在主体参与上，要引导并鼓励社会相关单位参与，强化学术组织的学术评价，构建多元主体参与的评估体系。具体而言，结合学位点自我评估的内容，在综合评估上，主要是高校行政与学术组织的参与，以行政为主；在专项评估上，形成高校行政、社会相关单位及学术组织的共同参与，以学术组织为主的评价方式。比如，用人单位对于所接受毕业研究生的满意度评价，行业企业参与研究生教学与培养情况评价，校友对本专业的满意度和推荐度等。又比如，学术组织和个体对所处学位点声誉评价，全国和省级专业学位研究生教育指导委员会对专业学位研究生培养条件、培养方案、学位论文质量的评价等。

3. 高校自我评估与后续建设等工作相结合，充分发挥自我评估的作用

从高校学位点自我评估所发挥的效用上来看，当下高校学位点自我评估作用发挥不够，主要体现在如下几方面：一是自我评估与后续建设衔接不够。以往高校所开展的学位点合格评估，因内容主要是综合评估而缺少专项评估，往往难以发现学位点内涵建设上的深层次问题，对于高校对学位点的后续建设而言，因缺乏具体问题，使得后续建设无法开展。二是自我评估与学科专业动态调整衔接不够。高校学位点自我评估其目的主要在于全面了解学位点现状及存在问题，对于出现学位点整体条件不足于保证基本人才培养质量，社会需要也明显不足的学位授权点，高校应该对于这些学位点作出撤销和调整时，往往没有做出相应的决定。三是自我评估与绩效投入衔接不够。学位点自我评估是学科建设的一种质量监控手段，是学科建设体系中的重要内容，将评估与投入相结合，是学科建设应有的建设与管理思路。从当前高校自我评估的总体情况来看，由于现有学位点自我评估内容比较单一，较少将学位点自我评估结果与学科绩效投入挂钩。

针对以上问题，著者认为，要充分发挥高校学位点自我评估的作用，应把握好如下三点：一是实现学位点自我评估与后续建设的有机衔接。高校要通过学位点自我评估，尤其是专项评估，切实查找到学位点内涵建设中所存在的突出问题，同时，要将有关问题按类型予以分类，将有关问题反馈到相关学院和职能部门，采取切实有力的措施，有针对性地加强学位点后续建设，切实加强学位点内涵建设，尤其是改进存在的问题。二是实现学位点自我评估与学科专业动态调整的有机衔接。在当前国家和地方政府已经出台有关学科专业动态调整文件政策的有利条件下，高校可以结合自身的实际情况，结合学位点自我评估，积极推进学科专业动态调整，优化高校学科专业结构，实行教育资源的合理优化配置，促进高校特色办学和特色发展。因此，从这样的意义上讲，高校应将学位点自我评估的结论与学科专业动态调整相衔接，按照学位点自我评估的结果，对于个别确实没有社会需求、人才培养条件严重不足的学科专业，从有利于保证人才培养质量和有利于高校整体发展的高度，在学科专业动态调整制度设计上形成良好的机制，积极推进学科专业动态调整。三是实现学位点自我评估与学科绩效投入的有机结合。国家正着手出台有关政策，从政策层面积极引导高校提升办学效益，以绩效评价结果成为对高校研究生教育投入的关键依据。高校应把握这一政策动态与走向，建立高校学科建设绩效投入管理制度，以学位点动态发展成效、建设目标完成情况及投入产出成效进行综合考量，建立比较科学和完善的绩效投入机制。在这一管理制度体系中，高校要将学位点自我评估结果纳入其中，作为学科建设绩效投入评价的重要内容，通过学科建设投入来引导高校相关学院对学位点建设及自我评估的重视。

4. 高校自我诊断评估、社会中介水平评估与政府合格评估相结合，形成完整学位点评估体系

在学位点质量保障体系的整体构建上，有三类评估主体，即高校、社会中介组织和政府。这三类主体在学位点评估中所处地位不一，职责有差异，三者共同构建起学位点评估的完善体系。从当前学位点评估的现状来看，主要存在如下几方面的问题：一是社会中介参与不够。目前我国学位与研究生教育工作中，参与学位点水平评估的机构几为空白。按照高等教育发达国家的通行做法来看，社会中介评估及其结果是政府对高校建设与投入的关键依据所在，这一缺失，使得我国在研究生教育投入制度上，计划投入偏少，专项投入过多，影响教育投入的科学与公平。二是政府需要出台学位点合格评估的标准。政府要有效开展合格评估工作，必须要有学位点合格评估标准，否则此项工作无法有效开展。当前我国学位点分博士点和硕士点两个层次、学术型和应用型两种类型，且不同学科间存在着较大的差异性，学位点评估内容比较繁杂，因而建立比较科学的学位点合格评估标准，难度极大。正因为如此，政府一直没有出台比较明确的学位点合格评估标准。

针对我国学位点整体质量保障体系上存在的问题，著者认为，应强化如下几方面的建设：一是积极培育社会中介评估机构。近些年来，教育主管部门一直致力于社会中介教育评估机构的培育，将此项工作作为研究生教育质量保障体系建设的重要事项，但受政策因素、投资收益回报周期较长、专业性较强等多种因素的影响，社会中介教育评估机构发展并不理想。社会中介教育评估机构的培育，需要政府切实采取有力措施，在财政支持、税费减免、设立专项投入、加大政府购买服务力度等多种政策上给予大力扶持，积极鼓励并引导社会资本投资研究生教育评估事业，加快研究生教育社会中介评估机构的培育与建设。二是政府应尽快出台学位点合格评估标准。学位点合格评估标准应按一级学科博士点、二级学科博士点、一级学科硕士点、二级学科硕士点四个层次和学术型、应用型两种类型分别予以制定。之所以在层次上要分为四级，而不是现行的二级，原因在于我国的学位授权点层次虽然已按一级学科博士点和一级学科硕士点进行审核授权，但现行的学位授权点中，仍然存在着四种层次，这是历史原因而形成的一种客观存在，不能因为学位授权审核制度的改革，而在学位点合格评估上形成简单对应。以一级学科博士点的标准去评估二级学科博士点，以一级学科硕士点的标准去标准二级学科硕士点，这是将本来居于两个层次的学位点放在一个评估标准上评价，而这一标准往往是基于一级学科而制定的，对于二级学科而言，就是一种不科学、不公正。在制定学位点合格标准上，既要有定量的指标，也要有定性的指标，形成两者的有机结合。此外，在政府组织的合格评估中，要充分发挥同行专家的学术把关作用，才能有效做好学位点合格评估工作。

第二章　高校学科建设所面临的形势分析

中国作为最大的发展中国家，要实现全面建设小康社会的宏伟目标和中华民族伟大复兴的中国梦，必须顺应世界经济社会发展的潮流，加速推进中国高等教育改革和发展，提升学科建设服务于经济社会快速发展的能力。湖北省作为中国中部地区的教育大省，在促进中部地区快速崛起、增强中国经济整体实力等方面将发挥重要作用。湖北省高校学科建设要顺应中国社会改革发展的形势和高等教育改革发展的要求，立足于湖北省经济社会和高等教育发展的现实需要，为湖北省建成中部地区崛起重要战略支点提供科技支撑和智力支撑。

第一节　中国社会改革发展形势分析

进行湖北省高校学科建设所面临的外部形势分析时，首先要关注我国社会发展的总体发展形势。就当下的现实情形而言，对高等教育系统影响较大的因素主要包括"四个全面"战略布局、治理体系和治理能力建设以及依法治国等三方面。

一、"四个全面"战略布局

自党的"十八大"以来，党中央提出了"全面建成小康社会、全面深化改革、全面依法治国、全面从严治党"的战略布局。"四个全面"战略布局不是简单的并列、平行关系，而是一个有机联系、环环相扣的整体。从整体上看，全面建成小康社会是战略目标，全面深化改革、全面依法治国、全面从严治党是三大战略举措，三大举措为全面建成小康社会提供动力源泉、法治保障和政治保证。从每一个"全面"之间的具体关系看，彼此联系。全面深化改革，既为全面建成小康社会提供强大动力，也是全面依法治国、全面从严治党的需要。全面依法治国，本身就是全面建成小康社会的重要内容，同时又为全面建成小康社会提供法治保障，无论全面深化改革，还是全面从严治党，都需要在法治的轨道上、框架下运行。全面从严治党，是推进"四个全面"战略布局的关键，全面建成小康社会、全面深化改革、全面依法治国，都必须坚持党的领导这一基本政治制度。全面深化改革、全面依法治国是实现全面建成小康社会总体目标的"鸟之两翼、车之两轮"，全面从严治党，运用法治思维和法治方式为党的建设新的伟大工程固本强基，是实现总体目标的重要保证。

"四个全面"的战略布局是我国各地区、各部分在当前实施改革、推进各项事业发展的基本遵循，湖北省高等教育亦是如此。全面深化改革、全面依法治国将为高等教育综合改革、高校综合改革，尤其是高校现代大学制度建设、外部治理体系建设带来重要机遇，弱化政府行政管理，强化高校自主办学权，强化高校与社会外界的密切联系与协作，为湖北省高校学科专业对接社会外部需求、拓展发展空间创造了良好条件。国家"一带一路"、"京津冀协同发展"、"长江经济带"等重大战略实施对湖北省高校学科建设与发展提出了更高要求，为湖北省高校相关学科专业的发展带来了重要发展机遇。

二、治理体系和治理能力建设

在党的十八届三中全会上，习近平总书记作了重要讲话，他指出："坚持把完善和发展中国特色社会主义制度，推进国家治理体系和治理能力现代化作为全面深化改革的总目标"。国家治理体系和治理能力是一个国家制度和制度执行能力的集中体现，其中国家治理体系包括经济、政治、文化、社会等各个领域的体制机制和法律法规，是一整套紧密相连、相互衔接的国家制度安排；国家治理能力是运用国家制度管理社会各方面事务的能力，包括改革发展稳定、内政外交国防、治党治国治军等各个方面。国家治理体系和治理能力是一个有机整体，相互关联、相辅相成，好的国家治理体系有利于提高治理能力，提高国家治理能力才能充分发挥国家治理体系的效能。在国家治理体系和治理能力建设的相互关系中，国家治理体系直接决定了国家治理能力的水平，国家治理能力是国家治理体系建设的反映。因此，就国家治理体系和治理能力的相互关系而言，国家治理体系建设更为重要，即要提高国家治理能力，关键在于加强国家治理体系建设。

对于如何加强国家治理体系建设，提升国家治理体系水平，习近平总书记在讲话中同时指出，"推进国家治理体系和治理能力现代化，就是要适应时代变化，既改革不适应实践发展要求的体制机制、法律法规，又不断构建新的体制机制、法律法规，使各方面制度更加科学、更加完善，实现党、国家、社会各项事务治理制度化、规范化、程序化。"

教育改革作为全面深化改革的重要领域，一切举措和行动，毫无疑义都要自觉围绕党的十八届三中全会明确提出的全面深化改革的总目标——完善和发展中国特色社会主义制度，推进国家治理体系和治理能力现代化，具体而言，就是要围绕教育治理体系建设、教育治理能力提高，深化教育领域综合改革。教育作为社会的一个子系统，随着形势的发展变化，整体教育系统迫切需要加快实现由办教育向管教育转变，由微观管理走向宏观管理，由直接管理走向间接管理，由教育管理走向教育治理。

长期以来，我国教育管理部门的管理理念比较落后、管理体制比较落后，以及由此而带来的管理方式落后、管理能力落后，政府、学校和社会之间的关系没有理顺，政府缺位、越位、错位现象时有发生，制约了学校办学条件的积极性、社会参与的积极性；不同层级政府之间教育权责交叉，上级部门管得过多过细过于简单，制约了基层因地制宜创造性开展工作；管理方式单一，习惯于用分数管学生、用升学率管教师，制约了学生的创造性、教师的创造性等，都迫切需要加快推进教育治理体系和治理能力现代化建设。

推进教育治理体系和治理能力现代化建设，就是要适应国家治理体系和治理能力建设的总体要求，根据教育发展的自身规律和教育现代化的基本要求，以构建政府、学校、社会新型关系为核心，以推进管办评分离为基本要求，以转变政府职能为突破口，建立系统完备、科学规范、运行有效的制度体系，形成政府宏观管理、学校自主办学、社会广泛参与的格局，更好地调动中央和地方教育管理部门的积极性，更好地激发各高校的活力，更好地发挥全社会的作用。

三、依法治国

党的十八届四中全会通过了中共中央《关于全面推进依法治国若干重大问题的决定》。开创党史先河，既是党的历史上第一次，也是党的全会历史上第一次，专题研究依法治国，并通过了此决定。我国的法治建设大体经历了法治的恢复与重建、依法治国的确立与发展、深化发展与法治中国 三个阶段，目前已进入升级法治建设、全面快速发展的重要阶段。该文件成为中国共产党加快建设社会主义法治国家的纲领性文件，为全面推进依法治国指明了方向，为治国理政提供了根本遵循。

党的十八大指出，法治是治国理政的基本方式，要加快建设社会主义法治国家，全面推进依法治国。到 2020 年，依法治国基本方略全面落实，法治政府基本建成，司法公信力不断提高，人权得到切实尊重和保障。围绕这一建设目标，《关于全面推进依法治国若干重大问题的决定》内容共从七大部分进行了系统设计，其主要内容可归纳为"一个体系"、"五个原则"、"六项任务"。"一个体系"是指建设中国特色社会主义法治体系，建设社会主义法治国家，即依法治国的总目标。"五个原则"是指必须坚持中国共产党的领导、坚持人民主体地位、坚持法律面前人人平等、坚持依法治国和以德治国相结合、坚持从中国实际出发，即依法治国的五项基本原则。"六项任务"是指完善以宪法为核心的中国特色社会主义法律体系，加强宪法实施；深入推进依法行政，加快建设法治政府；保证公正司法，提高司法公信力；增强全民法治观念，推进法治社会建设；加强法治工作队伍建设；加强和改进党对全面推进依法治国的领导。"六项任务"的实质是按照国家、政府、党和社会四类主体，依法治国，建设法治国家；依法行政，建设法治政府；依法执政，建设法治社会。其中依法治国是全局和根本，依法行政是重点和难点，依法执政是基础和保障。

为切实贯彻党中央关于全面推进依法治国的统一部署，教育部将出台关于全面推进依法治教的若干意见。袁贵仁部长在 2015 年全国教育工作会议上的讲话指出，加强依法治教工作，主要应抓好几方面的工作：一是依法行政。要按照"法无授权不可为"的原则，系统梳理职责权限，划定行为边界，减少审批及各种变相审批，把本该属于学校、社会的权力还回去，使行政行为都于法有据。按照"法定职责必须为"的原则，把该管的管好，该服务的服务好，该协调的协调好。要加快完善教育法律体系，完善依法治教的法律制度，以良法推动善治。二是依法办学。各类学校要严格遵守国家的法律法规，依法治校、依法决策、依法管理，面向社会依法自主办学。加快推动章程建设工作，实现"一校一章程"，把章程落实在学校日常运行中。三是依法执教。教师要带头遵法守法，享有法律赋予的权利，履行法律规定的义务。政府要把维护教师合法权益作为不可推卸的重要职责，教师要把维护学生合法权益作为责无旁贷的神圣使命。四是加强法治教育。要把法治教育纳入国民教育体系，从青少年抓起，在中小学设立法治知识课程，推动法治教材建设。精心策划国家宪法日宣传教育活动，创新法治宣传教育形式。创新法治人才培养机制，形成完善的中国特色社会主义法学理论体系、学科体系、课程体系。

第二节　中国经济发展形势分析

除整体社会发展影响因素之外，湖北省高校学科建设所面临另一重要外部影响因素就是经济发展状况。经济发展状况既关系到对湖北省高校学科建设的投入，同时也关系到其结构调整与内涵建设。

一、我国经济所面临的严峻形势

当前我国经济面临着比较严峻的形势，主要表现在如下几方面。

第一，经济结构发生重大变化，经济增长动力正在逐步调整。2013 年全年国内生产总值 568845 亿元，比上年增长 7.7%。其中，第一产业增加值 56957 亿元，第二产业增加值 249684 亿元，第三产业增加值 262204 亿元，三次产业所占比重比重分别为 10.0%、43.9% 和 46.1%，第三产业增加值占比首次超过第二产业。世界经济史研究表明，当一个经济体中的服务业、消费和内需占到更大份额，并成为经济增长的主要驱动力量时，所对应的潜在增长率会下降，经济增长速度会出现一个换档期，出现常态化的中高速或中低速增长。

第二，国内劳动力供给趋紧，传统人口红利逐渐减少。2012 年末，我国 16—59 岁劳动年龄人口 9.2 亿人，比上年末减少 205 万人，为近年来首次下降；劳动年龄人口占全部人口的比重为 68.1%，下降 0.5 个百分点，劳动力成本出现快速上升。2005—2012 年，我国城镇单位就业人员平均货币工资年均增长 22.0%；2010—2012 年，农民工月均收入年均上涨 16.3%。我国改革开放三十多年所创造的"经济奇迹"，很大程度上得益于巨大的"人口红利"。随着"人口红利"的逐渐衰退，我国经济的潜在增长率将会下降，实际增长率向中高速转换将成为常态化。

第三，我国已迈入中等收入国家行列，面临"中等收入陷阱"风险。2013 年，我国人均 GDP 已经达到 6000 美元，按照世界银行的划分标准，已迈入中等收入国家行列。"中等收入陷阱"又称为"拉美化陷阱"，拉美是中等收入国家最为集中的地区，在其 33 个经济体中，中等收入国家有 28 个，其中下中等收入国家有 9 个，上中等收入国家有 19 个。截至 2014 年，拉美地区国家在"中等收入陷阱"平均滞留时间长达 40 年，其中智利为 43 年，乌拉圭为 41 年，墨西哥为 40 年，巴西为 39 年，哥伦比亚为 35 年，阿根廷更是长达 52 年。这些国家的发展过程表明，发展中国家在摆脱贫困时，往往追求经济的快速增长，容易忽视技术进步、结构优化，以致出现经济与社会、城乡、地区、收入分配等结构失衡，经济停滞不前，经济下滑可能成为常态化。

第四，资源环境约束增强，要素驱动的增长模式难以为继。2012 年，我国 GDP 占世界总产出份额为 11.5%，消耗的煤炭、一次能源消费总量和淡水却分别占世界消耗总量的 50.2%、21.9% 和 15% 左右。从经济增长的投入产出角度看，发展中国家的快速经济增长往往是依靠不断增加的要素投入来实现的。随着我国资源环境约束的日益增强，在找到新的强大增长动力之前，经济增长转向中高速阶段也就将成为常态化。

第五，世界经济复苏艰难，外需拉动经济增长有限。国际货币基金组织的研究表明，2013 年世界经济增长 2.9%，2014 年约为 3.7%，其中发达国家为 2.2%，新兴市场经济体为 5.5%。2014 年达沃斯世界经济论坛执行主席施瓦布在其报告中指出，对世界经济持谨慎的乐观，期望值要降低。世界经济复苏面临重大挑战，经济复苏进程愈加复杂多变，如政策冲突、主权债务风险、通货膨胀、贸易保护主义等。

第六，国际经济格局发生重大调整，出口导向面临严峻形势。2008 年金融危机以来，发达国家为了应对本国经济增长和就业问题，纷纷制定本国的产业振兴计划和贸易保护政策，中国出口导向型经济发展战略遭遇严峻的国际形势。我国出口导向型经济发展战略导致了经济对外依赖度过高问题，原料和市场"两头在外"的的国际分工地位使得我国经济异常脆弱。"十一五"期间，我国经济对外依存度高达 59.05%。2008 年金融危机以来，发达国家为了应对本国经济增长和就业问题，纷纷制定本国的产业振兴计划和贸易保护政策，中国出口导向型经济发展战略遭遇严峻的国际形势。在外部环境发生重大变化的形势下，中国必须寻求新的经济增长动力。外需是支撑我国三十多年高速增长的重要力量，而随着世界经济复苏的不稳定不确定因素增多，世界经济格局正在发生重大变化，外部需求萎缩将成为常态化，这种变化将带动我国经济增长转向常态化的中高速阶段。

总之，我国经济增长由高速增长向中高速增长的转换，表面上看增长速度的放缓，其实质是宏观经济背景下经济结构重大调整和发展环境深刻变化的必然结果。

二、经济新常态的主要特征

我国经济已进入新的发展时期，呈现经济新常态，其主要特征表现在如下几方面。

（一）经济增长由高速增长向中高速增长转换

从速度层面看，经济增速换挡回落，从过去 10% 左右的高速增长转为 7%—8% 的中高速增长，这是中国经济新常态的最基本经济特征。国家统计局显示，2012 年我国的经济增长率为 7.8%，2013 年我国的经济增长率为 7.7%，2014 年上半年的经济增长率为 7.4%。世界经济史研究表明，当一个国家或地区经历了一段时间的高速增长后，都会出现增速"换挡"现象。比如日本，1950—1972 年期间，其 GDP 年均增速为 9.7%，1973—1990 年期间，其 GDP 则回落至 4.26%，1991—2012 年期间，更是降至 0.86%。又比如韩国，1961—1996 年期间，其 GDP 年均增速为 8.02%，1997—2012 年期间，仅为 4.07%。再比如我国台湾地区，1952—1994 年期间，GDP 年均增长 8.62%，1995—2013 年期间则下调至 4.15%。

（二）经济结构由结构失衡逐步向结构优化转换

从产业结构来看，我国第三产业（服务业）增加值占 GDP 比重达 46.1%，首次超过第二产业，而美国等发达国家其服务业已占 GDP 的 80% 以上。在经济新常态下，我国服务业比重上升将是长期趋势。国务院已经陆续出台了《关于促进健康服务业发展的若干意见》《关于加快养老服务业的若干意见》《关于促进信息消费扩大内需的若干意见》等一系列政策措施，以促进我国产业结构转型。从需求结构看，从 2014 年上半年数据来看，消费对经济增长贡献率自 2006 年以来首次超过投资，最终消费对 GDP 增长贡献率达 54.4%，投资为 48.5%，出口则是负 2.9%。经济新常态下，以消费尤其是居民消费主导经济增长将是长期趋势。从城乡结构来看，2011 年末，我国城镇人口比重达 51.27%，数量首次超过农村人口。2013 年城镇化率为 53.7%。随着国家新型城镇化战略的实施，城镇化速度将不断加快，城乡二元结构将逐渐打破。经济新常态下，城乡逐步走向融合将是长期趋势，同时区域差距也将逐渐拉近。

（三）经济质量由过分看重 GDP 向可持续增长转换

这些年来，我国各地区、各部门普遍存在片面追求 GDP 的基本导向，在这一唯 GDP 的政策导向下，导致重复建设与产能过剩两大顽症。2012 年底，我国钢铁、水泥、电解铝、平板玻璃、船舶产能利用率分别仅为 72%、73.7%、71.9%、73.1% 和 75%，明显低于国际通常水平。经济新常态下，需要逐步改进考核方式和方法，不能再简单以 GDP 论英雄，必须以提高经济发展的质量和效益为中心，实现实事求是和没有水分的增长，这将成为未来的基本政策走势。

（四）经济增长动力由要素驱动向创新驱动转换

1998 年至 2008 年，全国规模以上工业企业利润总额年均增速高达 35.6%，而到 2013 年降至 12.2%。习近平总书记在中央政治局第九次集体学习上指出，"我们必须增强忧患意识，紧紧抓住和用好新一轮科技革命和产业变革的机遇，不能等待、不能观望、不能懈怠。"随着我国劳动力、资源、土地等价格上扬，过去依靠低要素成本驱动的经济发展方式已难以为继，必须把发展动力转换到科技创新上来。经济新常态下，实施创新驱动战略，经济增长速度就可能会放缓，这将为结构调整腾出空间，留出时间。

（五）经济调控由刺激政策向区间调控和定向调控转换

经济增速换挡回落、从高速增长转为中高速增长，这要求我们在宏观调控上既坚持底线思维，保持"忧患心"，又坚持战略思维，彻底摆脱"速度情结""换挡焦虑"，保持"平常心"。区间调控侧重经济总量，定向调控侧重经济结构；区间调控更强调结果的有效性，定向调控更注重过程的精准性；实施定向调控，是区间调控的重要组成部分，也是对区间调控的深化。这两者是我国宏观调控方式的理论与实践创新，也是适应经济新常态的必然要求。

三、推进经济持续健康发展

2014 年 9 月，习近平总书记在中央政治局会议上指出，要"坚持把改革放在重中之重位置，坚持问题导向，围绕稳增长、调结构、惠民生、防风险，加快推进改革，激发市场内在动力和活力"，要深刻认识新常态，积极适应新常态，立足于新的经济发展阶段，保持战略定力，推动我国经济持续健康发展。

（一）坚持区间管理，注重定向调控

2013 年 7 月，李克强总理在广西主持召开部分省区经济形势座谈会上强调，宏观调控要立足当前、着眼长远，使经济运行处于合理区间，经济增长

率、就业水平等不滑出"下限",物价涨幅等不超出"上限";将棚户区改造、铁路建设、重大水利工程建设、金融服务三农和支持小微企业发展等领域,作为定向调控政策的主要发力点。

(二)深化行政体制改革,推进简政放权

推进行政审批制度改革。引入第三方评估。重点针对落实进展缓慢的,查找原因、提出对策,打通抓落实的"最先一公里"和"最后一公里",力破"中梗阻",消除影响政策落地的体制机制障碍。

(三)加大公共投资,弥补社会发展"短板"

稳增长增加投资是非常必要的,关键是要把握好投资方向。应当增加调结构的投资,投向符合结构调整和产业升级的方向,公共服务投资就具有这样的属性。

(四)推动财税金融改革,夯实新常态基础

要发挥好财政金融资源效力,加大对实体经济支持力度,优化财政金融资源配置,提高财经资金使用效益,积极拓宽实体经济融资渠道。

(五)向结构调整要助力,推动经济转型升级

优先发展生产性服务业,促进文化创意和设计服务与相关产业融合发展,加快发展保险、商务、科技等服务业。鼓励企业兼并重组。对产能过剩行业,强化环保、能耗、技术等标准。消化一批存量,严控新上增量。需求结构调整要进一步扩大消费需求。努力增加城乡居民可支配收入,破除制约消费的体制机制障碍,积极培育信息消费等消费热点,深化商品流通领域的体制改革,加强社会诚信法治和道德建设。

(六)推动新一轮对外开放,构建开放型经济新体制

经济新常态下,要充分利用好上海自由贸易试验区这个创新载体。抓紧研究制定丝绸之路经济带和21世纪海上丝绸之路的总体设计和实施方案,加快实现"一带一路"的重大战略构想。

在经济新常态下,我国高等教育发展机遇与挑战并存。围绕今后一段时期我国产业结构转型升级以及产业结构调整,我国高等教育在学科结构上要适时调整,以适应经济转型和发展的需要。具体来说,湖北省各高校要围绕湖北支柱产业及战略新兴产业发展的需要,加强与这些产业紧密联系的优势学科和特色学科建设,以服务求支持,以服务求发展,为湖北省支柱产业和战略新兴产业发展提供关键技术支撑和创新型人才支撑。同时,湖北省各高校要围绕湖北产业结构调整和新兴产业发展的需要,动态调整一批不能适应社会需求的学科专业，发展一批湖北经济社会发展所急需且数量不足的学科专业。

第三节　中国高等教育改革发展形势分析

以高等教育自身为一个系统来看，整个社会发展及经济发展状况对湖北高校学科建设的影响属于外部影响因素，是间接影响因素，那么，我国高等教育自身的改革发展形势对于湖北省高校学科建设而言，则属于内部影响因素，对湖北省高校学科建设的影响更为直接。就当下我国高等教育改革的总体情况而言，主要包括高等教育综合改革、一流大学一流学科计划和研究生教育综合改革三方面。

一、高等教育综合改革

（一）高等教育综合改革的主要内容

党的十八届三中全会对全面深化改革进行了重大部署，出台了《中共中央关于全面深化改革若干重大问题的决定》，将推进国家治理体系和治理能力现代化作为全面深化改革的总目标，同时明确提出了教育领域综合改革的攻坚方向和重点举措。2013 年 1 月，教育部出台了《关于 2013 年深化教育领域综合改革的意见》，提出了按照顶层设计、试点先行、有序推进的原则，对教育改革进行了系统部署，形成了在培养模式、办学体制、管理体制、保障机制四个方面，从国家统一实施、地方承担试点和基层自主改革三个层面推进教育改革的总体格局，其主要内容包括如下几方面。

1. 指导思想

高举中国特色社会主义伟大旗帜，深入学习贯彻党的十八大精神，以邓小平理论、"三个代表"重要思想、科学发展观为指导，全面落实教育规划纲要，以加快推进教育现代化、努力办好人民满意的教育为目标，以破解制约教育科学发展的关键领域和薄弱环节为突破口，以加快转变教育发展方式、完善推进教育改革的体制机制为着力点，不失时机深化教育领域综合改革。

2. 基本原则

——坚持正确方向。立足社会主义初级阶段基本国情，坚定不移走中国特色社会主义教育发展道路，坚持按规律办事，不断推动教育制度自我完善和发展，坚持服务大局，更加突出民生，把促进学生全面发展、健康成长作为改革出发点和落脚点，以改革增添活力，促进教育事业科学发展。

——加强整体谋划。综合考虑经济、社会对教育的影响，强化顶层设计，以发展出题目，以改革做文章，以稳定为前提，统筹改革力度、发展速度和社会可承受度；坚持全局和局部相配套、治标和治本相结合、渐进和突破相促进，进一步优化改革整体布局，系统推进改革。

——尊重基层首创。从基层实践创造和人民群众对教育多样化选择要求中完善政策，尊重实践，尊重基层，鼓励试验，大胆突破，保护基层改革积极性；从实际出发，分类指导，有序推进；深入实施改革试点，总结推广成功经验，以点带面，扩大改革成效。

——增强政策协调。凝聚改革共识，更加注重各级各类教育的相互联系及教育各要素的相互影响，更加注重上下左右各部门的相互配合和改革政策措施的相互促进，更加注重理论创新、制度创新和机制创新的有机衔接，更加注重社会各方参与，形成合力，顺利推进改革。

3. 重点领域和关键环节

（1）改革人才培养模式。推进考试招生制度改革。研究制定高考改革的总体目标和基本框架。推进普通本科与高职教育分类考试。积极推进研究生招生改革试点。深化课程内容改革。坚持立德树人，加强小学、中学、大学语文和历史课程的整体设计和基本建设，完成大中小学相衔接的德育课程体系建设。探索创新人才培养途径。落实试点学院改革指导意见，加大支持力度，深入推进高校拔尖创新人才培养综合改革。鼓励和支持高校结合实际，探索通识教育新模式。开展地方高校技能型人才培养试点。组织实施科教结合协同育人行动计划。切实加强实践教学和创新创业教育。全面启动研究生教育综合改革。完善职业教育人才培养模式。建设现代职业教育体系，加快发展现代职业教育，推进技术技能人才系统培养的体系、制度、政策和机制建设。落实人才成长立交桥支撑措施。研究提出加强开放大学建设的指导意见，深化开放大学改革。

（2）改革办学体制。改善民办教育发展环境。出台鼓励和支持民办教育发展的意见，落实支持民办教育发展的政策措施。完善职业教育产教融合制度。落实高校办学自主权。进一步减少和严格规范政府对高等学校的行政审批，减少行政干预，落实高校办学自主权。扩大教育对外开放。

（3）改革管理体制。完善均衡发展义务教育机制。落实省级政府教育统筹。健全中央和地方统筹有力、责权明确的教育管理体制。坚决实行简政放权，进一步推进中央向地方放权，扩大省级政府教育统筹权。对试点省份，有序下放学校设置、招生计划、学位点评审、学科建设等方面权限。健全教育监测评价机制，健全教育质量监测评估机构。推进教育督导体制改革。完善高校治理结构。加强高校教职工代表大会、学术委员会等相关机构建设，完善决策程序，规范高校内部权力运行，推进科学民主决策。全面落实校务公开，建立社会参与和监督高校办学的有效机制，加快形成高校自我发展、自我约束的良性机制。

（4）改革保障机制。改革教师管理制度。完善投入保障机制。健全各级政府教育经费分担机制，进一步明晰中央和地方的教育事权和财政支出责任。加强教育经费使用绩效评价和审计监督。改进教育信息化推进策略，以教育信息化带动教育现代化。推进信息技术与教学深度融合，改进教育教学方式和教育管理方式，促进教育公平与教育质量提升。

（二）**机遇与挑战**

2014 年 7 月，国家教育体制改革领导小组第十一次会议原则同意了清华大学、北京大学和上海市的综合改革方案，"两校一市"教育综合改革开始试点。2015 年，教育部要求所有教育部直属高校形成并报送综合改革方案，许多地方教育管理部门、地方高校也在探索制订本地区、本校的综合改革方案，高校综合改革如火如荼，方兴未艾。在这场轰轰烈烈的改革过程中，除清华大学、北京大学等少数高校已开始改革试点外，其他高校尚处于综合改革方案酝酿、制订过程之中。

由教育部所主导的此次高等教育综合改革，是高等教育宏观层面的改革工作。对于高校而言，就是在高等教育综合改革这一宏观改革背景和要求下的高校微观层面的高校综合改革，从这一意义上讲，高校综合改革属于外生驱动型的改革，而非内生驱动型的改革，但我们并不能由此而否定其积极意义。高校综合改革的积极意义在于如下几方面。

1. 促进各高校结合"十三五规划"，谋划高校的整体改革与发展

2015 年是"十二五规划"的收官之年，也是谋划"十三五规划"的开局之年。在这样一个重要的时间节点上，各高校按照教育部开展高等教育综合改革的意见和要求，必然要将高校的综合改革与学校整体改革发展结合起来，从全面深化改革、以改革促发展的理念层面谋划学校"十三五"乃至更长一段时期的建设与发展。

许多高校近些年来，一直没有间断过在不同层面、不同领域的高等教育改革工作，如在人事制度层面开展的增量改革、存量改革，人才培养模式的科教协同、行业协同等改革，人才培养与科研协同的机制创新，课程体系建设改革，科研激励机制与评价机制改革，后勤服务社会化转型，学院及师资评价的二级目标责任制等等，都是各高校所开展的重要改革举措，也都取得了较好的改革成效。但不可回避的现实是，当下各高校在深化改革的进程中，一些浅层次的问题得到有效解决，一些深层次、难以破解的问题制约了高校的发展。如何在当前的综合改革形势下，把握好改革发展机遇，全面谋划高校综合改革与发展，是每一所高校都需要面对并认真思考的重大问题，它决定了一所高校的未来走向，决定了一所高校的整体发展。

2. 促进各高校集思广益，理清高校综合改革建设思路

我国此次所开展的高校综合改革，并非历史上的第一次高校综合改革。早在 1988 年，原国家教委启动第一轮教育综合改革，首先在浙江大学、清华大学、南开大学、华东化工学院、东北师范大学、西北大学 7 所高校进行综合改革试点。1991 年在东南大学、南京大学开展校内管理体制改革试点。1992 年又将校内管理体制改革试点扩大到清华大学、浙江大学、上海交通大学、南开大学、天津大学和东北师范大学。在第一轮的高校综合改革过程中，曾经出现过综合改革何谓突破口之争的历史，不同高校的选择不同。时任上海交通大学校长的母国光教授将学科建设作为高校综合改革的突破口，以此来引领学校的整体改革与发展；时任东南大学校长的韦钰教授认为，人事制度是高校深层次改革的关键，应将人事制度改革作为高校综合改革的突破口；此外，还有将体制改革与管理改革、分配制度作为综合改革的突破口。

在新一轮的综合改革过程中，许多高校也有不同的做法，如清华大学将治理体系改革作为改革的突破口，北京大学以人才培养作为改革的突破口，北京师范大学以一流学科建设作为改革的突破口，湖南大学以人事制度改革作为突破口，如此等等，不一而足。如何看待各高校如此多元的综合改革与发展思路，著者认为，主要有如下几方面的原因：一是不同高校的整体实力和水平不一，所处的发展阶段不一，所面临的关键瓶颈问题也不一样，因而出现了多元化的综合改革思路；二是不同高校的战略发展目标不一样，且所处的外部环境也有很大的差异性，因而出现了多元化的综合改革思路；三是对高校发展目标的理解不一，或者在综合改革谋划中未将高校战略发展目标作为其改革目标，因目标不一致，必然会导致发展思路的差异性；四是对高校综合改革理解上的差异，导致综合改革思路上的多元化。毫无疑问，在此轮高校综合改革过程中，如果不能结合各高校的具体情形，理顺综合改革的整体思路，必将会影响到未来一段时期这所高校的发展进程，是每所高校都必须破解的重要难题。

3. 促进各高校群策群力，寻求改革发展利器

高校在谋划综合改革过程中，除了要理清改革发展思路，即结合自身的实际和所处的具体环境与条件，厘清高校学科建设、人才培养、科学研究、治理体系与治理能力建设、人事制度改革、国际化、后勤社会化改革等高校办学诸多内涵之间的关系，还必须要寻找到高校改革发展的利器。正如中国在抗日战争时期，毛泽东同志从战略上认识到，中日之间的战争必然是一场持久战，这是因为这一战争敌我双方的特征所决定的.即敌强我弱、敌退步我进步、敌小我大、敌寡助我多助，预言这场战争对于中国人民来说，要经历战略防御、战略相持和战略反攻三个阶段，同时指出，运动战和游击战是中国人民战胜日本侵略者的利器。

当前许多高校在摸索综合改革背景下自身发展的利器之所在，呈现出不同高校不同重大举措的多元化景象。比如，上海交通大学提出了以人为本，以制度激励为核心的大学治理，来促进上海交通大学的整体改革与发展，其利器就是以人为本的大学治理体系建设。北京师范大学提出了以学科建设为龙头，推进综合改革，建成世界一流大学，其利器就是一流学科建设，即以一流学科建设为牵引，人才培养、科学研究、教育资源配置、后勤服务保障等其他各项改革工作均要与之密切配合，服务于一流学科的建设。华中师范大学提出了以信息技术促进高校改革创新与发展，通过信息技术与其他人文社会学科的交叉，促进华中师范大学人文社会学科的发展，同叶将信息技术广泛应用在人才培养、课程建设、高校管理等诸多方面，推进该校的改革与发展，其利器就在于应用信息技术，推动该校整体改革与发展。

二、一流大学一流学科计划

2015 年 8 月，经国家深化改革领导小组审议，通过了由教育部制订的《统筹推进世界一流大学和一流学科建设总体方案》（以下简称《总体方案》）。

（一）《总体方案》的主要内容

《总体方案》包括总体要求（又包括指导思想、基本原则、总体目标三部分内容）、建设任务、改革任务、支持措施、组织实施 5 部分 18 方面的主要内容，主要将其核心内容梳理如下。

1. 指导思想

高举中国特色社会主义伟大旗帜，以邓小平理论、"三个代表"重要思想、科学发展观为指导，认真落实党的十八大、十八届二中、三中、四中全会精神，深入贯彻习近平总书记系列重要讲话精神，按照"四个全面"战略布局，坚持以中国特色、世界一流为核心，以立德树人为根本，以支撑创新驱动发展战略、服务经济社会为导向，加快建成一批世界一流大学和一流学科，提升我国高等教育综合实力和国际竞争力，为实现"两个一百年"奋斗目标和中华民族伟大复兴的中国梦提供有力支撑。

坚持中国特色、世界一流，就是要全面贯彻党的教育方针，坚持社会主义办学方向，加强党对高校的领导，扎根中国大地，遵循教育规律，创造性地传承中华民族优秀传统文化，积极探索中国特色的世界一流和一流学科建设之路，努力成为世界高等教育发展发展的推动者和引领者，培养中国特色社会主义事业建设者和接班人，更好地为社会主义现代建设服务、为人民服务。

2. 基本原则

坚持一流为目标。引导和支持具备一定实力的高水平大学和高水平学科瞄准世界一流，萍聚优质资源，培养一流人才，产出一流成果，努力提高水平，走向世界一流。

坚持以学科为基础。引导和支持高等院校优化学科结构，凝练学科发展方向，突出学科建设重点，创新学科组织模式，打造更多学科高峰，带动学校发挥优势、办出特色。

坚持以绩效为杠杆。建立激励约束机制，鼓励公平竞争，强化目标管理，突出建设实效，充分激发高校内生动力和建设活力，引导高等院校不断提升办学水平。

坚持以改革为动力。深化高校综合改革，加快中国特色现代大学制度建设，着力破除体制机制障碍，加快构建充满活力、富有效率、更加开放、有利于学校科学发展的体制机制，当好教育改革排头兵。

3. 总体目标

推进一批高水平大学和学科进入世界一流行列或前行，加快高等教育治理体系和治理能力现代化建设，提高高等院校人才培养、科学研究、社会服务和文化传承创新的水平，成为知识发现和科技创新的重要力量，先进思想和优秀文化的重要源泉，培养高素质的各类优秀人才的重要基地，在支撑国家创新驱动发展战略、服务经济社会发展、弘扬中华优秀传统文化、培育和践行社会主义核心价值观、促进高等教育内涵发展等方面发挥重大作用。

——到 2020 年，若干所大学和一批学科进入世界一流行列，若干学科进入世界一流学科前列。

——到 2030 年，更多的大学和学科进入世界一流行列，若干所大学进入世界一流大学前列，一批学科进入世界一流学科前列，高等教育整体实力显著提升。

——到本世纪中叶，一流大学和一流学科的数量和实力进入世界前列，基本建成高等教育强国。

4. 建设任务

建设一流师资队伍。深入实施人才强校战略，强化高层次人才的支撑和引领作用，加快培养和引进一批活跃在国际学术前沿、满足国家重大战略需求的一流科学家、学科领军人物和创新团队，成为聚集世界优秀人才的高地。

培养拔尖创新人才。坚持立德树人，突出人才培养的核心地位，着力培养具有国家使命感和社会责任心，富有创新精神和实践能力的各类创新型、应用型、复合型的优秀人才。

提升科学研究水平。以国家重大需求为导向，提升高水平科学研究能力，为经济社会发展和国家战略实施作出突出贡献。推动加强战略性、全局性、前瞻性问题研究，着力提升解决重大问题的能力。

传承创新优秀文化。加强大学文化建设，增强文化自觉和制度自信，形成推动社会进步、引领文明进程、各具特色的一流大学精神和大学文化。

着力推进成果转化。深化产教融合，将一流大学和一流学科建设与推进经济社会发展紧密结合，着力提高高校对产业转型升级的贡献率，努力成为催化产业技术变革、加速创新驱动的策源地。

5. 改革任务

加强党对高校的领导。坚持和完善党委领导下的校长负责制，建立健全党委统一领导，党政分工合作、协调运行的工作机制，不断改革和完善高校体制机制。

完善内部治理结构。建立健全章程落实机制，加快形成以章程为统领的完善、规范、统一的制度体系。加强学术组织建设，完善民主管理和监督机制。

实现关键环节突破。加快推进人才培养模式改革，推进产教融合、科研协同育人，完善高水平科研支撑拔尖创新人才培养机制。加快推进人事制度改革，积极完善岗位设置、分类管理、考核评价、绩效工资分配、合理流动等各项制度。加快推进科研体制机制改革。

构建社会参与机制。坚持面向社会依法自主办学，加快建立健全社会支持和监督学校发展的长效机制。建立健全理事会制度。加快完善与行业、企业密切合作的模式，推进与科研院所、社会团体等的资源共享，形成协调合作的有效机制。积极引入专门机构和社会中介机构对学校的学科、专业、课程等水平和质量进行评估。

推进国际交流合作。加强与世界一流大学和学术机构的实质性合作，将国外优质教育资源有效融合到教学科研全过程，开展高水平人才联合培养和科研联合攻关。

（二）机遇与挑战

世界一流大学、一流学科计划的出台，既是对原有"985工程"、"211工程"、优势学科创新平台、"特色重点学科项目"等重点建设项目的继承，更是对一种改革与创新。这一计划的实施，将有效解决重点建设项目所存在的身份固化、竞争缺失、重复交叉等突出问题，重点处理好继承与创新、改革与稳定的关系：一是加大统筹整合力度，避免重复交叉，提高集成效益；二是实行适度开放，更加注重体现公平公正，鼓励竞争，激发活力；三是强化学科建设，突出学科的学术引领性、社会贡献度和国际影响力。

世界一流大学、一流学科计划的出台，尤其是这一计划将实施适度开放的鼓励和约束机制，将为湖北省高校，尤其是湖北省省属高校带来发展机遇。湖北省目前进入"985工程"的高校为武汉大学和华中科技大学，进入"211工程"的高校包括教育部直属的7所在汉高校（即武汉大学、华中科技大学、中国地质大学、武汉理工大学、华中师范大学、华中农业大学、中南财经政法大学）。武汉大学和华中科技大学要进入世界一流大学建设计划，其他5所"211工程"要进入世界一流学科计划，中南民族大学和少数省属重点高校要把握发展机遇，力争在"十三五"期间进入一流学科计划，或者为"十四五"进入一流学科计划打好基础，力争省属高校实现一流学科计划的重大突破。

三、研究生教育综合改革

在2013年7月召开的全国研究生教育工作会议上，教育部、国家发展与改革委员会、财政部三部委联合颁布了《关于深化研究生教育改革的意见》。

该文件明确提出了未来一段时期，我国研究生教育改革的指导思想、总体要求和具体措施，成为我国研究生教育今后一段时期改革与发展的重要指南。该文件指出，要"以服务需求、提高质量为主线"（即一条主线），以"分类推进培养模式改革、统筹构建质量保障体系"为着力点（即两个着力点），围绕改革招生选拔制度、创新人才培养模式、健全导师责权机制、改革评价监督机制、深化开放合作、强化政策和条件保障、加强组织领导等七方面提出了26条具体改革举措，全面推进研究生教育改革。

2014年11月，召开了全国第一次研究生教育质量工作会。刘延东同志出席会议并作了重要讲话，首次提出了要全面推进研究生教育综合改革，并强调了要做好如下几方面工作：（1）牢固树立科学的研究生教育质量观。质量观必须把握好四个方面：一是解决好培养什么人、为谁培养人的问题；二是处理好规模与质量的关系。质量是研究生教育的生命线，追求质量、内涵发展是研究生教育最核心、最本质的要求；三是统筹好服务需求与优化结构的对接；要加快发展新兴交叉学科，要加强研究生教育结构与区域经济社会发展水平的紧密对接，要紧紧抓住就业和社会发展趋势，实现人才培养与社会需求的合理衔接。（2）加快推进研究生培养模式改革。一是以提高人才选拔质量为目标，改革考试招生制度。二是以提高创新能力为重点，改革学术学位研究生培养模式。三是以提高实践能力为重点，加大专业学位研究生培养模式改革。（3）大力加强导师队伍建设。首先要改革评价机制，改变单一以科研为导向的导师评价机制，把对学生的学业指导、学术交流、思想政治教育、学术道德教育和学术训练等纳入导师评价，鼓励研究生参与对导师人才培养工作的评价。其次要提高教学指导能力。第三要强化师德师风建设。学风、师风直接关系研究生成长成才。（4）建立健全内部质量保障体系。一要科学确定培养目标。根据国家和区域经济社会发展需求，以及学校办学定位和服务对象，合理确定研究生教育层次、类型、规模和结构，制定与本单位办学水平相一致的博士、硕士学位授予标准。二要建立健全内部质量保障体系。参照学位授予单位内部质量保障体系建设基本规范，完善各项研究生教育质量管理制度，并保证有效执行，发挥自主办学的主动性和积极性。三要建立研究生教育自我评估制度。以人才培养为核心，统筹学术学位和专业学位，定期开展自我诊断式评估，自主确定与学校办学目标相一致的评估标准，鼓励教师和研究生积极参与，通过评估增强导师和研究生的质量意识。要根据评估结果，自主调整学位授权点，不断优化学科结构。四要建立研究生教育质量信息公开机制。（5）切实强化外部质量评价与监督。一要转变职能、简政放权。国务院学位委员会要以学位授权点的结构优化和质量监督为重点，落实和扩大高校办学自主权，加快学位授权审核制度改革，改革学位证书制发管理办法，激发办学活力。加强省级政府的统筹管理和监管职责。对不能保证质量的坚决撤销学位授权。二要完善学位授权点合格评估制度。以培养单位自我评估为基础，科学设计自评与抽评相结合的制度，突出人才培养这一核心；打破学位授权点终身制，建立强制退出机制，推动动态调整。三要建立绩效拨款制度。四要加强第三方监督。培育独立科学公正的第三方监督机构，建立政府、高校、第三方协同配合的监督新机制。（6）扎实推进研究生教育法治化进程。（7）不断提高研究生教育国际化水平。

我国当前开展的研究生教育综合改革以及国家对深化研究生教育改革的要求，对于湖北省高校学科建设而言，主要是对学科建设的内涵之一，即人才培养这一具体内容所提出的要求。此次研究生教育综合改革对湖北省高校学科建设也同样带来机遇和挑战。湖北省各高校要结合此次研究生教育综合改革的总体目标，尤其是要突出"服务需求，提高质量"这条主线，通过提升自身服务能力和服务水平，获得社会更多投入，获得各级政府的支持。同时，湖北省高校要结合国家教育经费拨款制度的改革，锐意改革，勇于创新，通过开展卓有成效的研究生教育综合改革，提高研究生教育投入产出绩效，争取得到国家或地方对学校更多的绩效投入。当然，湖北省高校在研究生教育综合改革中，也面临能否适应此轮改革的形势和要求，在国家和地方政府加大对学位授权点评估监督、强化研究生教育质量检查等过程中，因学科内涵建设不足、人才培养质量不高等原因，而面临学位点被淘汰、调整的压力。

第三章　湖北省高校学科建设的历史回顾

湖北省高等教育已有近百年的发展历史，走过了一条比较曲折的发展之路。湖北高等教育的发展与我国高等教育整体发展一样，大体经历了改革开放前和改革开放后两个主要阶段，尤其是改革开放之后，湖北省高校学位授权点数量快速增长，水平不断提升，结构不断优化，为湖北成为高教大省和高教强省奠定了坚实基础。

第一节　改革开放前湖北省高校学科建设情况

改革开放之前，我国高等教育发展一波三折，走过了艰难曲折的发展道路，湖北省高校学科建设亦是如此。此部分以 1949 年新中国建立为阶段划分点，分为建国前和建国后两个阶段分别予以梳理和分析。

一、建国前湖北省高校学科建设

我国真正意义上的高等教育起步较晚，始于 19 世纪末的晚清。在当时洋务运动的背景下，湖北相继创办了两湖书院、湖北矿务局工程学堂、湖北自强学堂、湖北武备学堂、湖北农务学堂、湖北工艺学堂等各类实业学堂近 20 所，初步构建起区域性的近代高等教育体系，使湖北成为中国近代有较好基础的高等教育基地，对湖北此后的高等教育发展产生了深远影响。

民国期间，当时的国民政府主要效法美国的高等教育制度和模式，先后出台了《大学规程》《大学组织法》等高等教育规章制度，我国高等教育慢慢步入现代化、规范化的轨道。新中国成立前，湖北共有高等学校 14 所，其中，国立性质的高校有国立武汉大学、国立湖北师范学院和国立武昌体育师范专科学校等 3 所；省立性质的高校有湖北省立农学院、湖北省立医学院等 2 所；私立性质高校有武昌华中大学、武昌中华大学等 9 所。由于国民时期政局不稳，当时湖北省高等教育没有得到应有的重视，因而从总体上来看，湖北高校办学规模小，学科也比较单一。

二、建国初期湖北省高校学科建设

建国初期，百废待兴，发展经济、建设社会主义新中国是当时全社会的根本任务。为适应计划经济建设的需求，建国初期的高等教育模式"以俄为师"，学习前苏联的高等教育模式，即取消了原有的学院制，实行校、系两级管理体制，学科专业设置、人才培养规模等均严格按计划执行。

建国初期，我国高等教育经历了多次高校以及学科专业调整。到1957年，湖北地区有高等学校19所，包括综合性大学——武汉大学以及华中工学院、武汉水利学院、华中师范学院、武汉师范学院、中南财经学院、中南政法学院、武汉医学院、武汉建材学院等一批单科性专门院校，基本形成了服务行业发展、按学科专业办学、为特定行业培养并输送专门人才的高等教育结构体系。

为满足国民经济建设和社会发展对高级专门人才的需求，建国初期中央政府以行政手段指定重点高校并进行重点建设，湖北地区的武汉大学、华中工学院和武汉水利水电学院被确定为重点大学，同时国家先后出台相关政策予以重点支持。比如，重点高校学科专业中央统一规划，建设经费直接由中央划拨，重大科研项目由中央规划统筹，人才培养由中央和地方统筹安排等。通过国家实施的重点建设，湖北省3所重点大学进一步明确了学科专业发展方向，形成了一定的学科专业特色，为其他高校的学科专业建设提供了有益的借鉴。

第二节　改革开放后湖北省高校学科建设情况

改革开放后湖北省高校学科建设得到了快速发展，取得了显著成效，尤其是1992年湖北省学位委员会成立之后，实现了湖北省高校学科建设的又好又快发展。由于缺乏相关的数据，第八次学位授权审核之前的湖北省高校学科建设主要以大事纪的方式进行描述，从第八次学位授权审核起，则基于基本数据进行比较详细的分析。此外，由于我国专业学位授权工作起步较晚，且到2010年以后才慢慢步入比较规范的轨道，因而此部分仅以学术型学位授权单位和学术型学位授权点作为主要的分析对象。

一、省学位委员会成立前湖北省高校学科建设

1980 年，第五届全国人大常务委员会第十三次会议审议并通过了《中华人民共和国学位条例》，标志着我国学位与研究生教育步入正规化阶段。此后不久，即 1981 年启动了第一次学位授权审核工作，武汉大学、华中工学院、武汉地质学院、华中师范学院、武汉建筑材料工业学院、武汉水利水电学院、武汉测绘学院、武汉医学院、武汉生物制品研究所等 10 所高校和科研单位成为国务院批准的我国首批博士学位授权单位，武汉钢铁学院、武汉工学院、湖北财经学院、湖北艺术学院、华中农学院、湖北医学院、武汉数学物理研究所、武汉岩土力学研究所等 16 所高校和科研单位成为国务院批准的我国首批硕士学位授权单位。

1983 年，国务院学位委员会启动第二次学位授权审核工作。武汉水运工程学院新增为第二批博士学位授权单位，海军工程学院、湖北省化学研究所新增为第二批硕士学位授权单位。1984 年，经国务院批准，武汉大学、华中工学院成为全国首批 22 所试办研究生院的高校。

1986 年，经国务院批准，武汉地质学院成为第二批试办研究生院的高校之一。同年，中南财经大学、海军工程学院新增为第三批博士学位授权单位，江汉石油学院、湖北工学院、武汉体育学院、中南民族学院新增为国务院第三批硕士学位授权单位。

1988 年，原国家教委开展首批高等学校重点学科评选工作，武汉大学、华中理工大学、同济医科大学、中国地质大学、武汉工业大学、华中师范大学、华中农学院、武汉水利水电学院、武汉测绘科技大学等 9 所高校的 27 个学科获批为首批国家重点学科。

1990 年，原国家教委启动第四次学位授权审核工作。经国务院学位委员会第九次会议批准，湖北省高校新增 15 个博士学位授权点和 33 个硕士学位授权点，湖北高校博士学位授权点数量达到 118 个，硕士学位授权点达到 380 个。1991 年，湖北省等 6 个省市成立省级地方学位委员会。

二、省学位委员会成立后湖北省高校学科建设

1993 年，国务院学位委员会公布《第五批博士和硕士学位或授权学科、专

业名单》。湖北中医学院新增为博士学位授权单位，湖北省新增 20 个博士学位授权学科专业，新增 39 个硕士学位授权学科专业。

1994 年，湖北省教育委员会颁布《湖北省高等学校省级重点学科建设的若干意见》（鄂教高［1994］042 号），决定在部委属高校中有计划地建设一批省级重点学科，以较好地调动部委属高校结合湖北实际办学、参与实施"科教兴鄂"的积极性。经过遴选，批准武汉大学、华中理工大学等 22 所高校的 51 个学科成为湖北省首批省级重点学科。

1995 年，原国家教育委员会和湖北省人民政府共同组织对武汉大学、华中理工大学申请进入"211 工程"的部门预审。武汉大学、华中理工大学顺利通过"211 工程"部门预审。

1996 年，经原国家教育委员会批准，华中理工大学和武汉大学正式成立研究生院。同年，国务院学位委员会公布《第六批博士和硕士学位授权学科、专业点名单》。湖北省新增 17 个博士学位授权点和 11 个硕士学位授权点。同年 11 月，原国家教育委员会批准对武汉水利电力大学、同济医科大学、华中农业大学、武汉工业大学的"211 工程"部门预审。

1998 年，经国务院学位委员会批准，湖北高校共有马克思主义哲学等 78 个学科新增为第七批硕士学位授权点。

第三节　第八次学位授权审核后湖北省
高校学科建设情况

2000 年 4 月，国务院学位委员会发布了《关于进行第八次博士、硕士学位授权审核工作的通知》，启动了第八次学位授权审核工作。

一、学位授权单位情况

（一）数量

经过前八次的学位授权审核，湖北共有博士、硕士学位授权高校 23 所，其中博士学位授权单位 13 所，硕士学位授权高校 10 所。湖北博士、硕士学位授权高校详细情况见表 3-1 所示。

表 3-1　第八次学位授权审核后湖北博士、硕士学位授权高校

单位名称	博士或硕士单位
武汉大学	博士
华中科技大学	博士
中国地质大学	博士
武汉理工大学	博士
华中农业大学	博士
华中师范大学	博士
中南财经政法大学	博士
海军工程大学	博士
湖北中医学院	博士
武汉科技大学	博士
通信指挥学院	博士
军事经济学院	博士
第二炮兵指挥学院	博士
江汉石油学院	硕士
武汉工程大学	硕士
湖北工学院	硕士
湖北大学	硕士
武汉体育学院	硕士
湖北美术学院	硕士
中南民族学院	硕士
武汉音乐学院	硕士
三峡大学	硕士
空军雷达学院	硕士

注：数据来源于湖北省人民政府学位委员会办公室。

（二）结构

1. 按高校学位授权级别的结构情况

在 23 所具有博士、硕士学位授权高校中，博士学位授权高校有 13 所，占比 56.62%；硕士学位授权高校 10 所，占比 43.48%。湖北博士、硕士学位授权高校按授权级别的结构情况详见表 3-2 所示。

表 3-2　湖北博士、硕士学位授权高校按授权级别的结构情况

学位授权级别	数量（所）	所占比例（%）
博士学位授权高校	13	56.52
硕士学位授权高校	10	43.48
合计	23	100

注：数据来源于湖北省人民政府学位委员会办公室。

2. 按高校办学类型的结构情况

根据高校性质的不同，可分为 11 个类型：1. 综合性大学；2. 理工类院校；3. 文史语言类院校；4. 师范类院校；5. 军事类院校；6. 财经类院校；7. 农林水类院校；8. 医药类院校；9. 政法类院校；10. 艺术类院校和体育类院校；11. 特殊类型学校。

湖北省学位授权单位（高校）共 23 所，其中综合性大学 3 所，占总量的 13.04%；理工类院校 7 所，占总量的 30.43%；师范类院校 1 所，占总量的 4.35%；军事类院校 5 所，占总量的 21.74%；财经类院校、农林类院校、医药类院校、特殊类型学校各 1 所，分别占总量的 4.35%；艺体类高校 3 所，占总量的 13.04%，文史语言类院校和政法类院校没有。湖北博士、硕士学位授权高校办学类型结构情况详见表 3-3 所示。

表 3-3　湖北博士、硕士学位授权高校按办学类型的结构情况

学校类型	数量（所）	比例（%）
综合性	3	13.04
理工类	7	30.43
文史类	0	0
师范类	1	4.35

续表

军事类	5	21.74
财经类	1	4.35
农林类	1	4.35
医药类	1	4.35
政法类	0	0
艺体类	3	13.04
特殊类	1	4.35
合计	23	100

注：数据来源于湖北省人民政府学位委员会办公室。

3. 按高校不同主管部门的结构情况

湖北省博士、硕士学位授权高校共23所，其中部委高校13所，占总量的56.52%；省属高校10所，占总量的43.48%。湖北博士、硕士学位授权高校按不同主管部门的结构情况见表3-4所示。

表3-4　湖北博士、硕士学位授权高校按不同主管部门的结构情况

学位授权级别	数量（所）	所占比例（%）
部委属高校	13	56.52
省属高校	10	43.48
合计	23	100

注：数据来源于湖北省人民政府学位委员会办公室。

（三）布局

湖北现有武汉、黄石、襄阳、荆州、宜昌、黄冈、鄂州、十堰、孝感、荆门、咸宁、随州、恩施、仙桃、潜江、天门、神农架等17个地、市、州。湖北博士、硕士学位授权高校主要集中在武汉，共有21所，占比91.30%；荆州、宜昌各有1所，分占总量的4.35%，其他地、市、州无博士、硕士学位授权高校。湖北博士、硕士学位授权高校按行政区划的布局情况见表3-5所示。

表 3-5　湖北博士、硕士学位授权高校按行政区划的布局情况

所在地区	数量（所）	所占比例（%）
武汉	21	91.30
黄石	0	0
襄阳	0	0
荆州	1	4.35
宜昌	1	4.35
黄冈	0	0
鄂州	0	0
十堰	0	0
孝感	0	0
荆门	0	0
咸宁	0	0
随州	0	0
恩施	0	0
仙桃	0	0
潜江	0	0
天门	0	0
神农架	0	0
合计	23	100

注：数据来源于湖北省人民政府学位委员会办公室。

二、学位授权点情况

（一）数量

国务院学位委员会开展的第八次学位授权审核工作中，已着手按一级学科授权进行改革，但范围仅限于博士学位授权学科专业，硕士学位授权学科专业仍然按二级学科授权。因此，湖北博士、硕士学位授权高校其学位授权的级

别包括一级学科博士点、二级学科博士点和二级学科硕士点。按照这一统计口
径，湖北博士、硕士学位授权高校共有 43 个一级学科博士点，90 个二级学科
博士点和 438 个二级学科硕士点。

表 3-6　湖北省高校博士、硕士学位授权点数量情况

授权点级别	数量（个）
一级学科博士点	43
二级学科博士点	90
二级学科硕士点	438
合计	571

注：数据来源于湖北省人民政府学位委员会办公室。

（二）结构
1. 学科门类结构

43 个一级学科博士点按学科门类分布情况为：哲学 1 个，占总量的
2.33%；经济学 3 个，占总量的 6.98%；法学 1 个，占总量的 2.33%；文学
和历史学各 1 个，分别占总量的 2.33%；理学 7 个，占总量的 16.28%；工学
18 个，占总量的 41.86%；农学 4 个，占总量 9.30%；医学 3 个，占总量的
6.98%；管理学 4 个，占总量的 9.30%。详见表 3-7 所示。

90 个二级学科博士点按学科门类分布情况为：经济学 3 个，占总量的
3.33%；法学 9 个，占总量的 10.00%；教育学 3 个，占总量的 3.33%；文学
6 个，占总量的 6.67%；历史学 2 个，占总量的 2.22%；理学 8 个，占总量的
8.89%；工学 28 个，占总量的 31.11%；农学 2 个，占总量的 2.22%；医学 18
个，占总量的 20.00%；军事学 5 个，占总量的 5.56%；管理学 6 个，占总量
的 6.67%。详见表 3-7 所示。

438 个二级学科硕士点按学科门类分布情况为：哲学 12 个，占总量的
2.74%；经济学 23 个，占总量的 5.25%；法学 36 个，占总量的 8.22%；教育
学 17 个，占总量的 3.88%；文学 39 个，占总量的 8.90%；历史学 6 个，占总
量的 1.37%；理学 51 个，占总量的 11.64%；工学 147 个，占总量的 33.56%；
农学 9 个，占总量的 2.05%；医学 40 个，占总量的 9.13%；军事学 21 个，占
总量的 4.79%；管理学 37 个，占总量的 8.45%。详见表 3-7 所示。

表 3-7 湖北省高校博士、硕士学位授权点按门类分布统计情况

学科门类	一级学科博士点		二级学科博士点		二级学科硕士点	
	数量（个）	比例（%）	数量（个）	比例（%）	数量（个）	比例（%）
哲学	1	2.33	0	0	12	2.74
经济学	3	6.98	3	3.33	23	5.25
法学	1	2.33	9	10.00	36	8.22
教育学	0	0	3	3.33	17	3.88
文学	1	2.33	6	6.67	39	8.90
历史学	1	2.33	2	2.22	6	1.37
理学	7	16.28	8	8.89	51	11.64
工学	18	41.86	28	31.11	147	33.56
农学	4	9.30	2	2.22	9	2.05
医学	3	6.98	18	20.00	40	9.13
军事学	0	0	5	5.56	21	4.79
管理学	4	9.30	6	6.67	37	8.45
合计	43	100	90	100	438	100

注：数据来源于湖北省人民政府学位委员会办公室。

2. 层次结构

按照当时的《授予博士、硕士学位和培养研究生的学科、专业目录》（1997 版），不同的一级学科有不同的二级学科所覆盖面。著者按照 1997 版的学科专业目录中一级学科所覆盖的二级学科进行统计，湖北省高校 43 个一级学科博士点共覆盖了 194 个二级学科博士点。按照此口径进行折算，湖北省高校共有 722 个二级学级学位授权点，其中二级学科博士点 284 个，占总量的 39.34%；二级学科硕士点 438 个，占总量的 60.66%。详见表 3-8 所示。

表 3-8 湖北省高校博士、硕士学位授权点按学位点层次统计情况

学位点层次	数量（个）	比例（%）
二级学科博士点	284	39.34
二级学科硕士点	438	60.66
合计	722	100

注：数据来源于湖北省人民政府学位委员会办公室。

（三）布局

湖北高校博士、硕士学位授权点集中在武汉、荆州和宜昌三市，其中武汉市有博士、硕士学位授权二级学科点（折算后）701个，占比97.09%；荆州地区有博士、硕士学位授权二级学科点11个，占比1.52%；宜昌地区有博士、硕士学位授权二级学科点10个，占比1.39%，其他地、市、州尚没有博士、硕士学位授权点。详见表3-9所示。

表3-9　湖北高校博士、硕士学位授权点按行政区划的布局情况

所在地区	数量（个）	所占比例（%）
武汉	701	97.09
黄石	0	0
襄阳	0	0
荆州	11	1.52
宜昌	10	1.39
黄冈	0	0
鄂州	0	0
十堰	0	0
孝感	0	0
荆门	0	0
咸宁	0	0
随州	0	0
恩施	0	0
仙桃	0	0
潜江	0	0
天门	0	0
神农架	0	0
合计	722	100

注：数据来源于湖北省人民政府学位委员会办公室。

第四节　第九次学位授权审核后湖北省高校学科建设情况

2002 年 11 月，国务院学位委员会发布了《关于进行第九次博士、硕士学位授权审核工作的通知》，启动了第九次学位授权审核工作。湖北大学和空军雷达学院新增为博士学位授权单位，武汉科技学院、武汉工业学院、湖北农学院、中共湖北省委党校新增为硕士学位授权单位。2003 年 4 月，江汉石油学院、湖北农学院等高校合并组建为长江大学。此外，中南民族大学、长江大学和武汉体育学院被批准为联合招收博士生单位。湖北省高校共增列一级学科博士点 22 个，二级学科博士点 13 个，二级学科硕士点 76 个。

一、学位授权单位情况

（一）数量

经过前九次的学位授权审核，湖北共有博士、硕士学位授权高校 25 所，其中博士学位授权高校 15 所，硕士学位授权高校 10 所。湖北博士、硕士学位授权高校详细情况见表 3-10 所示。

表 3-10　第九次学位授权审核后湖北博士、硕士学位授权高校

单位名称	博士或硕士单位
武汉大学	博士
华中科技大学	博士
中国地质大学	博士
武汉理工大学	博士
华中农业大学	博士
湖北中医学院	博士
华中师范大学	博士
湖北大学	博士
中南财经政法大学	博士
武汉科技大学	博士

续表

通信指挥学院	博士
军事经济学院	博士
海军工程大学	博士
空军雷达学院	博士
第二炮兵指挥学院	博士
长江大学	硕士
武汉工程大学	硕士
武汉科技学院	硕士
武汉工业学院	硕士
湖北工业大学	硕士
武汉体育学院	硕士
湖北美术学院	硕士
中南民族大学	硕士
三峡大学	硕士
武汉音乐学院	硕士

注：数据来源于湖北省人民政府学位委员会办公室。

（二）结构

1. 按高校学位授权级别的结构情况

在 25 所具有博士、硕士学位授权高校中，博士学位授权高校有 15 所，占比 60.00%，硕士学位授权高校共 10 所，占比 40.00%。湖北博士、硕士学位授权高校按授权级别的结构情况详见表 3-11 所示。

表 3-11　湖北博士、硕士学位授权高校按授权级别的结构情况

学位授权级别	数量（所）	所占比例（%）
博士学位授权高校	15	60.00
硕士学位授权高校	10	40.00
合计	25	100

注：数据来源于湖北省人民政府学位委员会办公室。

2. 按高校办学类型的结构情况

根据高校性质的不同，可分为 11 个类型：1. 综合性大学；2. 理工类院校；3. 文史语言类院校；4. 师范类院校；5. 军事类院校；6. 财经类院校；7. 农林水类院校；8. 医药类院校；9. 政法类院校；10. 艺术类院校和体育类院校；11. 特殊类型学校。

湖北省学位授权高校共 25 所，其中综合性大学 5 所，占总量的 20%；理工类院校 7 所，占总量的 28%；师范类院校 1 所，占总量的 4%；军事类院校 5 所，占总量的 20%；财经类院校、农林类院校、医药类院校、特殊类型学校各 1 所，分别占总量的 4%；艺体类高校 3 所，占总量的 12%，文史语言类院校和政法类院校为空白。湖北博士、硕士学位授权高校办学类型结构情况详见表 3-12 所示。

表 3-12　湖北博士、硕士学位授权高校按办学类型的结构情况

学校类型	数量（所）	比例（%）
综合性	5	20
理工类	7	28
文史类	0	0
师范类	1	4
军事类	5	20
财经类	1	4
农林类	1	4
医药类	1	4
政法类	0	0
艺体类	3	12
特殊类	1	4
合计	25	100

注：数据来源于湖北省人民政府学位委员会办公室。

3. 按高校不同主管部门的结构情况

湖北省博士、硕士学位授权高校共 25 所，其中部委高校 13 所，占总量的 52%；省属高校 12 所，占总量的 48%。湖北博士、硕士学位授权高校按不同主管部门的结构情况见表 3-13 所示。

表 3-13　湖北博士、硕士学位授权高校按不同主管部门的结构情况

学位授权级别	数量（所）	所占比例（%）
部委属高校	13	52
省属高校	12	48
合计	25	100

注：数据来源于湖北省人民政府学位委员会办公室。

（三）布局

湖北现有武汉、黄石、襄阳、荆州、宜昌、黄冈、鄂州、十堰、孝感、荆门、咸宁、随州、恩施、仙桃、潜江、天门、神农架等 17 个地、市、州。湖北博士、硕士学位授权高校主要集中在武汉，有 23 所，占比 92%；荆州、宜昌各有 1 所，分占总量的 4%，其他地、市、州无博士、硕士学位授权高校。湖北博士、硕士学位授权高校按行政区划的布局情况见表 3-14 所示。

表 3-14　湖北博士、硕士学位授权高校按行政区划的布局情况

所在地区	数量（所）	所占比例（%）
武汉	23	92
黄石	0	0
襄阳	0	0
荆州	1	4
宜昌	1	4
黄冈	0	0
鄂州	0	0
十堰	0	0
孝感	0	0
荆门	0	0
咸宁	0	0
随州	0	0
恩施	0	0
仙桃	0	0

潜江	0	0
天门	0	0
神农架	0	0
合计	25	100

二、学位授权点情况

（一）数量

第九次学位授权审核时，国家学位授权仍按一级学科博士点、二级学科博士点和二级学科硕士点进行审核。因此，湖北博士、硕士学位授权高校其学位授权的级别包括一级学科博士点、二级学科博士点和二级学科硕士点。按照这一统计口径，湖北博士、硕士学位授权高校共有 65 个一级学科博士点，103 个二级学科博士点和 514 个二级学科硕士点。

表 3–15　湖北省高校博士、硕士学位授权点数量情况

授权点级别	数量（个）
一级学科博士点	65
二级学科博士点	103
二级学科硕士点	514
合计	682

注：数据来源于湖北省人民政府学位委员会办公室。

（二）结构

1. 学科门类结构

65 个一级学科博士点按学科门类分布情况为：哲学 1 个，占总量的 1.54%；经济学 3 个，占总量的 4.62%；法学 3 个，占总量的 4.62%；教育学 1 个，占总量的 1.54%；文学 3 个，占总量的 4.62%；历史学 2 个，占总量的 3.08%；理学 9 个，占总量的 13.85%；工学 26 个，占总量的 40.00%；农学 4 个，占总量的 6.15%；医学 5 个，占总量的 7.69%；管理学 8 个，占总量的 12.31%。详见表 3-16 所示。

103 个二级学科博士点按学科门类分布情况为：哲学 2 个，占总量的 1.94%；经济学 7 个，占总量的 6.80%；法学 5 个，占总量的 4.85%；教育学 2 个，占总量的 1.94%；文学 4 个，占总量的 3.88%；历史学 1 个，占总量的 0.97%；理学 13 个，占总量的 12.62%；工学 37 个，占总量的 35.92%；农学 5 个，占总量的 4.85%；医学 13 个，占总量的 12.62%；军事学 7 个，占总量的 6.80%；管理学 7 个，占总量的 6.80%。详见表 3-16 所示。

514 个二级学科硕士点按学科门类分布情况为：哲学 14 个，占总量的 2.72%；经济学 27 个，占总量的 5.25%；法学 38 个，占总量的 7.39%；教育学 24 个，占总量的 4.67%；文学 44 个，占总量的 8.56%；历史学 6 个，占总量的 1.17%；理学 63 个，占总量的 12.26%；工学 174 个，占总量的 33.85%；农学 9 个，占总量的 1.75%；医学 46 个，占总量的 8.95%；军事学 28 个，占总量的 5.45%；管理学 41 个，占总量的 7.98%。详见表 3-16 所示。

表 3-16　湖北省高校博士、硕士学位授权点按学科门类分布统计情况

学科门类	一级学科博士点		二级学科博士点		二级学科硕士点	
	数量（个）	比例（%）	数量（个）	比例（%）	数量（个）	比例（%）
合计	65	100	103	100	514	100
哲学	1	1.54	2	1.94	14	2.72
经济学	3	4.62	7	6.80	27	5.25
法学	3	4.62	5	4.85	38	7.39
教育学	1	1.54	2	1.94	24	4.67
文学	3	4.62	4	3.88	44	8.56
历史学	2	3.08	1	0.97	6	1.17
理学	9	13.85	13	12.62	63	12.26
工学	26	40.00	37	35.92	174	33.85
农学	4	6.15	5	4.85	9	1.75
医学	5	7.69	13	12.62	46	8.95
军事学	0	0	7	6.80	28	5.45
管理学	8	12.31	7	6.80	41	7.98

注：数据来源于湖北省人民政府学位委员会办公室。

2. 层次结构

按照当时的《授予博士、硕士学位和培养研究生的学科、专业目录》（1997 版），不同的一级学科有不同的二级学科所覆盖面。著者按照 1997 版的学科专业目录中一级学科所覆盖的二级学科进行统计，湖北省高校 65 个一级学科博士点共覆盖了 322 个二级学科博士点。按照此口径进行折算，湖北省高校共有 939 个二级学级学位授权点，其中二级学科博士点 425 个，占总量的45.26%；二级学科硕士点 514 个，占总量的 54.74%。详见表 3-17 所示。

表 3-17　湖北省高校博士、硕士学位授权点按学位点层次统计情况

学位点层次	数量（个）	比例（%）
二级学科博士点	425	45.26
二级学科硕士点	514	54.74
合计	939	100

注：数据来源于湖北省人民政府学位委员会办公室。

（三）布局

湖北高校博士、硕士学位授权点集中在武汉、荆州和宜昌三市，其中武汉市有博士、硕士学位授权二级学科点（折算后）901 个，占比 95.95%；荆州地区有博士、硕士学位授权二级学科点 20 个，占比 2.13%；宜昌地区有博士、硕士学位授权二级学科点 18 个，占比 1.92%，其他地、市、州尚没有博士、硕士学位授权点。详见表 3-18 所示。

表 3-18　湖北高校博士、硕士学位授权点按行政区划的布局情况

所在地区	数量（个）	所占比例（%）
武汉	901	95.95
黄石	0	0
襄阳	0	0
荆州	20	2.13
宜昌	18	1.92
黄冈	0	0

鄂州	0	0
十堰	0	0
孝感	0	0
荆门	0	0
咸宁	0	0
随州	0	0
恩施	0	0
仙桃	0	0
潜江	0	0
天门	0	0
神农架	0	0
合计	939	100

注：数据来源于湖北省人民政府学位委员会办公室。

第五节　第十次学位授权审核后湖北省高校学科建设情况

2005 年 4 月，国务院学位委员会发布了《关于进行第十次博士、硕士学位授权审核工作的通知》，启动了第十次学位授权审核工作。武汉体育学院、中南民族大学和长江大学新增为博士学位授权单位，湖北师范学院和湖北民族学院新增为硕士学位授权单位。湖北省高校共增列一级学科博士点 22 个，二级学科博士点 13 个，二级学科硕士点 76 个。

一、学位授权单位情况

（一）数量
经过前十次的学位授权审核，湖北共有博士、硕士学位授权高校 27 所，其中博士学位授权单位 18 所，硕士学位授权高校 9 所。湖北博士、硕士学位授权高校详细情况见表 3-19 所示。

表 3-19　湖北博士、硕士学位授权高校

单位名称	博士或硕士单位
武汉大学	博士
华中科技大学	博士
武汉科技大学	博士
长江大学	博士
中国地质大学	博士
武汉理工大学	博士
华中农业大学	博士
华中师范大学	博士
湖北大学	博士
中南财经政法大学	博士
武汉体育学院	博士
中南民族大学	博士
解放军通信指挥学院	博士
军事经济学院	博士
海军工程大学	博士
空军雷达学院	博士
第二炮兵指挥学院	博士
湖北中医学院	博士
武汉工程大学	硕士
武汉科技学院	硕士
武汉工业学院	硕士
湖北工业大学	硕士

续表

湖北师范学院	硕士
湖北民族学院	硕士
湖北美术学院	硕士
三峡大学	硕士
武汉音乐学院	硕士

注：数据来源于湖北省人民政府学位委员会办公室。

（二）结构

1. 按高校学位授权级别的结构情况

在 27 所具有博士、硕士学位授权高校中，博士学位授权高校有 18 所，占比 66.67%，硕士学位授权高校 9 所，占比 33.33%。湖北博士、硕士学位授权高校按授权级别的结构情况详见表 3-20 所示。

表 3-20　湖北博士、硕士学位授权高校按授权级别的结构情况

学位授权级别	数量（所）	所占比例（%）
博士学位授权高校	18	66.67
硕士学位授权高校	9	33.33
合计	27	100

注：数据来源于湖北省人民政府学位委员会办公室。

2. 按高校办学类型的结构情况

根据高校性质的不同，可分为 11 个类型：1. 综合性大学；2. 理工类院校；3. 文史语言类院校；4. 师范类院校；5. 军事类院校；6. 财经类院校；7. 农林水类院校；8. 医药类院校；9. 政法类院校；10. 艺术类院校和体育类院校；11. 特殊类型学校。

湖北省学位授权单位（高校）共 27 所，其中综合性大学 5 所，占总量的 18.52%；理工类院校 7 所，占总量的 25.93%；师范类院校 2 所，占总量的 7.41%；军事类院校 5 所，占总量的 18.52%；财经类院校、农林类院校和医药类院校各 1 所，分别占总量的 3.70%；艺体类高校 3 所，占总量的 11.11%；特殊类型院校 2 所，占总量的 7.41%，文史语言类院校和政法类院校为空白。

湖北博士、硕士学位授权高校办学类型结构情况详见表 3-21 所示。

表 3-21　湖北博士、硕士学位授权高校按办学类型的结构情况

学校类型	数量（所）	比例（%）
综合性	5	18.52
理工类	7	25.93
文史类	0	0
师范类	2	7.41
军事类	5	18.52
财经类	1	3.70
农林类	1	3.70
医药类	1	3.70
政法类	0	0
艺体类	3	11.11
特殊类	2	7.41
合计	27	100

注：数据来源于湖北省人民政府学位委员会办公室。

3. 按高校不同主管部门的结构情况

湖北省博士、硕士学位授权高校共 27 所，其中部委高校 13 所，占总量的 48.15%；省属高校 14 所，占总量的 51.85%。湖北博士、硕士学位授权高校按不同主管部门的结构情况见表 3-22 所示。

表 3-22　湖北博士、硕士学位授权高校按不同主管部门的结构情况

学位授权级别	数量（所）	所占比例（%）
部委属高校	13	48.15
省属高校	14	51.85
合计	27	100

注：数据来源于湖北省人民政府学位委员会办公室。

（三）布局

湖北现有武汉、黄石、襄阳、荆州、宜昌、黄冈、鄂州、十堰、孝感、荆门、咸宁、随州、恩施、仙桃、潜江、天门、神农架等 17 个地、市、州。湖北博士、硕士学位授权高校主要集中在武汉，共有 23 所，占比 85.19%；黄石、荆州、宜昌、恩施各有 1 所，分占总量的 3.70%，其他地、市、州无博士、硕士学位授权高校。湖北博士、硕士学位授权高校按行政区划的布局情况见表 3-23 所示。

表 3-23　湖北博士、硕士学位授权高校按行政区划的布局情况

所在地区	数量（所）	所占比例（%）
武汉	23	85.19
黄石	1	3.70
襄阳	0	0
荆州	1	3.70
宜昌	1	3.70
黄冈	0	0
鄂州	0	0
十堰	0	0
孝感	0	0
荆门	0	0
咸宁	0	0
随州	0	0
恩施	1	3.70
仙桃	0	0
潜江	0	0
天门	0	0
神农架	0	0
合计	27	100

注：数据来源于湖北省人民政府学位委员会办公室。

二、学位授权点情况

（一）数量

第十次学位授权审核时，国务院学位委员会进一步推进按一级学科授权改革，同时在博士和硕士学位授权按一级学科授权，因而湖北博士、硕士学位授权高校其学位授权的级别包括一级学科博士点、二级学科博士点、一级学科硕士点和二级学科硕士点。按照这一统计口径，湖北博士、硕士学位授权高校共有93个一级学科博士点，100个二级学科博士点，110个一级学科硕士点和464个二级学科硕士点。

表3-24　湖北省高校博士、硕士学位授权点数量情况

授权点级别	数量（个）
一级学科博士点	93
二级学科博士点	100
一级学科硕士点	110
二级学科硕士点	464
合计	767

注：数据来源于湖北省人民政府学位委员会办公室。

（二）结构

1. 学科门类结构

93个一级学科博士点按学科门类分布情况为：哲学1个，占总量的1.08%；经济学4个，占总量的4.30%；法学6个，占总量的6.45%；教育学2个，占总量的2.15%；文学4个，占总量的4.30%；历史学2个，占总量的2.15%；理学12个，占总量的12.90%；工学36个，占总量的38.71%；农学7个，占总量的7.53%；医学7个，占总量的7.53%；军事学1个，占总量的1.08%；管理学11个，占总量的11.83%。详见表3-25所示。

100个二级学科博士点按学科门类分布情况为：哲学5个，占总量的5%；经济学5个，占总量的5%；法学10个，占总量的10%；教育学3个，占总量的3%；文学5个，占总量的5%；历史学1个，占总量的1%；理学13个，占总量的13%；工学35个，占总量的35%；农学2个，占总量的2%；医学7个，占总量的7%；军事学7个，占总量的7%；管理学7个，占总量

的 7%。详见表 3-25 所示。

110 个一级学科硕士点按学科门类分布情况为：哲学 3 个，占总量的 2.73%；经济学 8 个，占总量的 7.27%；法学 9 个，占总量的 8.18%；教育学 2 个，占总量的 1.82%；文学 3 个，占总量的 2.73%；历史学 1 个，占总量的 0.91%；理学 18 个，占总量的 16.36%；工学 37 个，占总量的 33.64%；农学 1 个，占总量的 0.91%；医学 7 个，占总量的 6.36%；军事学 4 个，占总量的 3.64%；管理学 17 个，占总量的 15.45%。详见表 3-25 所示。

表 3-25　湖北省高校博士、硕士学位授权点按门类分布统计情况

学科门类	一博		二博		一硕		二硕	
	数量（个）	比例（%）	数量（个）	比例（%）	数量（个）	比例（%）	数量（个）	比例（%）
合计	93	100	100	100	110	100	464	100
哲学	1	1.08	5	5	3	2.73	12	2.59
经济学	4	-4.30	5	5	8	7.27	16	3.45
法学	6	6.45	10	10	9	8.18	57	12.28
教育学	2	2.15	3	3	2	1.82	30	6.47
文学	4	4.30	5	5	3	2.73	59	12.72
历史学	2	2.15	1	1	1	0.91	8	1.72
理学	12	12.90	13	13	18	16.36	40	8.62
工学	36	38.71	35	35	37	33.64	143	30.82
农学	7	7.53	2	2	1	0.91	9	1.94
医学	7	7.53	7	7	7	6.36	39	8.41
军事学	1	1.08	7	7	4	3.64	25	5.39
管理学	11	11.83	7	7	17	15.45	26	5.60

注：数据来源于湖北省人民政府学位委员会办公室。

464 个二级学科硕士点按学科门类分布情况为：哲学 12 个，占总量的 2.59%；经济学 16 个，占总量的 3.45%；法学 57 个，占总量的 12.28%；教育学 30 个，占总量的 6.47%；文学 59 个，占总量的 12.72%；历史学 8 个，占总量的 1.72%；理学 40 个，占总量的 8.62%；工学 143 个，占总量的 30.82%；农学 9 个，占总量的 1.94%；医学 39 个，占总量的 8.41%；军事学 25 个，占总量的 5.39%；管理学 26 个，占总量的 5.60%。详见表 3-25 所示。

2. 层次结构

按照当时的《授予博士、硕士学位和培养研究生的学科、专业目录》（1997 版），不同的一级学科有不同的二级学科所覆盖面。著者按照 1997 版的学科专业目录中一级学科所覆盖的二级学科进行统计，湖北省高校 93 个一级学科博士点共覆盖了 457 个二级学科博士点；湖北高校 110 个一级学科硕士点共覆盖了 488 个二级学科硕士点。按此口径折算，湖北省高校共有 1502 个二级学级学位授权点，其中二级学科博士点 550 个，占总量的 36.62%；二级学科硕士点 952 个，占总量的 63.38%。详见表 3-26 所示。

表 3-26　湖北省高校博士、硕士学位授权点按学位点层次统计情况

学位点层次	数量（个）	比例（%）
二级学科博士点	550	36.62
二级学科硕士点	952	63.38
合计	1502	100

注：数据来源于湖北省人民政府学位委员会办公室。

（三）布局

湖北高校博士、硕士学位授权点集中在武汉、黄石、荆州、宜昌和恩施五个市（州），其中武汉市有博士、硕士学位授权二级学科点（折算后）1411 个，占比 93.94%；黄石市有博士、硕士学位授权二级学科点 4 个，占比 0.27%；荆州地区有博士、硕士学位授权二级学科点 49 个，占比 3.26%；宜昌地区有博士、硕士学位授权二级学科点 32 个，占比 2.13%；恩施地区有博士、硕士学位授权二级学科点 6 个，占比 0.40%；其他地、市、州尚没有博士、硕士学位授权点。详见表 3-27 所示。

表 3-27　湖北高校博士、硕士学位授权点按行政区划的布局情况

所在地区	数量（个）	所占比例（%）
武汉	1411	93.94
黄石	4	0.27
襄阳	0	0
荆州	49	3.26
宜昌	32	2.13
黄冈	0	0
鄂州	0	0
十堰	0	0
孝感	0	0
荆门	0	0
咸宁	0	0
随州	0	0
恩施	6	0.40
仙桃	0	0
潜江	0	0
天门	0	0
神农架	0	0
合计	1502	100

注：数据来源于湖北省人民政府学位委员会办公室。

第六节　湖北省高校学科建设经验总结

通过对建国以来湖北省高校学科建设发展历程的回溯，可以看到，湖北高校学科建设的理念不断更新，学位授权点规模迅速拓展，学科结构布局不断优

化，学科内涵得到明显提升，服务经济社会发展能力显著增强，湖北省高校学科建设呈现出良好的发展态势，进一步构筑了湖北省科教大省的地位，为湖北率先建成高教强省奠定了坚实基础，积累了丰富经验。

一、准确把握学科内涵，建设理念与时俱进

学科建设是理论创新和实践创新的有机结合，学科建设的理念和建设、发展模式分别作为精神层面和物质层面的建设内容，二者互动互补，密不可分。学科建设理念是人们对大学学科使命、学科性质、学科功能、学科结构、学科文化的基本认识，是对大学学科与外部世界诸元素之间以及内部诸元素之间关系的把握。[①]学科建设的理念是随着经济社会的发展及高等教育对学科建设的要求的变化而变化的。

基于当下不同主体对于学科建设定位、属性和组成要素的不同认知与理解，这是由其所处的地位和角色所决定。高校领导层关注的是一所高校建设与发展的宏观层面，关注一所高校的办学理念、办学思路、总体发展方向等高校发展宏观层面的问题，对学科建设定位的认知因学科建设的重要性和当下高等教育的发展形势，将学科建设定位于办学理念层面。基于这一定位，对学科建设属性的认知，自然是一种办学思路，即以学科为划分，合理配置相关教育资源，实现高校的发展。在这一定位下，学科建设的组成要素包括了学科建设管理体制、学科建设管理模式、学科建设运行机制等。

高校职能部门是学科建设具体办学实践的管理者，以其视角，自然将学科建设视为一种管理工作，其属性自然也是其管理属性，因而认为学科建设的组成要素包括学科建设规划、学科内涵建设、学科建设过程监控和学科建设绩效评价。

高校教师和科研人员是学科建设的具体实践者，以这一主体的视角，将学科建设定位在建设层面，学科建设属性自然是建设属性，因而将学科建设组成要素划分为内在性要素（包含研究方向、学术队伍、科研基地）和外显性要素（包含人才培养、科学研究、服务社会）。不同主体对学科建设定位、属性和组成要素的认知情况见下图3-1。

---

① 翟亚军，王战军：《理念与模式——关于世界一流大学学科建设的解读》，《清华大学教育研究》2009年第1期。

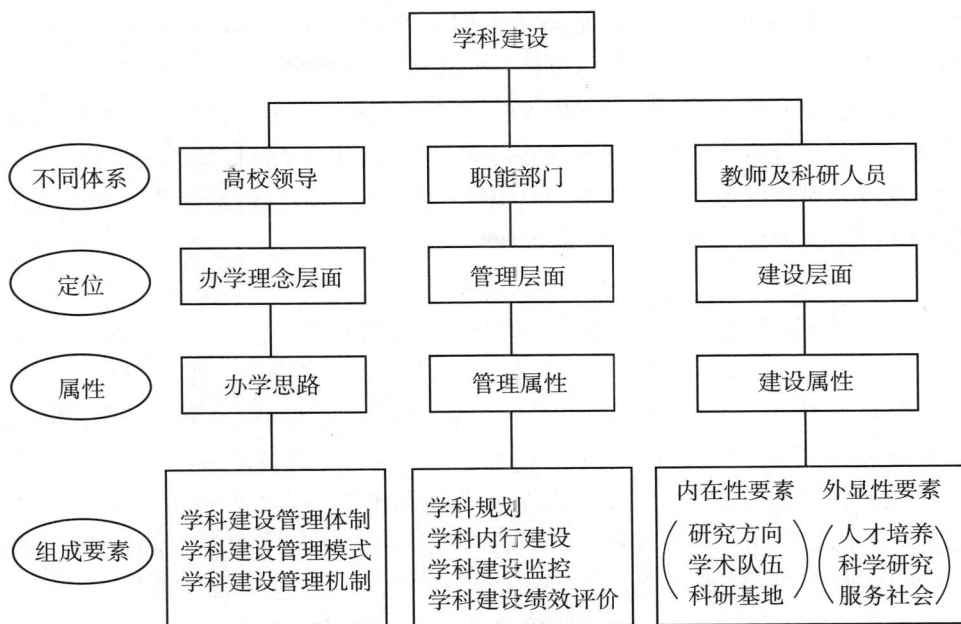

图 3-1　不同主体对学科建设定位、属性和组成要素的认知

　　以上从不同的主体的视角对学科建设的定位、属性和组成要素进行了分析与思考，可以看出，不同的主体对学科建设的相关基本问题有着不同的认知和理解，三个不同主体对于高校学科建设的认知其实是统一的。高校领导将学科建设上升到办学理念层面，是对高校整体和长远发展方向性的把握，这种办学理论需要职能部门在具体的管理工作中予以落实，需要广大教师和科研人员在办学实践中予以实践。因此，学科建设作为办学理念层面的定位与属性认知，并非仅仅是高校领导的认识，应该成为高校所有师生员工的共同认识。只有将学科建设上升到办学理念层面，才能以学科为划分，引领学校的整体发展。

　　高校领导对学科建设宏观层面的把握，为高校学科建设把握发展方向；高校职能部门要在办学理念层面的认知下，考虑学科建设的管理工作定位与管理属性，结合自身的工作，切实做好学科建设的具体管理工作，以创新的思路，规范的管理，切实推进高校学科建设工作；高校教师和科研人员要在高校办学理念的指导下，按照职能部门的工作要求，结合学科建设的建设层面的定位和建设属性，切实加强学科内涵建设。三个不同主体都紧紧围绕高校学科建设，有共同的价值取向和目标，只是因为所处位置的差异，对高校学科建设所承载的职责有所差异而已。因此，高校三个不同主体对于学科建设的不同定位、不同属性及不同组成要素的认知与理解，既有其差异性，又具有其统一性。

湖北省政府和高校始终把握国家关于高等教育、关于学科建设政策变化的脉搏，从湖北省经济社会发展的现实需要和高等教育、学科发展的实际基础出发，保持学科建设理念与时俱进，使湖北省高校的学科建设工作既能适应国家政策环境的变化，又能始终走在时代前列。

二、科学制定学科规划，强化重点学科建设

随着我国高等教育改革的不断深入，高等教育发展的竞争愈加激烈，学科建设作为高校整体实力和水平的关键要素，成为引领高校改革和发展的龙头，其地位和作用被提升到高校战略发展的高度而渐成共识。2003 年，时任教育部副部长的周济同志在《谋划发展，规划未来》的讲话中提出"两个问题"和"三个规划"，即"建设一个什么样的大学"、"怎样建设这样的大学"两个问题和"发展战略规划、学科建设和队伍建设规划、校园建设规划"三个规划，阐述了学科建设规划对高校建设的重要意义。因此，引导高校科学制订学科建设规划，成为湖北高等教育改革和发展的关键所在。

按照这样的思路，湖北省逐步形成定期制定学科发展规划、合理确定发展目标、明确建设内容和建设重点、谋划学科建设重大举措和保障措施的建设思路。湖北省政府和各高校在制定学科发展规划的过程中，始终遵循学科内在发展规律，始终坚持以人为本的建设理念，始终坚持数量、结构、布局、效益的协调发展。首先，学科的本质是知识的划分，学科建设以传承、创新知识为前提，学科发展的关键在于知识的创新，在于对人类社会和自然规律认识程度的不断提高，学科的发展要遵循客观的渐进过程。通过把握知识主题，确保学科规划的科学性和可行性。其次，坚持以人为本的建设发展理念，把握学科建设的内在动力。"人"是学科建设与发展的关键要素，学科建设的职能（包括人才培养、科学研究和服务社会）都靠师资队伍这一关键要素去实现。湖北省始终把师资队伍建设作为学科建设与发展的核心因素，将师资队伍规模、结构、实力和水平的全面优化和提升作为学科规划的核心所在。最后，贯彻科学发展观，实现湖北高校学科建设的全面、协调、可持续发展。基于经济社会发展对湖北高校学科建设的需求，适当扩大学位授权点规模，保证学科总体规模、结构、质量、效益协调发展。

与此同时，在国家相继实施"211 工程"、"985 工程"以建设世界一流大学和一流学科以来，湖北省积极实施"省级重点学科"、"校级重点学科"等工程，形成了"国家重点学科—省级重点学科—校级重点学科"分梯度有序发展的学科格局。通过对省部共建高校重点学科建设的大力投入，武汉大学、华中科技大学正向世界一流大学方向发展；武汉理工大学等 5 所"211 工程"高校已形成一批有国际影响力、国内一流的学科，引领着湖北高校学科建设的发展；湖北大学等省属院校已形成一批特色优势学科，在服务地方经济社会发展中发挥了重要的作用。

三、科学调整学科结构，促进学科交叉融合

省域高等教育学科结构主要是指某一地区所有高校内各学科专业所构成的比例关系和方式，包括不同层次、不同类型学科数量、结构、布局以及相互之间联系等。省域学科结构不是自然形成的，而是高等学校根据经济社会发展需要、结合学校的学科传统和实际条件主动建构的结果。按照系统理论，不同的学科结构具有不同的功能，学科结构的不断调整，使得学科的整体功能不断强化。因此，从这一意义上讲，科学调整并不断优化学科结构，就是为了提升其整体功能。比如，人文学科和理学学科是基础性学科，是知识的源头，它们是社会学科、工学学科等应用性学科的基础。因此，可以说，没有基础性学科作为基本支撑，应用性学科难以出创新性的大成果，难以实现应用性学科的大发展。当然，仅有基础性学科而无应用性学科，基础性学科自身难以将知识直接转化为现实生产力，难以直接服务于经济建设和社会发展。简而言之，高校如果没有雄厚的基础学科，就很难以上水平；如果没有应用性学科，就难以出效益。

基于这样的学科结构优化思路，长期以来，湖北省政府致力于优化湖北高等教育的学科结构，引导各高校不断优化高校内部学科结构。经过多年的建设，湖北省形成了学科门类齐全的学科体系，每所高校的学科结构各异且学科优势和特色又各不相同。

湖北省高校学科建设的实践表明，在当下知识爆炸的时代，高校必须在不断优化学科结构的基础上，根据不同学科之间的内在联系，构建起交叉融合的学科体系，才能永葆学科的活力，才能出创新性成果。学科交叉融合就是指不同学科或同一学科门类不同一级学科之间不断打破学科壁垒，进而相互渗透，相互交叉，有机融合，逐步形成新学科的动态发展过程。考察湖北高校学科融

合的历史经验，主要通过以下途径予以实现：一是研究方法上的渗透融合。例如数学作为一种研究方法，具有严谨规范的特性，这种特性使得数学作为研究方法和手段，向物理、化学、经济学乃至社会学等学科领域渗透，在各学科间形成一种强的连结而使之实现融合。二是学科间的融合。学科间的融合是通过学科间的功能互补和研究延伸来实现，通过赋予原有学科新的附加功能和更强的竞争力，形成融合性的新学科体系。随着经济学研究方法和工具的推广，已经形成了诸如经济社会学、经济数学、公共选择理论、政府经济学、教育经济学等新的学科领域。三是学科内部的重组融合。学科内部各子学科之间重组、整合，可以有效地实现资源共享，提高学科资源配置的整体效益。学科交叉融合进一步丰富了学科发展的形式和内容，有力地促进传统学科的现代化转型，对高校教育资源重组、高校学科结构调整发挥了重要作用。

四、对接社会重大需求，增强社会服务能力

要树立起高等教育与社会之间的科学关系，在思想理念层面要有正确的认识。大学与社会的关系一直是高等教育思考和实践的重要命题，这其中最主要的争论在于认识论哲学与政治论哲学之争。法国作家查尔斯·奥斯丁曾十分形象地把大学称为"象牙塔"，这一比喻是世界工业化之前，大学曾独立于社会之外，摆脱外界束缚，成为学术群体进行知识探究自由场所的真实写照。伴随着美国工业化时代的到来，尤其是美国约翰·霍普金斯大学的创办，以及后来麦卡锡所提出的威斯康辛思想，标志着原有以认识论哲学为主的大学办学思想让位于以政治论哲学，大学由社会的边缘迈入社会的中心，美国高等教育发展与其取代德国成为世界强国是最好的例证。因此，从这一意义上讲，湖北高校学科建设的改革与发展并不仅仅是自身的改革与发展，而必须要把握好社会的重大需求，以服务求支持，以服务求发展。

湖北省高校经过多年的建设与发展，已基本形成结构合理、特色鲜明、优势明显的学科建设体系，为湖北省经济建设和社会发展提供人才支撑和智力支撑。湖北省主要有三种类型的高等学校：一是武汉大学、华中科技大学等2所"985工程"建设高校，定位于建设世界一流的高水平大学，侧重于基础理论研究和学术前沿、高端科学技术研究；二是以武汉理工大学为代表的5所"211工程"高校，定位于建成国内一流水平并有国际影响力的大学，能培养高层次专门人才和解决国家经济建设、社会发展重大问题的重要基地；三是以湖北大

学等为代表的省属重点大学，定位于建设国内高水平国际知名的大学，服务于地方经济社会的发展。

湖北省形成了以这三类高校为主体的高等教育体系，科研基地建设不断加强，科技创新平台体系进一步完善。湖北省高校科研成果显著，服务国家和地方经济建设、社会发展的能力不断增强。以"十一五"建设期为例，湖北高校获处国家科技奖励占全省获奖成果的 60% 以上，高校成为科技创新最主要的力量。武汉科技大学和武钢合作获奖的"曲向硅钢制造技术自主创新及产业化"、武汉纺织大学"高效短流程嵌入式复合纺纱技术及产业化"获得国家科技进步一等奖，标志湖北省属高校在推进科技创新上取得了重大突破。东湖高新区大学科技园被列为首批国家大学科技园，成为重要的科技孵化器培育基地；华工科技等一批依托重点学科的高科技型企业逐步壮大，成为湖北省高新技术产业发展的重要基地；一大批科研成果实现产业化，成为新的经济增长点。

五、注重学科管理改革，不断创新体制机制

湖北省学科建设的管理机制是随着政府对高等教育职能的不断转变而变化的。从建国初期到改革开放前期，我国实行严格的计划经济体制，政府的行政命令指导着经济社会中的一切活动。在这一时期，我国高等教育主要由原国家教委来统一管理，原国家教委及相关部门成为学科建设的主体，高校学科建设的自主性和主体性地位基本丧失。

改革开放以来，尤其是 1985 年国家颁布了《中共中央关于教育体制改革的决定》和 1993 年国家颁布了《中国教育改革和发展规划纲要》之后，我国高等教育管理体制改革不断深化。这种管理体制的改革，其主要改革思路是基于高等教育的中央政府、地方政府和高校三级管理体制，实行中央政府对高校学科建设的宏观规划与管理，强化省级地方政府的统筹职能，扩大高校的办学自主权，这对于后来我国高等教育管理体制改革具有里程碑式的意义。

湖北省政府、省教育厅抢抓发展机遇，充分发挥省级政府在优化学位授予单位布局、促进学位授权审核工作与区域经济建设及社会发展相协调的指导作用，不断创新学科建设管理体制机制，形成省级政府指导、高校自主办学的管理格局。教育部、教育厅等两级政府部门主要为学科建设提供政策支持与物质保障，高校成为国家重点学科、省级重点学科、校级重点学科的最终实施者和管理者，成为学科建设的关键主体。

　　湖北省学位委员会于 1999 年率先在全国范围内大力推广并探索的这一学科建设管理模式，通过多年的实践，已在湖北省范围内全面推广，得到了教育部和国务院学位委员会的认同，这一做法此后应用于第十一次学位授权新增单位的审核工作之中。这种管理模式的具体内容包括：一是学科点建设立项论证分层次进行，先后经过学校专家、校外专家及主管部门审批后进行立项建设，以减少建设的盲目性。二是学科建设以项目形式进行管理，学科点立项明确了项目负责人，由项目负责人全面负责该学科点的建设，明确项目负责人的责、权、利，充分调动项目负责人的积极性。三是在项目的立项建设过程中，管理部门适时进行监控，并组织专家进行中期检查和期末验收。四是对各立项建设的学科，根据建设的不同情况，要奖勤罚劣，对于完成好的、达到预期目标的学科要给予表扬和奖励，对差一些的要进行批评、亮黄牌，对不合格的则要追究项目负责人的责任，选聘其他合适人员作项目负责人。这种管理模式的优点主要在于引入了多种好的管理机制。由项目负责人全面负责立项建设学科的管理，引入了责任制；在项目负责人的选聘上，引入了竞争机制；在中期检查和终期验收上，引入了监控机制；在终期验收结果的处理上，引入了奖惩机制。这些良好的管理机制，对学科建设进入一种良性循环提供了积极有效的制度性保障。

第四章　湖北省高校学科建设
现状分析

　　自改革开放以来，我国高等教育的发展取得了前所未有的巨大成就，我国已发展成为跃居世界前列的高等教育大国。在这一大的宏观发展背景下，湖北省认真贯彻执行国家的有关方针政策，高校学科建设实现了跨越式发展，取得了显著的成绩，为国家和区域经济社会发展提供了有力的人才支撑和智力支撑。

第一节　湖北省高校重点学科建设现状

　　重点学科从层次上来看，包括国家级重点学科、省级重点学科和校级重点学科。结合本研究的内容和需要，对于湖北省高校重点学科建设的现状分析主要从国家级重点学科和省级重点学科两个层面予以探讨。

一、湖北省高校国家重点学科建设现状

（一）国家层面重点建设工程的实施情况

　　为加强高水平大学建设和高水平学科建设，国家先后启动了"211工程"、"985工程"和优势学科创新平台建设工程。其中，"985工程"主要是为了创建世界一流大学和高水平大学，优势学科创新平台建设主要是为了建设一批达到国际先进水平的科研创新平台，"211工程"主要是重点建设一批高校和重点学科，使一部分高校和一部分重点学科接近或达到国际同类学校和学科的先进水平。无论是世界一流大学建设、高水平大学建设，还是国际先进水平科研创新平台建设和重点大学、重点学科建设，落脚点都是重点学科的建设，其建设对象都指向了国家重点学科或国家重点（培育）学科。因此，这三项国家层面重点建设工程对于加强我国国家重点学科建设、促进国家重点学科发展发挥了

159

极为重要的作用。

目前湖北省有武汉大学和华中科技大学进入了"985工程"建设行列，现有的7所教育部直属高校，即武汉大学、华中科技大学、中国地质大学、武汉理工大学、华中师范大学、华中农业大学和中南财经政法大学都进入了"211工程"建设行列。此外，中国地质大学进入了优势学科创新平台建设行列，华中师范大学进入了"国家教师教育创新平台"建设行列。通过这三项国家重点建设工程的有效实施，有效地促进了湖北省高校国家重点学科的建设与发展，促进了国家重点学科数量的增长、内涵的提升。

（二）湖北高校国家重点学科现状分析

湖北高校国家重点学科经过多年的建设，取得了明显的进步与建设成效，下面主要从国家重点学科数量、结构和布局三方面对湖北省国家重点学科现状予以分析。

1. 国家重点学科数量

2007年8月教育部发布了《教育部关于公布国家重点学科名单的通知》（教育部教研函〔2007〕4号），在此轮国家重点学科评选工作中，全国共评选出286个一级学科国家重点学科和677个二级学科国家重点学科。湖北高校有一级学科国家重点学科17个、二级学科国家重点学科126个（含一级学科覆盖的68个二级学科），仅次于北京、上海和江苏，居全国第四位。

2. 国家重点学科结构

（1）学科结构

湖北高校17个一级学科国家重点学科主要分布在：工学12个，占总量的70.59%；理学2个，占总量的11.76%；经济学、农学和管理学各1个，分占总量的5.88%。湖北高校126个二级学科国家重点学科主要分布在：工学50个，占总量的39.68%；理学26个，占总量的20.63%；经济学11个，占总量的8.73%；法学7个，占总量的5.56%；管理学6个，占总量的4.76%。详见表4-1所示。

表4-1　湖北高校国家重点学科按门类分布统计情况

学科门类及代码	一级学科		二级学科	
	数量（个）	所占比例（%）	数量（个）	所占比例（%）
01 哲学	0	0	2	1.59
02 经济学	1	5.88	11	8.73

03 法学	0	0	7	5.56
04 教育学	0	0	2	1.59
05 文学	0	0	2	1.59
06 历史学	0	0	3	2.38
07 理学	2	11.76	26	20.63
08 工学	12	70.59	50	39.68
09 农学	1	5.88	6	4.76
10 医学	0	0	9	7.14
11 军事学	0	0	2	1.59
12 管理学	1	5.88	6	4.76
合计	17	100	126	100

注：数据来源于中华人民共和国教育部网站（http://www.moe.edu.cn）。

　　湖北省现有国家重点学科覆盖了《授予博士、硕士学位和培养研究生的学科、专业目录》（以下简称《学科目录》）全部 12 个门类。其中，17 个一级学科国家重点学科覆盖了《学科目录》89 个一级学科中的 16 个，覆盖率为 17.98%；126 个二级学科国家重点学科覆盖了《学科目录》386 个二级学科中的 106 个，覆盖率为 27.46%。

　　（2）层次结构

　　① "985" 工程重点建设高校国家重点学科分布情况

　　湖北省进入 "985" 工程重点建设的高校（以下简称 "985" 高校）有武汉大学和华中科技大学 2 所。这 2 所 "985" 高校共有一级学科国家重点学科 12 个，占全省总量的 70.59%；共有二级学科国家重点学科 86 个（含一级学科覆盖），占全省总量的 68.25%；平均每所高校有一级学科国家重点学科 6 个，二级学科国家重点学科 43 个。详见表 4-2 所示。

　　② "211" 工程重点建设高校国家重点学科分布情况

　　湖北省进入 "211" 工程重点建设的高校（以下简称 "211" 高校）有武汉大学、华中科技大学、中国地质大学、武汉理工大学、华中师范大学、华中农业大学和中南财经政法大学 7 所。这 7 所高校共有一级学科国家重点学科

17个，占全省总量的100%；二级学科国家重点学科121个，占全省总量的96.03%；平均每所高校有一级学科国家重点学科2.43个，二级学科国家重点学科17.29个。详见表4-2所示。

③其他高校国家重点学科分布情况

湖北省其他高校仅有国家重点学科5个，并且全部为二级学科国家重点学科，占全省总量的3.97%。详见表4-2所示。

表4-2 湖北省国家重点学科按高校层次分布情况

学校类型	一级学科		二级学科	
	数量（个）	所占比例（%）	数量（个）	所占比例（%）
"985"高校	12	70.59	86	68.25
"211"高校	17	100	121	96.03
其他高校	0	0	5	3.97

注：数据来源于中华人民共和国教育部网站（http://www.moe.edu.cn）。

（3）管理部门结构

到2010年，湖北省共有高校120多所，其中部委属高校12所，分别为：武汉大学、华中科技大学、中国地质大学、武汉理工大学、华中师范大学、华中农业大学、中南财经政法大学、中南民族大学、海军工程大学、军事经济学院、通信指挥学院和第二炮兵指挥学院，其余为地方院校。目前，湖北省的国家重点学科全部集中在其中11所部委属高校中（地方高校没有学科入选国家重点学科），其中一级学科国家重点学科17个，二级学科国家重点学科126个；平均每所高校有一级学科国家重点学科1.55个，二级学科国家重点学科11.45个。详见表4-3所示。

表4-3 湖北省国家重点学科按管理部门分布情况

管理部门	涉及高校数（所）	一级学科		二级学科	
		数量（个）	所占比例（%）	数量（个）	所占比例（%）
中央部委	11	17	100	126	100
地方政府	0	0	0	0	0

注：数据来源于中华人民共和国教育部网站（http://www.moe.edu.cn）。

3.学科布局

（1）按行政区划分布情况

湖北省国家重点学科按所在行政区划分布统计，现有国家重点学科全部分布在武汉市，学科布局高度集中。

（2）在高校间分布情况

湖北省国家重点学科按所在高校分布统计，现有国家重点学科共分布于11所高校中。一级学科国家重点学科超过5个的高校，仅有华中科技大学；一级学科国家重点学科为1—5个的高校有4个，分别为武汉大学、中国地质大学、武汉理工大学和华中农业大学；仅有二级学科国家重点学科的高校有6个，分别为华中师范大学、中南财经政法大学、海军工程大学、军事经济学院、通信指挥学院和第二炮兵指挥学院。详见表4-4所示。

表4-4 湖北省国家重点学科按单位分布情况

单位名称	一级学科		二级学科	
	数量（个）	比例（%）	数量（个）	比例（%）
武汉大学	5	29.41	46	36.51
华中科技大学	7	41.18	40	31.75
中国地质大学	2	11.76	8	6.35
武汉理工大学	2	11.76	7	5.56
华中农业大学	1	5.88	8	6.35
华中师范大学	0	0	8	6.35
中南财经政法大学	0	0	4	3.17
海军工程大学	0	0	2	1.59
军事经济学院	0	0	1	0.79
通信指挥学院	0	0	1	0.79
第二炮兵指挥学院	0	0	1	0.79
合计	17	100	126	100

注：数据来源于中华人民共和国教育部网站（http://www.moe.edu.cn）。

二、湖北省高校省级重点学科建设现状

为提升湖北省高等教育实力和水平，强化湖北省重点学科体系建设，2012年和2013年，湖北省教育厅分别对湖北省省属高校和在鄂部属高校进行了新一轮湖北省重点学科遴选，在湖北省省属高校中遴选出178个省级重点学科，部委高校中遴选出175个省级重点学科。

（一）湖北省省级重点学科数量

目前，湖北全省高校共有省级重点学科353个，其中部委高校175个，全部为重点学科；省属高校178个，共分优势学科、特色学科和重点培育学科3个层次，其中优势学科14个，特色学科79个，重点培育学科85个。

（二）湖北省省级重点学科结构

1.学科结构

353个省级重点学科按学科门类分布情况为：哲学4个，占总量的1.13%；经济学17个，占总量的4.82%；法学28个，占总量的7.93%；教育学16个，占总量的4.53%；文学27个，占总量的7.65%；历史学6个，占总量的1.70%；理学45个，占总量的12.75%；工学126个，占总量的35.69%；农学14个，占总量的3.97%；医学24个，占总量的6.80%；管理学32个，占总量的9.07%；艺术学14个，占总量的3.97%。详见表4-5所示。

表4-5　湖北省省级重点学科点按门类分布统计情况

学科门类代码及名称	数量（个）	所占比例（%）
01 哲学	4	1.13
02 经济学	17	4.82
03 法学	28	7.93
04 教育学	16	4.53
05 文学	27	7.65
06 历史学	6	1.70
07 理学	45	12.75
08 工学	126	35.69
09 农学	14	3.97

10 医学	24	6.80
11 军事学	0	0.00
12 管理学	32	9.07
13 艺术学	14	3.97
合计	353	100

注：数据来源于湖北省人民政府学位委员会办公室。

湖北省现有省级重点学科共覆盖了《学科专业目录》（2011 年版）13 个门类中的 12 个（军事学门类不设省级重点学科），353 个省级重点学科覆盖了《学科目录》110 个一级学科中的 88 个，覆盖率为 80.00%，尚有 22 个一级学科无省级重点学科。

2. 层次结构

湖北省进入"985 工程"重点建设的高校（以下简称"985 工程"高校）有武汉大学和华中科技大学 2 所。此两所"985"高校共有省级重点学科 70 个，占总量的 19.83%，平均每所高校 35 个。湖北省进入"211 工程"重点建设的高校（以下简称"211 工程"高校）有武汉大学、华中科技大学、中国地质大学、武汉理工大学、华中师范大学、华中农业大学和中南财经政法大学 7 所。5 所高校"211 工程"高校（非"985 工程"高校）共有省级重点学科 85 个，占全省的 24.08%，平均每所高校有省级重点学科 17 个。湖北省其他 49 所高校共有省级重点学科 198 个，占总量的 56.09%，平均每所高校有省级重点学科 4.04 个。详见表 4-6 所示。

表 4-6 湖北省省级重点学科按高校层次分布情况

高校层次	数量（个）	所占比例（%）
"985 工程"高校	70	19.83
"211 工程"高校	85	24.08
其他高校	198	56.09
合计	353	100

注：数据来源于湖北省人民政府学位委员会办公室。

3. 管理部门结构

目前，中央 8 所部委属高校共有省级重点学科 163 个，占总量的 46.18%，平均每所高校有省级重点学科 20.38 个；军队系统 5 所高校有 12 个省级重点学科，占总量的 3.40%，平均每所高校有省级重点学科 2.40 个；地方政府 43 所高校共有省级重点学科（含培育学科）178 个，占总量的 50.42%，平均每所地方院校有 4.14 个（含培育学科）。详见表 4-7 所示。

表 4-7　湖北省省级重点学科按管理部门分布情况

管理部门	涉及高校数（所）	数量（个）	所占比例（%）
中央部委	8	163	46.18
军委系统	5	12	3.40
地方政府	43	178	50.42
合计	56	353	100

注：数据来源于湖北省人民政府学位委员会办公室。

（三）学科布局

1. 按行政区划分布情况

湖北省省级重点学科按所在行政区划分布统计，省级重点学科超过 20 个的地市有 1 个，为武汉市，共有省级重点学科 283 个，占总量的 80.17%；省级重点学科在 10—20 个的地市有 3 个，为荆州、宜昌和黄石，有省级重点学科 16 个、11 个和 10 个，分别占全省总量的 4.53%、3.12% 和 2.83%；省级重点学科数量不足 10 个的地市有 7 个，为恩施、十堰、黄冈、咸宁、襄阳、孝感和荆门，有省级重点学科 7 个、7 个、5 个、4 个、4 个、4 个和 2 个，分别占全省总量的 1.98%、1.98%、1.42%、1.13%、1.13%、1.13% 和 0.57%；没有省级重点学科的地市有 6 个，分别为鄂州、随州、仙桃、潜江、天门和神农架。详见表 4-8 所示。

表 4-8　湖北省省级重点学科按行政区划分布情况

所在地区	数量（个）	所占比例（%）
武汉	283	80.17
黄石	10	2.83
襄阳	4	1.13

荆州	16	4.53
宜昌	11	3.12
黄冈	5	1.42
鄂州	0	0.00
十堰	7	1.98
孝感	4	1.13
荆门	2	0.57
咸宁	4	1.13
随州	0	0.00
恩施	7	1.98
仙桃	0	0.00
潜江	0	0.00
天门	0	0.00
神农架	0	0.00
合计	353	100

注：数据来源于湖北省人民政府学位委员会办公室。

2. 在高校间分布情况

湖北省现有省级重点学科共涉及 56 所高校。按在高校间分布统计，省级重点学科数量超过 30 个的高校，有武汉大学和华中科技大学 2 所；省级重点学科数量在 20—30 的高校有 2 所，分别为武汉理工大学和华中师范大学；省级重点学科数量在 10—20 的高校有 8 所，分别为中国地质大学、湖北大学、长江大学、武汉科技大学、华中农业大学、三峡大学、中南财经政法大学和武汉工程大学；省级重点学科数量低于 10 个的高校有 44 所，包括湖北工业大学、中南民族大学、武汉纺织大学等。详见表 4-9 所示。

表 4-9 湖北省省级重点学科在高校间布局情况

单位名称	数量（个）	比例（%）
武汉大学	36	10.20
华中科技大学	34	9.63
武汉理工大学	24	6.80
华中师范大学	22	6.23
中国地质大学	16	4.53
湖北大学	16	4.53
长江大学	16	4.53
武汉科技大学	15	4.25
华中农业大学	13	3.68
三峡大学	11	3.12
中南财经政法大学	10	2.83
武汉工程大学	10	2.83
湖北工业大学	9	2.55
中南民族大学	8	2.27
武汉纺织大学	8	2.27
武汉轻工大学	7	1.98
湖北民族学院	7	1.98
海军工程大学	7	1.98
湖北师范学院	6	1.70
江汉大学	5	1.42
黄冈师范学院	5	1.42
武汉体育学院	4	1.13
湖北文理学院	4	1.13
湖北汽车工业学院	4	1.13

湖北理工学院	4	1.13
湖北科技学院	4	1.13
湖北经济学院	4	1.13
湖北工程学院	4	1.13
湖北中医药大学	3	0.85
湖北医药学院	3	0.85
湖北美术学院	3	0.85
湖北第二师范学院	3	0.85
军事经济学院	2	0.57
荆楚理工学院	2	0.57
湖北省委党校	2	0.57
长江工商学院	2	0.57
中国地质大学江城学院	1	0.28
武汉音乐学院	1	0.28
武汉生物工程学院	1	0.28
武汉理工大学华夏学院	1	0.28
武汉科技大学城市学院	1	0.28
武汉工程大学邮电与信息工程学院	1	0.28
武汉东湖学院	1	0.28
武昌理工学院	1	0.28
武昌工学院	1	0.28
空军预警学院	1	0.28
华中师范大学武汉传媒学院	1	0.28
华中农业大学楚天学院	1	0.28
华中科技大学武昌分校	1	0.28

华中科技大学文华学院	1	0.28
湖北省社会科学院	1	0.28
湖北警官学院	1	0.28
湖北工业大学商贸学院	1	0.28
汉口学院	1	0.28
国防信息学院	1	0.28
第二炮兵指挥学院	1	0.28
合计	353	100

注：数据来源于湖北省人民政府学位委员会办公室。

第二节　湖北省高校学位授权单位和学位授权点建设现状

自 1981 年颁布《中华人民共和国学位条例》以来，国务院学位委员会先后组织开展了十一批博士、硕士学位授权审核工作。第一批学位授权审核工作后，湖北仅有博士学位授权单位 9 个，硕士学位授权单位 19 个，二级学科博士点 39 个，二级学科硕士点 163 个。此后十批学位审核工作中，学位授权单位和学位授权点数量快速增长。截止 2015 年，全省有博士学位授权单位 29 个、硕士学位授权单位 54 个；有一级学科博士点 176 个，二级学科博士点 35 个（不含自设学科）；有一级学科硕士点 300 个，二级学科硕士点 129 个（不含自设学科）。在发展过程中，湖北省学科结构得到不断优化，基本构建了门类齐全、科类结构比例和布局相对合理的学位授权体系。

一、湖北省学位授权单位情况

湖北省现有学位授权单位 83 个，其中博士学位授权单位 29 个，硕士学位授权单位 54 个。博士学位授权单位 29 个，其中高校为 20 个，占总量的 68.97%；科研院所 9 个，占总量的 31.03%。博士学位授权单位数和具有授权的高校数均排在全国第四位，仅次于北京、上海、江苏。硕士学位授权单位 54 个，其中高校为 31 个，占总量的 57.41%；科研院所 23 个，占总量的 42.59%。硕士学位授权单位数和具有授权的高校数均排在全国第五位，位居北京、辽宁、江苏、山东之后。湖北省博士、硕士学位授权单位数在全国具有明显的比较优势，是我国重要的研究生培养基地。

（一）学位授权单位在不同类型高校间的分布

根据学校性质的不同，高校可以分为 11 个类型：1. 综合性大学；2. 理工类院校；3. 文史语言类院校；4. 师范类院校；5. 军事类院校；6. 财经类院校；7. 农林水类院校；8. 医药类院校；9. 政法类院校；10. 艺术类院校和体育类院校；11. 特殊类型学校。

湖北省博士学位授权单位（高校）20 个，其中综合性大学 8 个，占总量的 40%；理工类院校 1 个，占总量的 5%；师范类院校 1 个，占总量的 5%；军事类院校 5 个，占总量的 25%；财经类院校、农林水类院校、医药类院校、艺术类院校和体育类院校和特殊类型学校各 1 个，分别占总量的 5%；文史语言类院校和政法类院校没有。

湖北省硕士学位授权单位（高校）31 个，其中综合性大学 8 个，占总量的 25.81%；理工类院校 6 个，占总量的 19.35%；师范类院校 3 个，占总量的 9.68%；军事类院校 5 个，占总量的 16.13%；财经类院校 2 个，占总量的 6.45%；农林水类院校和医药类院校各 1 个，分别占总量的 3.23%；艺术类院校和体育类院校 3 个，占总量的 9.68%；特殊类型学校 2 个，占总量的 6.45%；文史语言类院校和政法类院校没有。详见表 4-10 所示。

表 4-10　湖北省学位授权单位在不同学校类型间分布情况

学校类型	博士学位授权单位		硕士学位授权单位	
	数量（个）	比例（%）	数量（个）	比例（%）
综合性	8	40	8	25.81
理工类	1	5	6	19.35
文史类	0	0	0	0.00
师范类	1	5	3	9.68
军事类	5	25	5	16.13
财经类	1	5	2	6.45

农林类	1	5	1	3.23
医药类	1	5	1	3.23
政法类	0	0	0	0.00
艺体类	1	5	3	9.68
特殊类	1	5	2	6.45
合　计	20	100	31	100

注：数据来源于湖北省人民政府学位委员会办公室。

（二）学位授权单位在不同层次高校间的分布

湖北省博士学位授权单位（高校）20个，其中"985工程"高校2个，占总量的10.00%；"211工程"高校7个，占总量的35.00%；其他高校13个，占总量的65.00%。硕士学位授权单位（高校）31个，其中"985工程"高校2个，占总量的6.45%；"211工程"高校7个，占总量的22.58%；其他高校24个，占总量的77.42%。详见表4-11所示。

表4-11　湖北省学位授权单位按高校层次分布情况

学校类型	博士学位授权单位		硕士学位授权单位	
	数量（个）	所占比例（%）	数量（个）	所占比例（%）
"985工程"高校	2	10.00	2	6.45
"211工程"高校	7	35.00	7	22.58
其他高校	13	65.00	24	77.42

注：数据来源于湖北省人民政府学位委员会办公室。

（三）学位授权单位在不同主管部门的布局

湖北省博士学位授权单位（高校）20个，其中部委属高校8个，占总量的40.00%；省属高校7个，占总量的35.00%；军队高校5个，占总量的25.00%。硕士学位授权单位（高校）31个，其中部委属高校8个，占总量的25.81%；省属高校18个，占总量的58.06%；军队高校5个，占总量的16.13%。详见表4-12所示。

表 4-12　湖北省学位授权单位（高校）在主管部门间分布情况

主管部门	博士学位授权单位		硕士学位授权单位	
	数量（个）	所占比例（%）	数量（个）	所占比例（%）
部委属高校	8	40.00	8	25.81
省属高校	7	35.00	18	58.06
军队高校	5	25.00	5	16.13
合　计	20	100.00	31	100.00

注：数据来源于湖北省人民政府学位委员会办公室。

二、湖北省学术型博士学位授权点情况

（一）博士学位授权点数量

湖北省现有一级学科博士点 180 个，二级学科博士点 35 个（不含一级学科覆盖，不含自设学科）。

（二）学科授权点结构

1.学科结构

180 个一级学科博士点按学科门类分布情况为：哲学 2 个，占总量的 1.11%；经济学 8 个，占总量的 4.44%；法学 9 个，占总量的 5.00%；教育学 5 个，占总量的 2.78%；文学 7 个，占总量的 3.89%；历史学 6 个，占总量的 3.33%；理学 25 个，占总量的 13.89%；工学 76 个，占总量的 42.22%；农学 8 个，占总量的 4.44%；医学 11 个，占总量的 6.11%；军事学 7 个，占总量的 3.89%；管理学 14 个，占总量的 7.78%；艺术学 2 个，占总量的 1.11%。详见表 4-13 所示。

表 4-13　湖北省博士学位授权点按门类分布统计情况

学科门类代码及名称	一级学科博士点		二级学科博士点	
	数量（个）	比例（%）	数量（个）	比例（%）
01 哲学	2	1.11	3	8.57
02 经济学	8	4.44	2	5.71
03 法学	9	5.00	6	17.14
04 教育学	5	2.78	0	0.00

05 文学	7	3.89	2	5.71
06 历史学	6	3.33	0	0.00
07 理学	25	13.89	5	14.29
08 工学	76	42.22	7	20.00
09 农学	8	4.44	1	2.86
10 医学	11	6.11	2	5.71
11 军事学	7	3.89	2	5.71
12 管理学	14	7.78	5	14.29
13 艺术学	2	1.11	0	0.00
合计	180	100.00	35	100.00

注：数据来源于湖北省人民政府学位委员会办公室。

35个二级学科博士点按学科门类分布情况为：哲学3个，占总量的8.57%；经济学2个，占总量的5.71%；法学6个，占总量的17.14%；文学2个，占总量的5.71%；理学5个，占总量的14.29%；工学7个，占总量的20.00%；农学1个，占总量的2.86%；医学2个，占总量的5.71%；军事学2个，占总量的5.71%；管理学5个，占总量的14.29%；教育学、历史学和历史学没有二级学科博士点。详见表4-13所示。

湖北省现有博士学位授权点覆盖了《学科专业目录》中的全部13个学科门类。其中，180个一级学科博士点覆盖了《学科专业目录》（2013年版）110个一级学科中的86个，覆盖率为78.18%。

2. 层次结构

湖北省2所"985"高校共有一级学科博士点83个，占总量的46.11%；二级学科博士点6个（不含一级学科下覆盖二级学科点，下同），占总量的17.14%；平均每所高校有一级学科博士点41.5个，二级学科博士点3个。

湖北省7所"211"高校共有一级学科博士点144个，占总量的80.00%；二级学科博士点22个，占总量的62.86%；平均每所高校有一级学科博士点20.57个，二级学科博士点3.14个。

湖北省其他13所博士学位授权单位（含1个科研院所的1个二级学科博士点）共有一级学科博士点36个，占总量的20.00%；二级学科博士点13个，占总量的 37.14%；平均每所博士学位授权单位有一级学科博士点 2.77 个，二级学科博士点 1 个。详见表 4-14 所示。

表 4-14 湖北省博士学位授权点按层次分布情况

学校类型	一级学科学位授权点		二级学科学位授权点	
	数量（个）	所 占 比 例（％）	数量（个）	所 占 比 例（％）
"985 工程" 高校	83	46.11	6	17.14
"211 工程" 高校	144	80.00	22	62.86
其他单位	36	20.00	13	37.14

注：数据来源于湖北省人民政府学位委员会办公室。

3. 管理部门结构

目前，8 所部委属高校共有一级学科博士点 145 个、二级学科博士点 22 个，分别占总量的 80.56% 和 62.86%，平均每所高校有一级学科博士点 18.13 个，二级学科博士点 2.75 个；7 所省属高校共有一级学科博士点 22 个、二级学科博士点 5 个，分别占总量的 12.22% 和 14.29%，平均每所高校有一级学科博士点 3.14 个，二级学科博士点 0.71 个；5 所军队高校共有一级学科博士点 13 个、二级学科博士点 5 个，分别占总量的 7.22% 和 20.00%，平均每所高校有一级学科博士点 2.60 个，二级学科博士点 1.40 个；1 家科研院所有二级学科博士点 1 个（无一级学科博士点），占总量的 2.86%。详见表 4-15 所示。

表 4-15 湖北省博士学位授权点按管理部门分布情况

管理部门	涉及高校数（所）	一级学科		二级学科	
		数量（个）	所占比例（％）	数量（个）	所占比例（％）
中央部委	8	145	80.56	22	62.86
地方政府	7	22	12.22	5	14.29
军队	5	13	7.22	7	20.00
科研院所	1	0	0.00	1	2.86
合计	21	180	100.00	35	100.00

注：数据来源于湖北省人民政府学位委员会办公室。

（三）博士学位的学科授权点布局

1. 按行政区划分布情况

湖北省一级学科博士学位点按所在行政区划分布统计，集中在武汉、荆州和宜昌三个地市，其中武汉市有一级学科博士点 175 个，占总量的 97.22%；荆州地区有 3 个，占总量的 1.67%；宜昌市有 2 个，占总量的 1.11%，其他地市没有一级学科博士点。二级学科博士点按所在行政区划分布来看，全部集中在武汉，共有 35 个，其他地市州没有二级博士学位授权点。详见表 4-16 所示。

表 4-16 湖北省博士学位授权点按行政区划分布情况

所在地区	一级学科		二级学科	
	数量（个）	所占比例（%）	数量（个）	所占比例（%）
武汉	175	97.22	35	100
黄石	0	0	0	0
襄阳	0	0	0	0
荆州	3	1.67	3	
宜昌	2	1.11	0	0
黄冈	0	0	0	0
鄂州	0	0	0	0
十堰	0	0	0	0
孝感	0	0	0	0
荆门	0	0	0	0
咸宁	0	0	0	0
随州	0	0	0	0
恩施	0	0	0	0
仙桃	0	0	0	0
潜江	0	0	0	0
天门	0	0	0	0
神农架	0	0	0	0
合计	180	100	35	100

注：数据来源于湖北省人民政府学位委员会办公室。

2. 在单位间分布情况

湖北省博士学位授权点分布在 20 所高校和 1 所科研院所之中。按在单位间分布统计，一级学科博士点超过 20 个的单位有 2 家，分别为武汉大学和华中科技大学；一级学科博士学位授权点 10—19 个的，有 4 家，分别为中国地质大学、武汉理工大学、华中农业大学和华中师范大学；一级学科博士点 1—9 个的有 14 个，分别为武汉科技大学、长江大学、武汉工程大学、湖北中医药大学、湖北大学、中南财经政法大学、武汉体育学院、中南民族大学、三峡大学、国防信息学院、军事经济学院、海军工程大学、空军预警学院和第二炮兵指挥学院。35 个二级学科博士点分布在 12 所高校和 1 个科研单位，12 所高校分别为武汉大学、华中科技大学、中国地质大学、武汉理工大学、华中农业大学、华中师范大学、湖北大学、中南财经政法大学、军事经济学院、海军工程大学、空军预警学院、第二炮兵指挥学院，1 个科研单位为武汉生物制品研究所。详见表 4-17 所示。

表 4-17 湖北省博士学位授权点在单位间布局情况

学位授权单位	一级学科		二级学科	
	数量（个）	所占比例（%）	数量（个）	所占比例（%）
武汉大学	43	23.89	3	8.57
华中科技大学	40	22.22	3	8.57
武汉科技大学	7	3.89	0	0.00
长江大学	3	1.67	0	0.00
武汉工程大学	2	1.11	0	0.00
中国地质大学	13	7.22	2	5.71
武汉理工大学	15	8.33	4	11.43
华中农业大学	13	7.22	1	2.86
湖北中医药大学	2	1.11	0	0.00
华中师范大学	14	7.78	8	22.86
湖北大学	5	2.78	5	14.29
中南财经政法大学	6	3.33	1	2.86

武汉体育学院	1	0.56	0	0.00
中南民族大学	1	0.56	0	0.00
三峡大学	2	1.11	0	0.00
国防信息学院	1	0.56	0	0.00
军事经济学院	2	1.11	1	2.86
海军工程大学	5	2.78	4	11.43
空军预警学院	2	1.11	1	2.86
第二炮兵指挥学院	3	1.67	1	2.86
武汉生物制品研究所	0	0.00	1	2.86
合计	180	100.00	35	100.00

注：数据来源于湖北省人民政府学位委员会办公室。

三、湖北省学术型硕士学位授权点情况

（一）硕士学位授权点数量

湖北省现有一级学科硕士点 298 个（不含一级学科博士点覆盖），二级学科硕士点 129 个（不含一级学科点覆盖，不含自设学科，下同）。

（二）硕士学位的学科授权点结构

1. 学科结构

298 个一级学科硕士点按学科门类分布情况为：哲学 5 个，占总量的 1.68%；经济学 8 个，占总量的 2.68%；法学 26 个，占总量的 8.72%；教育学 13 个，占总量的 4.36%；文学 18 个，占总量的 6.04%；历史学 3 个，占总量的 1.01%；理学 47 个，占总量的 15.77%；工学 97 个，占总量的 32.55%；农学 4 个，占总量的 1.34%；医学 16 个，占总量的 5.37%；军事学 14 个，占总量的 4.70%；管理学 32 个，占总量的 10.74%；艺术学 15 个，占总量的 5.03%。详见表 4-18 所示。

129 个二级学科硕士点按学科门类分布情况为：哲学 5 个，占总量的 3.88%；经济学 13 个，占总量的 10.08%；法学 17 个，占总量的 13.18%；教育学 8 个，占总量的 6.20%；文学 7 个，占总量的 5.43%；历史学 5 个，占总量的 3.88%；

理学 10 个，占总量的 7.75%；工学 37 个，占总量的 28.68%；农学 4 个，占总量的 3.10%；医学 7 个，占总量的 5.43%；军事学 8 个，占总量的 6.20%；管理学 8 个，占总量的 6.20%；艺术学没有二级学科硕士点。详见表 4-18 所示。

表 4-18 湖北省硕士学位授权点按门类分布统计情况

学科门类代码及名称	一级学科硕士点		二级学科硕士点	
	数量（个）	比例（%）	数量（个）	比例（%）
01 哲学	5	1.68	5	3.88
02 经济学	8	2.68	13	10.08
03 法学	26	8.72	17	13.18
04 教育学	13	4.36	8	6.20
05 文学	18	6.04	7	5.43
06 历史学	3	1.01	5	3.88
07 理学	47	15.77	10	7.75
08 工学	97	32.55	37	28.68
09 农学	4	1.34	4	3.10
10 医学	16	5.37	7	5.43
11 军事学	14	4.70	8	6.20
12 管理学	32	10.74	8	6.20
13 艺术学	15	5.03	0	0.00
合计	298	100.00	129	100.00

注：数据来源于湖北省人民政府学位委员会办公室。

湖北省现有硕士学位授权点覆盖了《学科目录》中的全部 13 个学科门类，其中 298 个一级学科硕士点覆盖了《学科目录》110 个一级学科中的 80 个，覆盖率达 72.73%；129 个二级学科硕士点覆盖了《学科目录》（1999 年版）386 个二级学科中的 89 个，覆盖率达 23.06%。

2. 层次结构

湖北省 2 所"985"高校共有一级学科硕士点 29 个，占总量的 9.73%；二级学科硕士点 5 个，占总量的 3.88%；平均每所高校有一级学科硕士点 14.5

个，二级学科硕士点 2.5 个。

湖北省 7 所 "211" 高校共有一级学科硕士点 111 个，占总量的 37.25%；二级学科硕士点 36 个，占总量的 27.91%；平均每所高校有一级学科硕士点 15.86 个，二级学科硕士点 5.14 个。

湖北省其他 24 所高校共有一级学科硕士点 183 个，占总量的 61.41%；二级学科硕士点 75 个，占总量的 58.14%；平均每所高校有一级学科硕士点 7.63 个，二级学科硕士点 3.13 个。

湖北省其他 8 家科研院所共有一级学科硕士点 4 个；二级学科硕士点 18 个，分别占总量的 1.34% 和 13.95%；平均每家科研院所一级学科硕士点 0.50 个、二级学科硕士点 2.25 个。详见表 4-19 所示。

表 4-19　湖北省硕士学位授权点按层次分布情况

学校类型	一级学科学位授权点		二级学科学位授权点	
	数量（个）	所占比例（%）	数量（个）	所占比例（%）
"985" 高校	29	9.73	5	3.88
"211" 高校	111	37.25	36	27.91
其他高校	183	61.41	75	58.14
科研院所	4	1.34	18	13.95

注：数据来源于湖北省人民政府学位委员会办公室。

3. 管理部门结构

目前，8 所部委属高校共有一级学科硕士点 129 个，二级学科硕士点 45 个，分别占总量的 43.29% 和 34.88%，平均每所高校有一级学科硕士点 16.13 个，二级学科硕士点 5.63 个；5 所军队院校共有一级学科硕士点 26 个，二级学科硕士点 22 个，分别占总量的 8.72% 和 17.05%，平均每所高校有一级学科硕士点 5.20 个，二级学科硕士点 4.40 个；18 所省属高校共有一级学科硕士点 139 个，二级学科硕士点 44 个，分别占总量的 46.64% 和 34.11%，平均每所高校有一级学科硕士点 7.72 个，二级学科硕士点 2.44 个；其他 8 家科研院所共有一级学科硕士点 4 个，二级学科硕士点 18 个，分别占总量的 1.34% 和 13.95%；平均每家科研院所一级学科硕士点 0.50 个、二级学科硕士点 2.25 个。详见表 4-20 所示。

表 4-20　湖北省硕士学位授权点按管理部门分布情况

管理部门	涉及高校数（所）	一级学科		二级学科	
		数量（个）	所占比例（%）	数量（个）	所占比例（%）
中央部委	8	129	43.29	45	34.88
军队	5	26	8.72	22	17.05
地方政府	18	139	46.64	44	34.11
科研院所	8	4	1.34	18	13.95

注：数据来源于湖北省人民政府学位委员会办公室。

（三）学科授权点布局

1. 按行政区划分布情况

湖北省一级学科硕士学位点按所在行政区划分布统计，武汉市有 249 个，占总量的 83.56%；黄石市有 6 个，占总量的 2.01%；荆州地区有 20 个，占总量的 6.71%；宜昌市有 18 个，占总量的 6.04%；恩施地区有 5 个，占总量的 1.68%，其他地市州无一级学科硕士点。二级学科硕士点按所在行政区划分布统计，武汉市有 115 个，占总量的 89.15%；襄阳市有 1 个，占总量的 0.78%；荆州地区有 8 个，占总量的 6.20%；宜昌市有 4 个，占总量的 3.10%；恩施地区有 1 个，占总量的 0.78%，其他地市州无二级学科硕士点。详见表 4-21 所示。

表 4-21　湖北省硕士学位授权点按行政区划分布情况

所在地区	一级学科		二级学科	
	数量（个）	所占比例（%）	数量（个）	所占比例（%）
武汉	249	83.56	115	89.15
黄石	6	2.01	0	0.00
襄阳	0	0.00	1	0.78
荆州	20	6.71	8	6.20
宜昌	18	6.04	4	3.10
黄冈	0	0.00	0	0.00
鄂州	0	0.00	0	0.00

十堰	0	0.00	0	0.00
孝感	0	0.00	0	0.00
荆门	0	0.00	0	0.00
咸宁	0	0.00	0	0.00
随州	0	0.00	0	0.00
恩施	5	1.68	1	0.78
仙桃	0	0.00	0	0.00
潜江	0	0.00	0	0.00
天门	0	0.00	0	0.00
神农架	0	0.00	0	0.00
合计	298	100.00	129	100.00

注：数据来源于湖北省人民政府学位委员会办公室。

2. 在单位间分布情况

湖北省硕士学位授权点分布在 28 所高校和 8 所科研院所之中。按在单位间分布统计，一级学科硕士点超过 20 个的单位有 3 家，分别为中国地质大学、武汉理工大学和长江大学；一级学科硕士点 10—19 的单位有 11 家，分别为武汉大学、华中科技大学、华中师范大学、中南民族大学、海军工程大学、湖北大学、武汉科技大学、湖北工业大学、武汉工程大学、三峡大学和武汉纺织大学；一级学科低于 10 个的单位有 17 家。二级学科硕士点超过 10 个的没有，5—9 个的有 12 家，分别为中国地质大学、武汉理工大学、华中师范大学、华中农业大学、中南民族大学、海军工程大学、国防信息学院、湖北大学、武汉科技大学、长江大学、武汉工程大学和湖北省社会科学院，另有 21 所高校和科研单位二级学科数量在 1—4 个之间。详见表 4-22 所示。

表 4-22　湖北省硕士学位授权点在单位间布局情况

学位授权单位	一级学科		二级学科	
	数量（个）	所占比例（%）	数量（个）	所占比例（%）
武汉大学	15	5.03	4	3.10

续表

华中科技大学	14	4.70	1	0.78
中国地质大学	25	8.39	5	3.88
武汉理工大学	23	7.72	6	4.65
华中师范大学	19	6.38	9	6.98
华中农业大学	6	2.01	9	6.98
中南财经政法大学	9	3.02	2	1.55
中南民族大学	18	6.04	9	6.98
海军工程大学	11	3.69	7	5.43
军事经济学院	4	1.34	2	1.55
空军预警学院	4	1.34	3	2.33
国防信息学院	4	1.34	7	5.43
第二炮兵指挥学院	3	1.01	3	2.33
湖北大学	18	6.04	9	6.98
武汉科技大学	13	4.36	6	4.65
长江大学	20	6.71	8	6.20
湖北中医药大学	3	1.01	1	0.78
武汉体育学院	2	0.67	2	1.55
湖北工业大学	18	6.04	3	2.33
武汉工程大学	11	3.69	5	3.88
三峡大学	18	6.04	4	3.10
湖北美术学院	3	1.01	0	0.00
武汉音乐学院	1	0.34	1	0.78
武汉轻工大学	8	2.68	2	1.55
武汉纺织大学	11	3.69	1	0.78
湖北师范学院	6	2.01	0	0.00
湖北民族学院	5	1.68	1	0.78

续表

江汉大学	2	0.67	1	0.78
中共湖北省委党校	1	0.34	3	2.33
长江科学院	2	0.67	0	0.00
武汉邮电科学研究院	1	0.34	2	1.55
武汉生物制品研究所	0	0.00	1	0.78
湖北省社会科学院	0	0.00	7	5.43
武汉安全环保研究院	0	0.00	2	1.55
武汉材料保护研究所	0	0.00	2	1.55
中国航天科技集团公司第四研究院	0	0.00	1	0.78
合计	298	100.00	129	100.00

注：数据来源于湖北省人民政府学位委员会办公室。

四、湖北省专业型博士学位授权点情况

（一）博士学位授权点数量

湖北省现有专业学位博士点 8 个，其中口腔医学博士点 1 个，临床医学博士点 3 个，教育博士点 2 个，工程博士点 2 个。

（二）学科授权点结构

1. 学科结构

8 个专业学位博士点按学科门类分布情况为：教育学 2 个，占总量的 25.00%；工学 2 个，占总量的 25.00%；医学 4 个，占总量的 50.00%。详见表 4-23 所示。

表 4-23　湖北省专业学位博士点按门类分布统计情况

学科门类名称	数量（个）	比例（%）
教育学	2	25.00
工学	2	25.00
医学	4	50.00
合计	8	100.00

注：数据来源于湖北省人民政府学位委员会办公室。

专业学位博士点目前有 5 种类型，分别为口腔医学博士、临床医学博士、教育博士、工程博士和兽医博士，目前湖北省专业学位博士点覆盖了其中的 4 种，尚缺兽医博士，覆盖率为 80.00%。

2. 层次结构

湖北省 2 所"985 工程"高校共有专业学位博士点 6 个，占总量的 75.00%，平均每所高校有专业学位博士点 3 个；7 所"211 工程"高校共有专业学位博士点 7 个，占总量的 87.50%，平均每所高校有专业学位博士点 1 个；其他高校只有专业学位博士点 1 个，占总量的 12.50%。详见表 4-24 所示。

表 4-24　湖北省专业学位博士点按层次分布情况

学校类型	数量（个）	所占比例（%）
"985 工程"高校	6	75.00
"211 工程"高校	7	87.50
其他高校	1	12.50

注：数据来源于湖北省人民政府学位委员会办公室。

3. 管理部门结构

目前，中央部委属高校专业学位博士点 7 个，占总量的 87.50%，平均每所高校有专业学位博士点 0.54 个；地方政府所属高校有专业学位博士点 1 个，占总量的 12.50%，平均每所高校有专业学位博士点 0.04 个。详见表 4-25 所示。

表 4-25　湖北省专业学位博士点按管理部门分布情况

管理部门	数量（个）	所占比例（%）
中央部委	7	87.50
地方政府	1	12.50
合 计	8	100.00

注：数据来源于湖北省人民政府学位委员会办公室。

（三）专业学位博士点布局

1. 按行政区划分布情况

湖北省专业学位博士点按所在行政区划分布统计，有专业学位博士点的地市，全部集中在武汉市，共有 8 个；其他地市州没有专业学位博士点。详见表

4-26 所示。

表 4-26　湖北省专业学位博士点按行政区划分布情况

所在地区	数量（个）	所占比例（%）
武汉	8	100
黄石	0	0
襄阳	0	0
荆州	0	0
宜昌	0	0
黄冈	0	0
鄂州	0	0
十堰	0	0
孝感	0	0
荆门	0	0
咸宁	0	0
随州	0	0
恩施	0	0
仙桃	0	0
潜江	0	0
天门	0	0
神农架	0	0
合计	8	100

注：数据来源于湖北省人民政府学位委员会办公室。

2. 在单位间分布情况

湖北省专业学位博士点分布于 4 所高校，其中华中科技大学有 4 个，占总量的 50.00%；武汉大学有 2 个，占总量的 25.00%；华中师范大学有 1 个，占总量的 12.50%；湖北中医药大学有 1 个，占总量的 12.50%。详见表 4-27 所示。

表 4-27　湖北省专业学位博士点在单位间布局情况

授权单位名称	数量（个）	所占比例（%）
武汉大学	2	25.00
华中科技大学	4	50.00
华中师范大学	1	12.50
湖北中医药大学	1	12.50
合计	8	100

注：数据来源于湖北省人民政府学位委员会办公室。

五、湖北省专业型硕士学位授权点情况

（一）硕士学位授权点数量

湖北省现有专业硕士学位点 426 个（工程硕士、农业推广按领域统计）。

（二）硕士学位的学科授权点结构

1. 学科门类结构

426 个专业学位点按学科门类分布情况为：经济学 24 个，占总量的 5.63%；法学 16 个，占总量的 3.76%；教育学 16 个，占总量的 3.76%；文学 28 个，占总量的 6.57%；工学 203 个，占总量的 47.65%；农学 35 个，占总量的 8.22%；医学 23 个，占总量的 5.40%；军事学 4 个，占总量的 0.94%；管理学 63 个，占总量的 14.79%；艺术学 14 个，占总量的 3.29%。详见表 4-28 所示。

表 4-28　湖北省专业学位硕士点按门类分布统计情况

学科门类	数量（个）	比例（%）
经济学	24	5.63
法学	16	3.76
教育学	16	3.76
文学	28	6.57
工学	203	47.65
农学	35	8.22

医学	23	5.40
军事学	4	0.94
管理学	63	14.79
艺术学	14	3.29
合计	426	100.00

注：数据来源于湖北省人民政府学位委员会办公室。

2. 专业类别结构

目前硕士专业学位类别共有 39 种，湖北省现有硕士学位授权点覆盖了其中的 38 种（除警务硕士外）。其中，工程硕士数量最多，达到 196 个，占总量的 46.01%；其次是农业推广，数量为 33 个，占总量的 7.75%；数量在 10—20 之间的有 4 种类别，分别为工商管理硕士、公共管理硕士、艺术硕士和翻译硕士，其他的专业学位类别数量均在 10 个以下。详见表 4-29 所示。

表 4-29　湖北省专业学位硕士点按学科类别分布统计情况

专业类别名称	数量（个）	所占比例（%）
法律硕士专业学位	8	1.88
教育硕士专业学位	7	1.64
工程硕士专业学位（分领域）	196	46.01
建筑学硕士专业学位	3	0.70
临床医学硕士专业学位	8	1.88
工商管理硕士专业学位	15	3.52
高级工商管理硕士专业学位	4	0.94
农业推广硕士专业学位（分领域）	33	7.75
兽医硕士专业学位	1	0.23
公共管理硕士专业学位	13	3.05
口腔医学硕士专业学位	2	0.47
公共卫生硕士专业学位	2	0.47
军事硕士专业学位	4	0.94

续表

会计硕士专业学位	8	1.88
体育硕士专业学位	6	1.41
艺术硕士专业学位	14	3.29
风景园林硕士专业学位	2	0.47
汉语国际教育硕士专业学位	5	1.17
翻译硕士专业学位	12	2.82
社会工作硕士专业学位	8	1.88
金融硕士专业学位	7	1.64
应用统计硕士专业学位	7	1.64
税务硕士专业学位	3	0.70
国际商务硕士专业学位	5	1.17
保险硕士专业学位	2	0.47
资产评估硕士专业学位	5	1.17
应用心理硕士专业学位	2	0.47
新闻与传播硕士专业学位	8	1.88
出版硕士专业学位	2	0.47
文物与博物馆硕士专业学位	1	0.23
城市规划硕士专业学位	2	0.47
林业硕士专业学位	1	0.23
护理硕士专业学位	6	1.41
药学硕士专业学位	3	0.70
中药学硕士专业学位	3	0.70
旅游管理硕士专业学位	4	0.94
图书情报硕士专业学位	3	0.70
工程管理硕士专业学位	8	1.88
审计硕士专业学位	3	0.70
合计	426	100.00

注：数据来源于湖北省人民政府学位委员会办公室。

3. 层次结构

湖北省 2 所 "985" 高校共有专业学位硕士点 107 个，占总量的 25.12%，平均每所高校有专业学位硕士点 53.5 个。湖北省 7 所 "211" 高校共有专业学位硕士点 239 个，占总量的 56.10%，平均每所高校有专业学位硕士点 34.14 个。湖北省其他 25 所高校共有专业学位硕士点 186 个，占总量的 43.66%，平均每所高校有专业学位硕士点 7.44 个。湖北省 1 家科研院所有专业学位硕士点 1 个，占总量的 0.23%。详见表 4-30 所示。

表 4-30 湖北省专业学位硕士点按高校层次分布情况

学校类型	数量（个）	所占比例（%）
"985" 高校	107	25.12
"211" 高校	239	56.10
其他高校	186	43.66
科研院所	1	0.23

注：数据来源于湖北省人民政府学位委员会办公室。

4. 管理部门结构

目前，13 所部委属高校共有专业学位硕士点 269 个，占总量的 63.15%，平均每所高校有专业学位硕士点 20.69 个；19 所省属高校共有专业学位硕士点 156 个，占总量的 36.62%，平均每所高校有专业学位硕士点 8.21 个；1 所科研院所有专业学位硕士点 1 个，占总量的 0.23%。详见表 4-31 所示。

表 4-31 湖北省专业学位硕士点按管理部门分布情况

管理部门	涉及高校数（所）	数量（个）	所占比例（%）
中央部委	13	269	63.15
地方政府	19	156	36.62
科研院所	1	1	0.23
合计	33	426	100.00

注：数据来源于湖北省人民政府学位委员会办公室。

（三）学科授权点布局

1. 按行政区划分布情况

湖北省专业学位硕士点按所在行政区划分布统计，武汉市有 380 个，占总量的 89.20%；黄石市有 3 个，占总量的 0.70%；荆州地区有 22 个，占总量的 5.16%；宜昌市有 11 个，占总量的 2.58%；黄冈地区 1 个，占总量的 0.23%；十堰市有 5 个，占总量的 1.17%；咸宁地区有 1 个，占总量的 0.23%；恩施地区有 3 个，占总量的 0.70%；其他地市州没有专业学位硕士点。详见表 4-32 所示。

表 4-32　湖北省专业学位硕士点按行政区划分布情况

所在地区	数量（个）	所占比例（%）
武汉	380	89.20
黄石	3	0.70
襄阳	0	0.00
荆州	22	5.16
宜昌	11	2.58
黄冈	1	0.23
鄂州	0	0.00
十堰	5	1.17
孝感	0	0.00
荆门	0	0.00
咸宁	1	0.23
随州	0	0.00
恩施	3	0.70
仙桃	0	0.00
潜江	0	0.00
天门	0	0.00
神农架	0	0.00
合计	426	100.00

注：数据来源于湖北省人民政府学位委员会办公室。

2. 在单位间分布情况

湖北省专业硕士学位授权点分布在 32 所高校和 1 所科研院所之中，按在单位间分布统计，专业学位硕士点超过 40 个的单位有 2 家，分别为武汉大学和华中科技大学；专业学位硕士点数量在 20—39 的有 6 家，分别为武汉理工大学、中国地质大学、华中师范大学、武汉科技大学、长江大学和华中农业大学；专业学位硕士点数量在 10—19 的有 9 家，分别为武汉工程大学、武汉纺织大学、武汉轻工大学、湖北工业大学、湖北大学、中南财经政法大学、中南民族大学、三峡大学和海军工程大学；其他 16 个单位的专业学位授权点数量在 1—9 之间。详见表 4-33 所示。

表 4-33　湖北省专业学位硕士点在单位间布局情况

学位授权单位名称	数量（个）	所占比例（%）
武汉大学	54	12.68
华中科技大学	53	12.44
武汉科技大学	24	5.63
长江大学	22	5.16
武汉工程大学	14	3.29
中国地质大学	30	7.04
武汉纺织大学	12	2.82
武汉轻工大学	11	2.58
武汉理工大学	36	8.45
湖北工业大学	16	3.76
华中农业大学	24	5.63
湖北中医药大学	3	0.70
华中师范大学	24	5.63
湖北大学	17	3.99
湖北师范学院	3	0.70
黄冈师范学院	1	0.23
湖北民族学院	3	0.70

中南财经政法大学	18	4.23
武汉体育学院	3	0.70
湖北美术学院	1	0.23
中南民族大学	10	2.35
湖北汽车工业学院	3	0.70
湖北科技学院	1	0.23
湖北医药学院	2	0.47
江汉大学	3	0.70
三峡大学	15	3.52
武汉音乐学院	1	0.23
湖北经济学院	1	0.23
中共湖北省委党校	1	0.23
国防信息学院	1	0.23
海军工程大学	14	3.29
空军预警学院	3	0.70
第二炮兵指挥学院	2	0.47
合计	426	100

注：数据来源于湖北省人民政府学位委员会办公室。

第三节　湖北省高校学科内涵建设现状

　　学科内涵建设主要包括五个方面的内容，即师资队伍、科学研究、人才培养、基地建设和学术交流。自 2011 年以来，湖北省十分重视学科内涵建设并取得显著的成效，各高校瞄准学术发展前沿，把握国家和地方经济建设和社会发展要求，服务于产业升级和技术创新需要，湖北省各高校师资队伍不断壮大，高层次人才明显增加；科研工作得到加强，科技实力显著提高；人才培养规模不断增长，培养质量不断提高；科技创新平台建设投入加大，科研基地不断增加；学术交流日益频繁，国际影响不断增大。

一、师资队伍

高校教师总量增加，整体素质提高。截止 2014 年底，全省高校教职工有 128878 人，其中专任教师 82821 人。与 2011 年相比，教职工总数增加 1515 万人，增长 1.19%；专任教师增加 3869 万人，增长 4.9%；专任教师占教职工总数的比例由 61.99% 到 64.26%，正高职称由 9410 人到 10622 人，副高职称由 23413 人到 25927 人。

拥有一批在国内外有影响的学术大师，截止 2014 年底，拥有中科院和工程院院士 63 人，其中中科院院士 27 人，工程院院士 36 人。如中国科学院院士、中国工程院院士、欧亚科学院院士、武汉大学信息科学专家李德仁教授，中国科学院院士、俄罗斯自然科学院院士、国际高等学校自然科学院院士、中国地质大学地质学专家赵鹏大教授，中国科学院院士、美国国家科学院院士、华中农业大学遗传科学专家张启发教授，武汉大学法学专家马克昌教授，著名史学家、华中师范大学章开沅教授等一批著名学者。此外，还有中国工程院院士、武汉理工大学光纤传感专家姜德生教授，中国工程院院士、武汉理工大学采选矿专家余永富教授，第三世界科学院院士、华中农业大学油菜专家傅延栋教授，中国工程院院士、华中农业大学畜牧专家陈焕春教授等一批为我国工农业生产第一线做出突出贡献的著名专家。

二、科学研究

"十二五"期间，湖北省高校不断加强自主创新能力建设，高校科技实力显著增强，高校产学研用结合不断深化，为湖北发展做出了重要贡献。

（一）科技投入经费

从 2011 年至 2014 年，湖北省高校科技经费较"十一五"期有较大的增幅。2011 年科技总经费为 59.92 亿元，2012 年科技总经费为 68.39 亿元，2013 年科技总经费为 71.20 亿元，2014 年科技总经费为 56.85 亿元，总体呈上升态势。其中，2011 年纵向科技经费为 35.94 亿元，2012 年纵向科技经费为 43.20 亿元，2013 年纵向科技经费为 43.94 亿元，2014 年纵向科技经费为 33.94 亿元。湖北高校科技经费情况详见图 4-1。

图4-1　2011—2014年湖北高校科技经费情况（单位：亿元）

（二）重大科研项目

"十二五"期间，湖北省高校承担"973"、"863"、国家科技支撑及国家自然科学基金等重大项目数量逐年增加，2011—2014年分别为4810项、4863项、5562项和6634项，各年国家级科技项目到款经费分别为11.89亿元、14.62亿元、14.59亿元和16.55亿元，项目数量和到款经费数量分别增长37.92%和39.19%，年均增长率分别为11.31%和11.65%。国家级科技项目和到款经费情况详见图4-2和图4-3。

图4-2　2011—2014年湖北高校承担"973"、"863"、国家科技支撑及国家自科基金
等项目情况（单位：项）

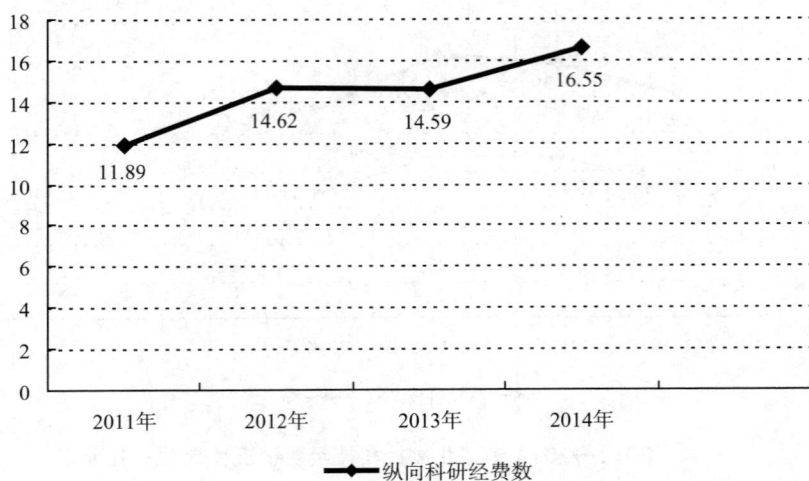

图 4-3　2011—2014 年湖北高校纵向科研经费情况（单位：亿元）

　　湖北高校 2011 年至 2014 年国家自然科学基金项目数量和获得科研经费数量快速增长，获资助数量由 2011 年的 4147 项增长到 2014 年的 5807 项，获资助经费由 2011 年的 7.18 亿元增长到 2014 年的 10.63 亿元，分别增长 40.03% 和 47.94%，年均增长率分别为 11.88% 和 13.94%。湖北高校获国家自然科学基金项目数量及资助经费详见图 4-4 和图 4-5。

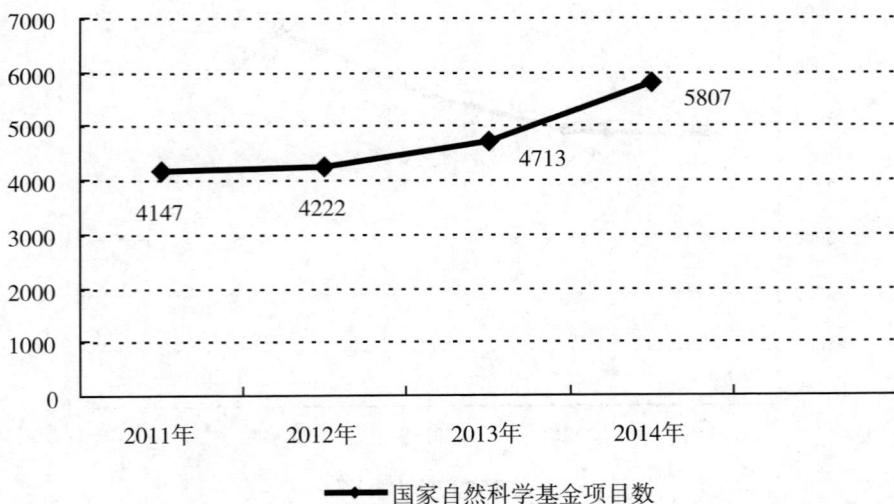

图 4-4　2011—2014 年湖北高校承担国家自然科学基金项目情况（单位：项）

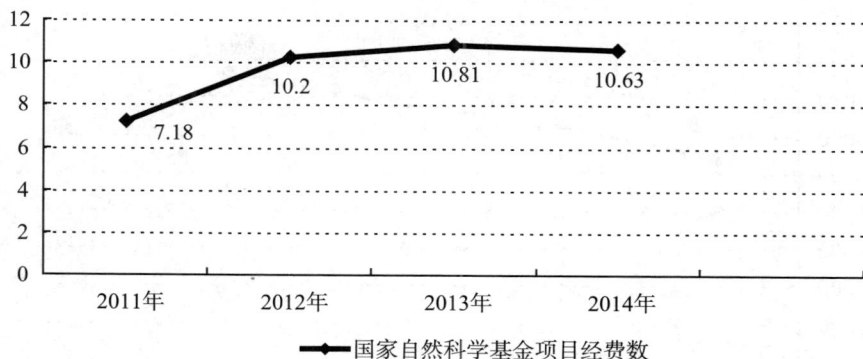

图 4-5　2011—2014 年湖北高校承担国家自然科学基金项目经费情况（单位：亿元）

（三）学术论文

"十二五"期间，湖北省高校发表 SCI、EI、ISTP 三大检索学术论文数量总体呈逐年上升趋势。2011 年，共发表三大检索学术论文 17746 篇，其中 SCI 检索论文 6448 篇，EI 检索论文 6412 篇；2014 年共发表三大检索学术论文 22145 篇，其中 SCI 检索论文 10969 篇，EI 检索论文 8616 篇。总体来看，湖北省高校发表高水平学术论文呈逐年上涨态势，2011 年至 2014 年，SCI、EI 检索论文分别增长了 70.11% 和 34.37%，年均增长率分别为 19.38% 和 10.35%。详见图 4-6、图 4-7 和图 4-8。

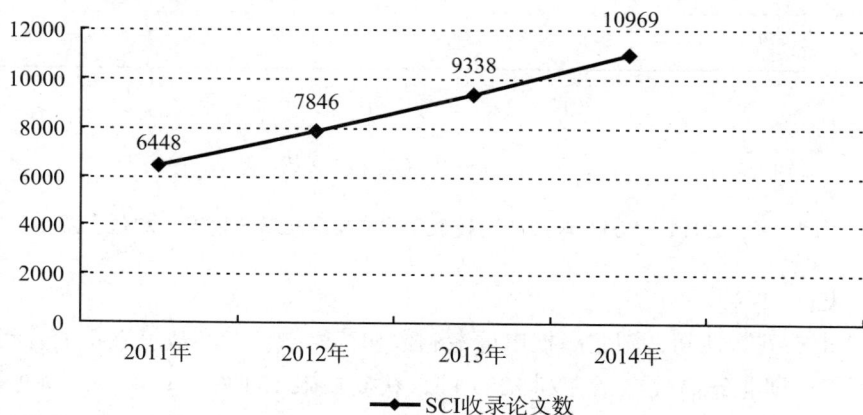

图 4-6　2011—2014 年湖北高校 SCI 收录论文增长情况（单位：篇）

图 4-7　2011—2014 年湖北高校 EI 收录论文增长情况（单位：篇）

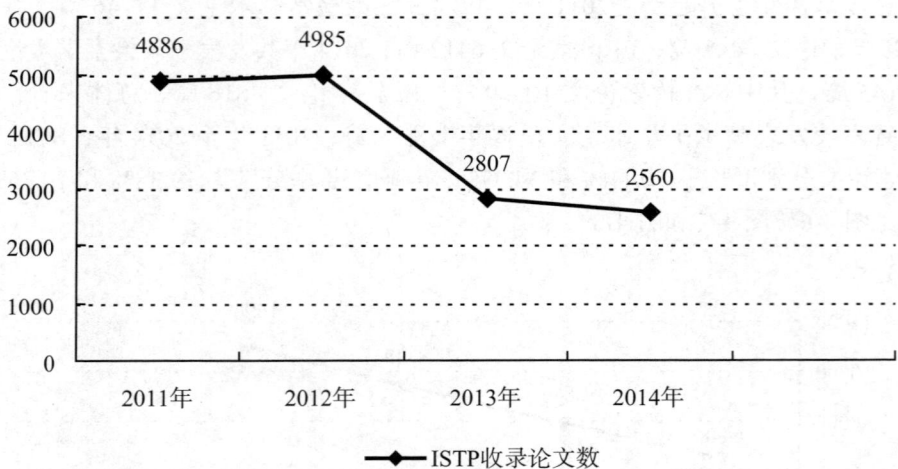

图 4-8　2011—2014 年湖北高校 ISTP 收录论文增长情况（单位：篇）

（四）专利

"十二五"期间，湖北高校申请专利数和获得授权专利数呈逐年上升趋势。2011 年，湖北省高校申请专利 2287 件，获授权限 153 件；2014 年，湖北省高校申请专利 4488 件，授权 1708 件，比 2011 年分别增长 96.2% 和 48.1%，年均增长率分别为 25.20% 和 14.0%。

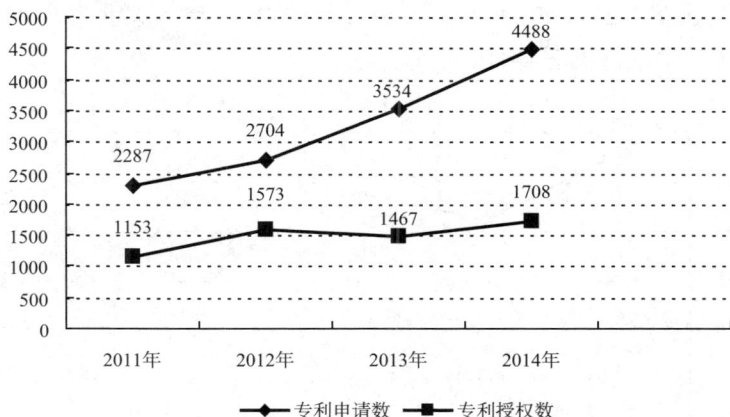

图 4-9　2011—2014 年湖北高校专利申请和授权增长情况（单位：件）

（五）科技奖励

1. 国家科技奖励

2011 年至 2014 年，湖北高校共获得国家科技奖励 89 项，其中，获国家自然科学奖 8 项，获国家技术发明奖 23 项，获科技进步奖 58 项。2011 至 2014 年湖北高校获国家级科技奖励统计情况详见图 4-10。

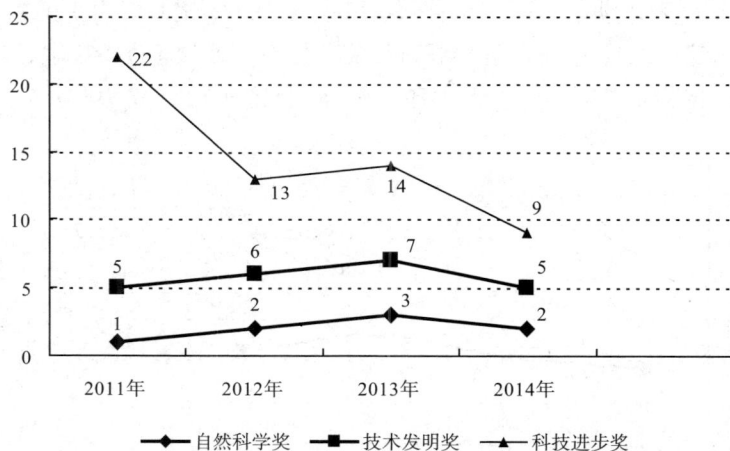

图 4-10　2011—2014 年湖北高校获国家级科技奖励情况

2011 年至 2014 年，从湖北高校获国家科技奖励的数量来看，各省、市、自治区竞争形势十分严峻，竞争更为激烈。湖北省高校获国家科技奖励整体呈逐年下降的态势，2011 年为 28 项，2014 年降至 16 项，湖北省高校获国家级科技奖励统计情况详见图 4-11。

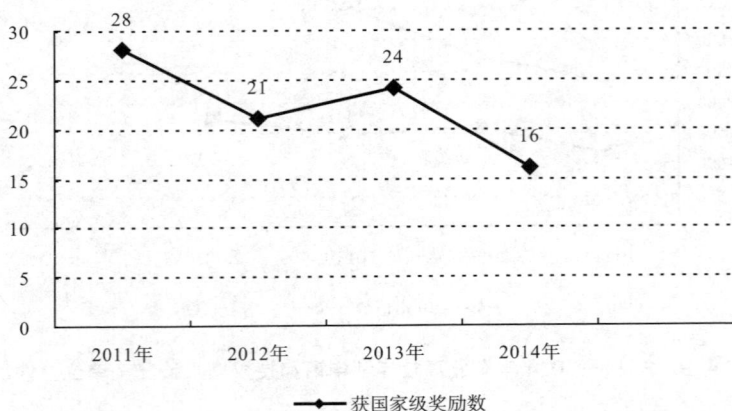

图 4-11　2011—2014 年湖北高校获国家级奖励数变化情况

2. 湖北省科技奖励

2011 年至 2014 年，湖北省高校累计获得省部级特等奖、一等奖、二等奖744 项，其中特等奖 6 项，一等奖 255 项，二等奖 483 项。详见图 4-12。

2011 年以来，湖北省高校获省部级科技奖（二等奖及以上）的数量总体呈逐年上升态势。2011 年获得省部级科技奖（二等奖及以上）168 项，2014 年获得省部级科技奖（二等奖及以上）199 项，详见图 4-13。

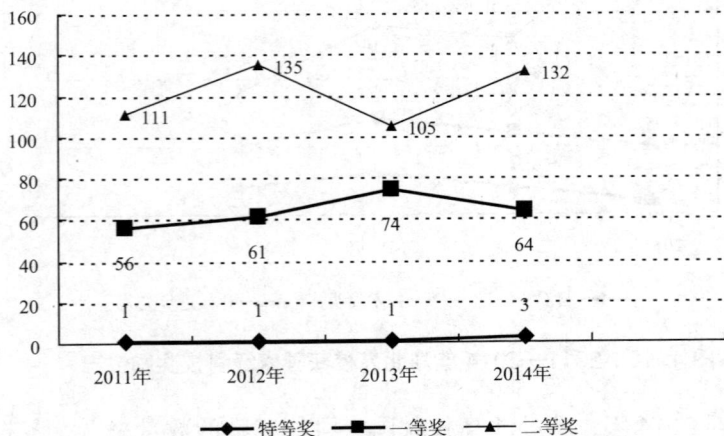

图 4-12　2011—2014 年湖北高校获省部级科技奖励情况

图 4-13　2011—2014 年湖北省高校获省部科技奖数（二等奖及以上）情况

（六）产学研合作

"十二五"期间，湖北高校充分发挥科技和人才优势，积极推进产学研用结合，加速科技成果转化，一大批新技术、新材料、新产品、新工艺得到应用和推广，为区域经济建设和社会发展提供了有力支撑。

2011 年，高校与企事业单位签订委托科技项目 11538 项，投入经费 197372 万元；2014 年，高校与企事业单位签订委托科技项目 12619 项，投入经费 219281 万元，分别增长了 9.37% 和 11.10%，年均增长率分别为 3.03% 和 3.57%。2011—2014 年产业研合作项目数及投入经费数详见图 4-14 和图 4-15。

图 4-14　2011—2014 年湖北高校获企事业委托项目情况（单位：项）

201

图 4-15　2011—2014 年湖北高校获企事业委托项目经费情况（单位：亿元）

三、人才培养

"十二五"期间，湖北省围绕研究生培养质量，以研究生培养机制改革和研究生培养模式创新为重点，全面深化研究生教育综合改革，研究生培养规模大幅度增长，人才培养质量不断提高，不断完善研究生教育人才培养制度体系。

（一）研究生培养规模

"十二五"期间，湖北高校博士研究生和硕士研究生培养规模基本保持稳定。2011 年，湖北省研究生毕业人数 30510 人，其中博士毕业生 3763 人，硕士毕业生 26747 人；到 2014 年，湖北省研究生毕业人数达到 32616 人，其中博士毕业生 4246 人，硕士毕业生 28370 人；截止到 2014 年底，湖北省在学研究生总数 116659 人；其中博士生 22354 人，硕士生 94305 人。

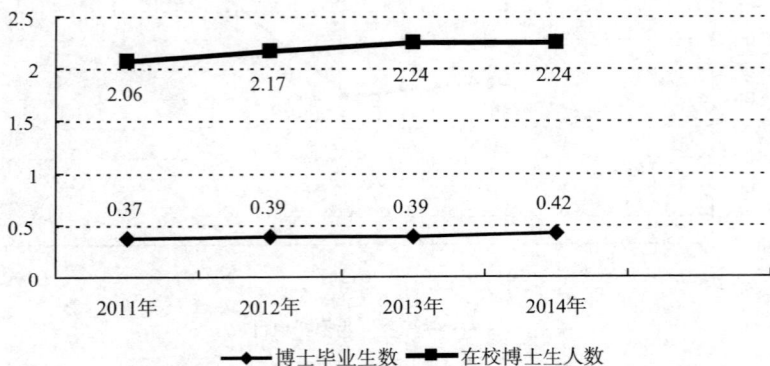

图 4-16　湖北省博士研究生培养规模情况（单位：万人）

202

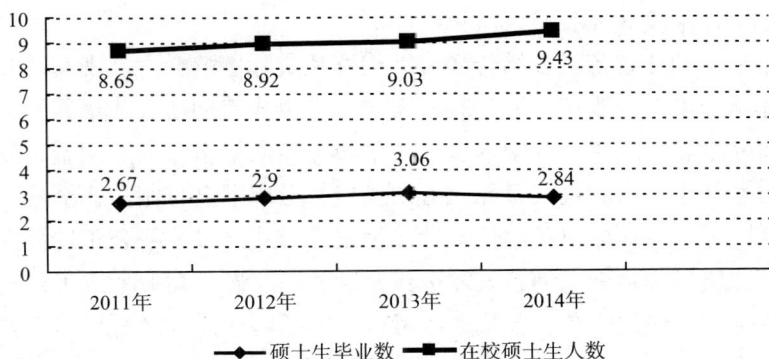

图 4-17　湖北省硕士研究生培养规模情况（单位：万人）

（二）人才培养质量不断提高

全国优秀博士学位论文评选是在教育部和国务院学位委员会的直接领导下，由教育部学位管理与研究生教育司组织开展的一项工作，旨在加强高层次创造性人才的培养工作，鼓励创新精神，提高我国研究生教育特别是博士生教育的质量。自 1999 年开始评选全国百篇优秀博士学位论文以来，至 2013 年共进行了 15 次（2014 年起不再评选全国优秀博士论文）。湖北省 2011—2013 年，湖北省全国优秀博士学位论文数逐年增长，共有 25 篇博士论文入选，另有 72 篇论文获提名奖，每年入选数基本上保持全国前五名。其中，2013 年湖北省有 13 篇博士论文入选全国优秀博士学位论文，居全国第三位。

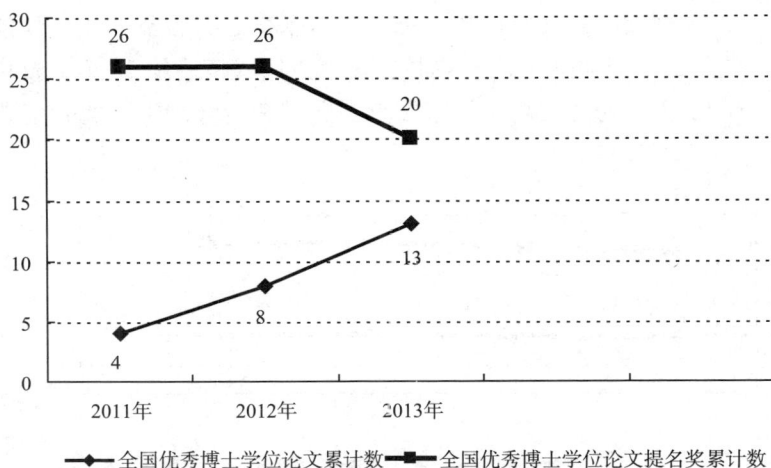

图 4-18　2011—2014 年湖北省获全国优秀博士学位论文情况（单位：篇）

（三）培养模式不断创新

多年来，湖北省各高校结合经济结构调整实际、社会发展现实需要，不断调整人才培养策略，改革研究生教育人才培养模式，创新人才培养形式，推动湖北省研究生教育从单一的学术型人才培养类型向学术型与应用型、复合型人才培养类型并重、培养模式多元化方向发展，形成了全日制、非全日制（远距离教育和同等学力在职申请学位）等多种培养形式。以公平公正选择人才、不断提高生源质量为目标，创新人才选拔制度，湖北省各高校形成了包括全国统考、免试推荐、申请审核、单独命题考试、本硕博连读、联合培养等多元化的研究生教育人才选拔制度；以全面提升研究生知识、能力和综合素养为目标，改革研究生教育人才培养课程体系；以加强研究生教育平台支撑体系建设为目标，每年增设一批湖北省研究生教育实习实践基地，构建起国家、湖北省、高校三级研究生教育实习实践基地体系。

四、科研基地

科研基地是科技创新的平台，是进行科学研究的基础和保障。湖北省长期以来，一直十分重视湖北省高校科研基地建设，科研基地数量不断增长，科研基地层次不断提升。从现有科研基地的类型来看，主要包括重点实验室、工程技术研究中心和人文社科研究基地。

（一）重点实验室

"十二五"期间，湖北省高校新增1个国家重点实验室和4个教育部重点实验室，截止2014年底，湖北省高校国家重点实验室达到20个，教育部重点实验室达到51个，湖北省高校国家重点实验室和教育部重点实验室数量保持稳定。

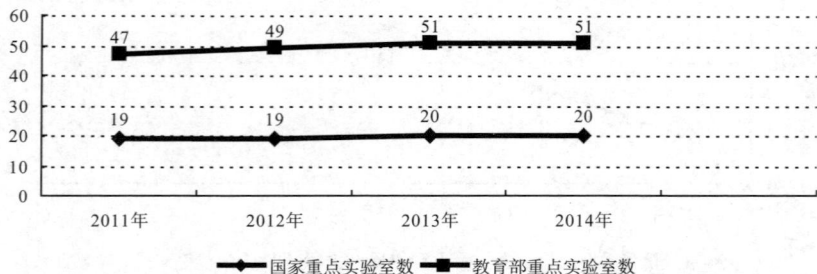

图4-19　湖北高校国家重点实验室、教育部重点实验室数量情况（单位：个）

（二）工程技术研究中心

"十二五"期间，湖北省高校新增国家工程技术研究中心4个，新增教育部工程技术研究中心24个，两类工程技术研究中心的数量有较大幅度增长。截止2014年底，湖北省高校共建有国家工程技术研究中心20个，湖北省工程技术研究中心80个。

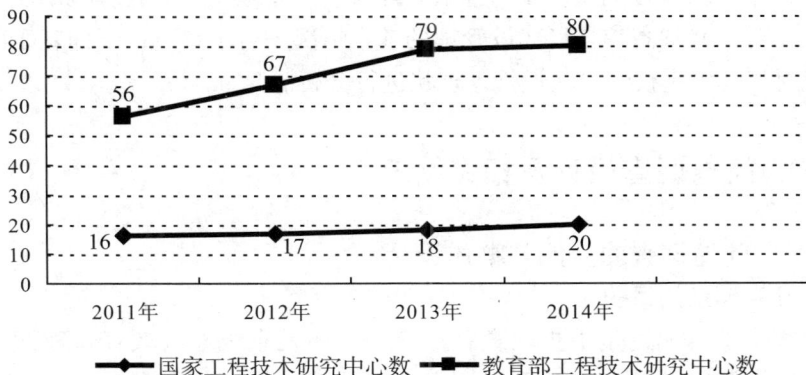

图4-20　湖北高校国家及省级工程技术研究中心数量情况（单位：个）

（三）人文社科重点研究基地

"十二五"期间，湖北高校教育部人文社科重点研究基地数量没有变化，新增湖北省人文社科基地40个。截止2014年底，湖北省高校建有教育部人文社科重点研究基地11个，湖北省人文社科重点研究基地122个。

图4-21　湖北高校教育部人文社科重点研究基地和湖北省人文社科重点研究基地数量情况（单位：个）

第四节　湖北省高校学科建设管理现状

　　以上从湖北省高校学科建设的具体内涵进行了分析，即建设属性进行了考察。本节从学科建设的管理属性出发，对湖北省高校学科建设管理现状予以分析。学科建设从其管理属性看，包括管理体制、管理模式和管理机制。通过问卷调查，对湖北省高校学科建设管理的基本情况进行了普查，下面基于问卷调查情况对湖北省高校学科建设管理现状进行分析。

一、问卷调查设计及相关情况

（一）问卷调查的目的与整体设计

1.问卷调查的目的

　　近些年来，无论是中央教育管理部门，还是省级地方教育管理部门，在制订、出台相关政策时，特别强调出台政策的科学性与严谨性，极为重视政策出台前的相关政策研究，这成为近些年来中央和省级地方教育管理部门工作的一种重要的工作思路与工作方式。本研究的目的正是为了制订《湖北省"十三五"学科建设发展规划》而开展的前期预研。这一研究工作需要从战略的高度把握湖北省学科建设的发展方向，而本研究的重要基础就在于对湖北省现有学科建设现状（包括内涵建设现状及学科建设管理现状）的研究与分析。为客观、真实、全面地反映湖北省高校学科建设的现状，必须开展相关的调查研究，尤其是对湖北省学科建设管理现状开展系统、深入的调查，获取第一手的相关资料与信息，为开展现状研究打下坚实基础。

2.整体设计

　　为做好本研究，有问卷调查设计上有如下几方面的考虑：一是从问题入手，开展本课题的研究。按照建构主义的研究范式，从问题入手，基于问题开展研究，拟通过开展广泛的、不同层面的问卷调查，全面了解湖北省高校学科建设的现状，分析湖北省高校学科建设存在的突出问题，为课题整体研究打下良好的基础。二是分省级和高校两个层面予以把握。本课题虽为省域中观层面的研究，但学科建设的具体实施单位在高校，因而必须同时把握好省级和高校两个层面的建设问题。基于此，在问卷调查的设计上，分省级和高校两类对象进行调研。三是调研内容把握学科建设管理体制、管理机制和管理模式三个核心内容。学科建设改革与发展的关键内容在于管理体制改革、机制创新和模式创新上，为此，在调研内容设计上，主要围绕这三大内容进行设计。四是基本情况调研及未来改革发展方向兼顾。要做好本课题的研究，除了对基本情况、主要问题的分析外，对于未来学科建设改革与发展需要广泛征求意见，以便汇集相关省级学位委员会的成功经验与重要措施，集中广大管理人员及专家学者的智慧，为开展对策研究提供较充足的信息支撑。

（二）问卷调查的对象

按照以上问卷调查的目的，对此次问卷调查的对象进行了精心设计。对于问卷调查对象的设计，主要包括如下几方面。

1. 问卷调查高校的选取

为了比较全面地反映湖北省高校学科建设的现状，本次问卷调查采取了普查的方式，即调查对象包括了湖北省所有博士学位授权高校和硕士学位授权高校（共31所），同时也对部分本科院校进行了问卷调查，包括湖北第二师范学院、湖北理工学院、湖北文理学院、荆楚理工学院、武昌理工学院、武汉东湖学院、武汉商学院等7所本科院校。湖北省是高等教育大省，高校数量较多，办学层次比较完整，包括"985工程"高校、"211工程"高校、博士学位授权单位、硕士学位授权单位、本科院校等多种办学层次；高校办学类型比较齐全，包括了综合性大学、理工类院校、师范类院校、军事类院校、财经类院校、农林类院校、医药类院校、政法类院校、艺术类院校等，同时为了更为全面地了解湖北省本科院校学科建设的现状，专门选取了7所本科院校进行了问卷调查，因此，无论从高校的办学层次，还是高校类型，都有其广泛性和代表性，能够比较真实地反映湖北省高校学科建设的真实状态。

2. 问卷调查对象的选取

本次问卷调查为了比较准确和客观地反映湖北省高校学科建设的真实情况，对于问卷调查对象的选取，主要选取了与学科建设密切相关的群体，包括如下几种调查对象：一是高校领导。学科建设是一所高校建设的龙头，是高校整体发展中具有重要的引领作用。高校领导作为一所高校的领导者，需要从全局和战略发展的高度来把握高校的整体发展，对学科建设工作都极为关注，因而本次调查将高校领导作为重要的问卷调查对象。二是学院领导。学院领导是指各高等院校的院系负责人，他们作为高校各个具体学科的一线建设者和管理者，对于学科建设有更为直接的认知和体会，因而把学校领导也作为此次问卷调查的重要对象。三是学科建设管理部门负责人。学科建设处（或重点建设处、重点建设与规划处等）是一所高校学科建设的具体管理部门，负责高校学科建设的规划、建设、检查与评估考核等具体管理工作，对于学科建设管理工作有比较深入的了解和认识，因而把学科建设管理部门负责人也作为此次问卷调查的重要对象。四是学科带头人。在当前高校开展现代大学制度建设、加强大学治理体系建设的背景下，增强学术群体在高校建设中的应有权力，将学术管理的权力回归教师群体，充分发挥教师在高校建设中作用，成为当下治理体系建设和治理能力现代化的重要内容。学科带头人作为某一具体学科的"领头羊"，一般都是各学科建设的负责人，对于学科建设的现实状态及面临的重要问题十分熟悉，因而将学科带头人也作为此次问卷调查的重要对象。五是学术骨干。此次问卷调查考虑到要有一定的调查规模，学术骨干既是一个比较大的学科建设群体，同时也是学科具体建设任务的承担者，对学科建设的具体情况也十分熟悉和了解，因此也将学术骨干作为问卷调查的重要对象。

（三）问卷调查的数量及内容

1. 问卷调查的数量

为保证本次问卷调查的科学性和有效性，在问卷调查总量设计上，分三类进行：一是高校学科建设基本情况调查表，向 34 所高校发放问卷调查表；二是个人问卷，对 34 所高校发放问卷，每所高校各 20 份个人问卷，共计 680份；三是地方省级学位委员会办公室问卷调查情况表，对 10 个地方省级学位委员会办公室发放了问卷调查表。具体来说，本次共发放了问卷调查材料 724份，其中高校 34 份，个人 680 份，地方省级学位办 10 份。

基于以上的整体设计思路，设计了《高校学科建设基本情况调查表》《省（市、自治区）学科建设基本情况调查表》和《高校个人问卷调查表》，并于2014 年 8 月初将此三个文件分别送湖北省 5 位专家（包括高等教育理论研究专家 2 人，研究生教育管理专家 3 人）征求意见（征求专家意见函见附件 1）。经征求专家意见，对以上三个文本进行了调整和修改。下面分别就调查表具体内容说明如下。

（1）高校学科建设基本情况调查表

该表主要是为了对高校层面学科建设的现状进行摸底，共分为 13 个大项。其中，第 1 条至第 11 条，主要是为了了解高校学科建设管理体制现状；第 12条是为了了解学科建设管理模式现状，第 13 条是为了了解学科建设管理机制现状。在高校学科建设管理体制现状调查的设计上，又分为三个层面：一是高校学科建设中，学术、行政、社会三类主体在学科建设中所发挥作用的设计，主要体现在第 6 条、第 11 条。二是高校内容对学科建设的定位与职责划分，主要体现在第 1 条、第 2 条、第 3 条、第 5 条。三是管理体制改革与建设成效的相关性分析。管理体制改革与学科建设成效是否有其相关性，需要进行统计分析，主要包括第 4 条、第 7 条、第 8 条、第 9 条和第 10 条。高校学科建设基本情况调查表具体内容详见附件 2。

（2）省（市、自治区）学科建设基本情况调查表

对于省级层面学科建设的现状调查，主要关注两方面的问题：一是省级学科建设管理体制，二是省级学科建设的重要改革措施。对于省级学科建设管理体制的设计上，主要关注了政府和社会中介两类主体。其中，第 1 条、第 4 条为政府职能，第 2 条和第 3 条为社会中介参与情况。对于省级学科建设的重要改革措施，主要包括第 5 条、第 6 条和第 7 条。省（市、自治区）学科建设基本情况调查表详见附件 3。

（3）高校个人问卷调查表

为广泛征求有关人员对省级学科建设的意见和建议，在设计上有如下几方面的考虑：一是主体多元性。分别征求校领导、学院领导、学科建设管理部门负责人、学科带头人和学术骨干等五类主体的意见。二是在内容设计上，主要包括对省级社会中介机构的设立及职能意见（第 1 条和第 2 条）、省级管理体制意见（第 3 条、第 4 条、第 6 条、第 7 条和第 8 条）、社会主体的职能（第 5 条）和高校办学自主权（第 9 条）。《高校个人问卷调查表》详细内容见附件 4。

（四）问卷调查的发放与回收情况

1. 调查问卷发放情况

共对在汉的 8 所部属院校及 26 所湖北省属地方院校进行了学校整体学科建设基本情况调查，共计 34 份；同时对湖南省学位办、江苏省学位办等 10 个省级地方学位办进行了调查，共计 10 份；对湖北 34 所高校进行了个人问卷调查，共计 680 份。

2. 调查问卷回收情况

共回收 677 份，其中高校整体学科建设基本情况 29 份，回收率为 85.29%；回收个人问卷 638 份，回收率为 93.82%；省级地方学位办问卷调查 10 份，回收率为 100%。

所有问卷调查回收情况进行了统计，对于填写有缺失、填写情况均为同一选项的问卷调查表进行了清理，高校整体学科建设基本情况及省级地方学位办问卷调查情况均为有效问卷，个人问卷中有 17 份为无效问卷。

二、高校学科建设管理体制现状

基于以上问卷调查，对高校学科建设管理体制现状分别从机构设置及人员配置、分管领导与职责分工、学科建设专项投入情况三部分进行分析。

（一）机构设置及人员配备

1. 机构设置

目前湖北省高校学科建设管理机构设置有较大的差异，其管理机构设置主要包括如下几种形式：一是独立的学科建设管理部门，成立专门的学科建设办公室处；二是与高校规划工作职责衔接，成立发展规划与学科建设处或发展规划与学科建设办公室等；三是与高校研究生教育工作职责衔接，成立研究生处、学科建设办公室；四是作为研究生院或研究生处下设的一个机构，成立研究生院或研究生处下的学科建设处或学科建设办公室；五是作为发展规划处或规划办公室下设的一个机构；六是没有专门的管理部门负责学科建设。

基于问卷调查，管理机构设置为第一种形式，即设置独立学科建设管理部门的高校共有4家，占调查高校总数的12.50%，包括华中科技大学、湖北工业大学、湖北中医药大学和湖北工程学院；管理机构设置为第二种形式，即成立发展规划与学科建设处或发展规划与学科建设办的高校共有5家，占调查高校总数的15.63%，包括武汉大学、中南财经政法大学、中国地质大学、武汉工程大学和黄冈师范学院；管理机构设置为第三种形式，即成立研究生处、学科建设办公室的高校共有3家，占调查高校总数的9.38%，包括湖北理工学院、湖北文理学院和湖北民族学院；管理机构设置为第四种形式，即在研究生院或研究生处下设学科建设处、学科建设办公室的高校有14家，占调查高校总数的43.75%，包括华中师范大学、武汉理工大学、长江大学、湖北大学、湖北第二师范学院、湖北经济学院、湖北科技学院、湖北美术学院、湖北汽车工业学院、湖北师范学院、湖北医药学院、江汉大学、三峡大学和武汉轻工大学；管理机构设置为第五种形式，即在规划处或规划办下设学科建设办公室的高校有2家，占调查高校总数的6.25%，包括华中农业大学和武汉体育学院；管理机构设置为第六种形式，即没有专门的管理机构负责学科建设工作的高校共有4家，占调查高校总数的12.50%，包括荆楚理工学院、武昌理工学院、武汉东湖学院和武汉商学院。各高校学科建设管理机构设置情况见表4-34。

表 4-34 湖北省高校学科建设管理机构设置情况

学校名称	机构名称
武汉大学	发展规划与学科建设办公室
华中科技大学	学科建设办公室
华中师范大学	研究生院
武汉理工大学	研究生院
中南财经政法大学	发展规划部、学科建设办公室
中国地质大学	发展规划处、学科建设办公室
华中农业大学	发展规划处
长江大学	研究生院
湖北大学	研究生院
湖北第二师范学院	研究生处
湖北工程学院	学科建设办公室
湖北工业大学	学科建设办公室
湖北经济学院	研究生处
湖北科技学院	研究生处
湖北理工学院	研究生处、学科建设办公室
湖北美术学院	研究生处
湖北汽车工业学院	研究生处
湖北师范学院	研究生处
湖北文理学院	学科建设与研究生处
湖北医药学院	研究生工作处
湖北中医药大学	学科建设办公室
黄冈师范学院	发展规划处、学科建设办公室
江汉大学	研究生处
荆楚理工学院	发展规划处
三峡大学	研究生院
武昌理工学院	发展规划处
武汉东湖学院	教务处
武汉工程大学	发展规划与学科建设处
武汉轻工大学	研究生处
武汉商学院	规划处
武汉体育学院	发展规划处
湖北民族学院	研究生处、学科建设办公室

以上六种管理机构设置情况可以作进一步的归总，可划分为三大类。第一类为独立式，高校成立专门的学科建设管理机构，机构设置为独立学科建设管理部门（即第一种形式），这类高校共有 4 家；第二类为混合式，即机构设置上将学科建设管理职能与其他相关管理职能组合在一起而成立组合式的管理机构，包括第二种形式和第三种形式，这类高校共有 8 家；第三类为挂靠式，即没有设置独立的高校管理机构，只是在管理机构设置上将学科建设放在某一独立的高校管理机构之中，包括第四种形式和第五种形式，这类高校共有 16 家；第四类没有相应的管理机构，主要为民办的二级学院，这类高校共有 4 家。

2. 人员配备

从问卷调查来看，除民办的 4 家二级学院因没有学科建设职能而没有设置学科建设管理部门外，其他 28 家高校均设置了不同的学科建设管理机构，并配备了专职学科建设管理人员共 87 人，平均每所高校学科建设专职管理人员 3.1 人。其中，武汉大学、华中科技大学、武汉理工大学、湖北大学、湖北工业大学、湖北工程学院、湖北文理学院、三峡大学等 8 所高校专职学科建设管理人员达到或超过 4 人，其他 20 所高校专职学科建设管理人员在 1—3 人之间。

从以上统计数据可以看出，较之于"十二五"初期，湖北省高校在学科建设管理机构设置了发生了很大变化。"十一五"期间，湖北省高校学科建设管理机构设置主要分为两类，一类为挂靠研究生院或研究生处，大多高校均是这样的机构设置，另一类为挂靠规划处或规划办公室，仅有少数个别高校如此设置，这两类可统称为挂靠式。"十一五"期间学科建设机构设置属于挂靠式的管理方式，配备的学科建设专职管理人员数量较少，一般为 1—3 人。从当前的机构设置及专职人员配备数量来看，湖北省高校对学科建设的重视程度有极大提高，反映了湖北省高校对学科建设工作的重视程度不断增强，在办学思路上有了较大转变。

（二）分管领导与职责分工

1. 分管领导

对于学科建设的管理，主要包括两个层面和两个维度。所谓两个层面是指高校层面和学院层面，两个维度是指行政管理和学术管理两种维度。从统计数据来看，湖北省高校主管学科建设工作为校长的有 8 所，占总数的 25%；为副校长的有 24 所，占总数的 75%。校长担任校学位评定委员会主席的高校有 26 所，占总数的 81.25%；由知名专家担任校学位评定委员会主席的高校有 6 所，占总数的 18.75%。学院分管学科建设工作为院长的有 25 所，占总数的

78.13%；学院分管学科建设工作作为副院长的有 7 所，占总数的 21.87%。

从以上统计数据来看，湖北省高校对于学科建设的行政管理，在学校层面上主要以副校长为主，在学院层面上主要以院长为主，而在学术管理上，主要由校长担任，由知名专家作为校学位评定委员会主席的较少，大多是行政管理和学术管理集于校长一人。

2. 职责分工

按照国家治理体系建设的要求，合理的治理体系应包括政府、市场和社会三类主体，就是要处理好政府、市场和社会三者之间的关系。对于高等学校而言，建立现代大学制度、完善现代大学治理体系的内涵比较丰富，包括了以高等学校为中心，高等学校内部主体之间的相互关系以及高等学校与外部主体之间的关系重构，也就是高校的内部治理体系和高校的外部治理体系两大组成部分，但无论是内部治理体系建设，还是外部治理体系建设，其关键在于不同类主体之间的责权划分，以及基于责权划分基础上的良性管理机制的构建。

基于这样的环境和条件，著者认为，在学科建设的管理体制构架上，主要考察了三类主体：一是学术类主体，二是行政类主体，三是社会类主体，下面分别从这三类主体的职责现状予以分析。

（1）学术类机构

高校与学科建设工作相关的学术类机构主要包括校学术委员会和校学位评定委员会，这两个学术类机构的主要职责因高校不同而略有差异，但总体而言，差异并不大。

高校学术委员会的主要职责是：按照大学章程所赋予的权力，负责审议学科、专业设置及教学、科学研究计划方案，评定教学、科学研究成果等有关学术问题。具体而言，包括如下几方面的具体职责：一是负责审议本校学科、专业设置，教学、科学研究计划及方案，评定教学、科学研究成果；二是根据工作需要或受学校委托，校学术委员会对学校科技发展规划、科研项目立项、科研基地建设、师资队伍建设等事项进行论证并接受咨询；三是领导校学术道德规范委员会的工作，负责处理学术不端行为的学术调查评判，推进本校学术道德规范建设；四是批准各学院、中心（所）分学术委员会的组成并指导其工作；五是指导本校的学术交流活动。

高校学位评定委员会的主要职责是：依照法律和有关规定，独立负责高校的学位评定、授予，负责研究生指导教师遴选等工作。具体而言，主要包括如下几方面的具体职责：一是作出授予学士学位（含成人教育）、硕士学位、博士学位的决定；二是审查拟增列博士、硕士学位授权学科点的申报；三是审批已有博士学位授权学科点新增博士生指导教师；四是审批已有博士生指导教师资格的教师是否继续招收博士生；五是做出撤消因违反规定授予或错误授予的学位的决定；六是研究和处理学位授予中有异议的问题和其他有关问题；七是审定本校制定的有关学位管理文件。

各高校还设置了学院（或学科）学位评定分委员会，其主要职责包括：一是审定研究生培养方案和学位课程设置；二是审查博士、硕士学位论文评阅人及答辩委员会成员名单；三是审查博士学位的申请，作出是否同意或建议授予博士学位的决定，报校学位评定委员会审批；四是审查硕士学位的申请，作出是否同意授予硕士学位的决定，报校学位评定委员会审批；五是审查同等学力人员申请博士或硕士学位，作出是否建议授予学位的决定，报校学位评定委员会审批；六是审查本分委员会所属有关学科学位授予权的申请；七是审查本分委员会所属有关学科新增博士生指导教师的申请，报校学位评定委员会审批，审定本分委员会所属有关学科新增硕士生指导教师的申请，报校学位评定委员会备案；八是审查本分委员会所属有关学科已有博士生指导教师资格的教师是否继续招收博士生，报校学位评定委员会审批；审定本分委员会所属有关学科已有硕士生指导教师资格的教师是否继续招收硕士生，报校学位评定委员会备案；九是作出撤销违反规定授予或错误授予的学位的决定或建议，报校学位评定委员会审批。

（2）行政类机构

高校与学科建设工作相关的行政类机构主要包括校学科建设领导小组、分管校领导、校学科建设办公室。对于不同的高校而言，因管理机构在设置上有较大的差异，其职责范围也有明显的差异，这种差异性主要在于学科建设的具体管理部门的职责划分上。

校学科建设领导小组的主要职责包括：全面负责高校学科建设及学科建设重大、重要工程的建设工作，负责审议高校学科建设各类规划，负责高校学科建设重大事项的决策等。

分管校领导的主要职责包括：负责贯彻落实高校关于学科建设工作的重大决策，负责审议由校学科建设办公室起草的学科建设各类规划，负责领导、组织高校学科建设工作及学科建设相关重大工程的组织实施等管理领导工作，负责审议高校学科建设管理制度等。

校学科建设办公室是校学科建设领导小组下设的日常办事机构，其主要职责包括：一是负责起草高校学科建设各类规划，二是负责高校重点学科和学位授权点的立项、建设、检查、监督、验收等管理工作，三是负责高校学科建设重点建设工程建设管理工作，四是负责重点学科、学位授权点的各类评估工作，五是负责高校学科建设管理制度的制订工作，六是负责高校学科建设的其他日常工作。

从湖北省各高校管理机构的设置来看，有些高校将学科建设工作整体划归一个部门管理，也有部分高校将高校学科建设工作划归2个或多个部门管理，如将学科建设规划、重点学科建设与管理、重大工程建设工程放在规划管理部门，将学位授权点管理工作放在研究生院（或研究生处）管理。

（3）社会类机构

高校中没有专门的、与学科建设直接相关的社会类机构，其中的校务委员会的职责中，关涉到学科建设。一般来说，校务委员会作为学校的咨询机构，依其工作规则，主要负责对学校的发展规划、学科专业建设、师资队伍建设、校园建设等重大事项，提出意见和建议。

（三）学科建设投入情况

一所高校对学科建设工作的重视程度，不仅仅是口号式地停留于认识层面和空谈形式上，著者认为，重视程度如何，除祛机构设置与专职人员配备外，还表现在建设经费的投入上，尤其是学科建设专项经费投入。

从问卷调查情况来看，填写学科建设投入数据完整的共有27所高校。27所高校"十一五"期间，学科建设专项投入共312357万元，占高校总建设投入（不含基本营运和基本建设费用）的19.66%，平均每所高校学科建设专项投入为11568万元；"十二五"期间，湖北省高校学科建设专投经费投入明显增加，学科建设专项投入达到437654万元，占高校总建设投入（不含基本营运和基本建设费用）的18.87%，平均每所高校学科建设专项投入为16206万元。各高校"十一五"、"十二五"期间学科建设专项投入情况见表4-35所示。

表4-35　湖北省高校学科建设投入情况　单位：万元

学校名称	十一五专项	十一五总投入	十二五专项	十二五总投入
武汉大学	200000	385000	220000	420000
华中科技大学	/	/	/	/
华中师范大学	5648	94000	9000	110000
武汉理工大学	16513	231600	15400	471000

中南财经政法大学	5033	130282	5342	216950
中国地质大学	/	/	/	/
华中农业大学	/	/	/	/
长江大学	18451	67156	22500	78000
湖北大学	1140	24853	11800	51130
湖北第二师范学院	/	/	/	/
湖北工程学院	200	19247	5934	45205
湖北工业大学	2099	26886	10500	35000
湖北经济学院	563	39516	1440	34208
湖北科技学院	11550	30560	23250	50000
湖北理工学院	1220	15006	2600	28500
湖北美术学院	205	14814	782	29900
湖北汽车工业学院	8689	26981	17080	49353
湖北师范学院	576	99121	1300	150000
湖北文理学院	80	25000	10000	35000
湖北医药学院	1950	37660	11000	78890
湖北中医药大学	3540	16072	3894	17679
黄冈师范学院	1616	14468	8708	35549
江汉大学	3137	18710	10500	24000
荆楚理工学院	300	1000	800	2000
三峡大学	7180	33690	4860	29108
武昌理工学院	1251	9325	1500	10000
武汉东湖学院	9119	42500	10169	48466
武汉工程大学	/	/	/	/
武汉轻工大学	6503	22380	12600	42000
武汉商学院	4000	38069	5145	60000
武汉体育学院	994	6998	1060	10276
湖北民族学院	800	118300	10400	156100
合计	312357	1589194	437564	2318314

从表中可以看出，武汉大学对学科建设专项投入量最大，"十一五"期达到20亿元，"十二五"期间达到22亿元，而其他高校远远低于这一水平。为了比较真实地反映湖北省高校学科建设专项投入的情况，因而将武汉大学数据剔除之后，又作了相应的统计。其他26所高校"十一五"期间，学科建设专项投入共112357万元，占高校总建设投入（不含基本营运和基本建设费用）的9.33%，平均每所高校学科建设专项投入为4321万元；"十二五"期间，学科建设专项投入达到317654万元，占高校总建设投入（不含基本营运和基本建设费用）的11.46%，平均每所高校学科建设专项投入为8367万元，与"十一五"期相比，平均每所高校学科建设专项投入经费增长近1倍，反映出湖北省高校对学科建设工作的重视程度明显增强。

三、学科建设管理模式现状

高校是学科建设的主体，对于湖北省学科建设管理模式的现状分析，主要是基于问卷调查的基础上，对湖北省各高校学科建设管理模式进行总结与概括，以此来反映湖北省学科建设管理模式的基本状态。

（一）湖北省各高校学科建设管理模式的总体情况

湖北省学位委员会办公室早在1999年，就意识到管理模式创新对促进高校学科建设与发展的重大意义和作用，因而自1999年起，就大力开展了学科建设管理模式创新的研讨与探索，在分析当时主流学科建设管理模式存在问题的基础上，确立了要开展学科建设立项建设管理模式创新的工作方向与思路，并在当年通过湖北省研究生教育学会重点支持了几所高校开展研究。在此后的两三年里，在研究的基础上，在湖北省部分高校开展试点工作。经过一段时间的试点探索，湖北省学位委员会办公室又先后召开过几次经验总结会，于2003年起，在湖北省进行推广。这一学科建设模式得到了国务院学位委员会领导及教育部领导的高度评价，在2003年的国务院学位委员会会议上，时任教育部副部长的周济同志将其作为一种先进经验要求在全国进行推广，2007年全国新增博士和硕士单位立项建设思路主要来源于此。

从问卷调查所反映的情况来看，湖北省各高校均采取了立项建设管理这一主要模式，以此为主流模式推进各高校学科建设。立项建设管理模式是一种有别于"规划——建设模式"的学科建设管理模式，它是指以项目形式对各学科点进行全过程的建设与管理，学科点建设立项论证分层次进行，首先由校内专家提出方案，进行初步论证，然后报由所在省、市教育厅或主管部门评聘有关专家进行论证，最后由有关部门批准后进行立项建设，以避免建设的盲目性，减少因局内人视野的局限性而带来的决策上的失误。学科点立项明确了项目的负责人，由项目负责人全面负责该学科点的建设，明确项目负责人的责任、权力和利益，做到责、权、利对等，充分调动项目负责人的积极性。在项目的立项建设过程中，由高校学科建设管理部门适时进行监控，并组织专家进行各立项建设的中期检查工作和最后的验收工作，对各立项建设学科根据建设的不同情况给予奖励和惩罚，对于完成好的、达到预期目标的学科要给予表扬和奖励，对差一些的要批评、亮黄牌，对不合格的则要追究项目负责人的责任，选聘其他人员作为项目负责人进行。立项建设工作以人为本，要以抓学术队伍建设为核心，全面加强学科点建设。立项建设的验收方式是多样化、多标准的，验收方式一是组织专家按立项时制定的建设目标逐项进行验收，对建设情况进行全面评价，验收方式二是借助国家和地方学位管理部门组织的评估工作，以评估验收的结果作为对立项建设学科的最终评价，验收方式三是借助学位点申报工作，以学位点申报结果作为对立项建设学科的最终评价。综合以上立项建设的整体情况，我们可以简要地对立项建设管理模式作如下的定义：即以立项为形式，以项目为管理对象，由其他管理部门进行立项论证，由项目负责人全面负责，以学术队伍建设为核心，系统全面进行学科点建设，加强中期检查与终期验收工作等监控管理的学科建设管理模式。

（二）湖北省部分高校学科建设管理模式创新的新动态与新举措

创新对于管理工作具有重要的意义，开展管理创新是提高管理工作效率不竭的动力，是管理工作永恒的追求，尤其在当前学位与研究生教育快速发展的形势下，结合各高校学科建设的现状、战略发展目标与愿景，湖北省许多高校在现有的管理模式下进行了积极的思考与创新，出现了一些新的学科建设管理模式新动态与新举措。

1. 华中科技大学的以人为本管理模式

以人为本学科建设管理模式是指高校在发展自身学科特色时，突出师资队伍这一核心要素，从师资队伍人才的需求出发，满足这些人才情感和事业发展的需求，通过营造良好的科研环境、工作环境和生活环境，通过相应的制度与政策规范，形成有利于教师和科研人员办学环境和学术氛围，从而推动高校学科建设的一种发展模式。华中科技大学以人为本学科建设管理模式的主要举措包括如下内容。

（1）以人为本模式的关键在于把握人的需求，构建并完善人才培养、选拔和考评机制

这些年来，随着学科建设理论研究与实践的不断深入，高等教育领域相关人员对学科建设的认识和理解在高等教育领域已有了很大的进步，以师资队伍为学科建设核心的办学理念渐入人心。在高校相关人员对学科建设认知提升的基础上，要采用以人为本模式，还需要高校和院系两级通过完善相应的引人机制、用人机制，以满足人的需求为出发点，通过完善激励机制，营造良好的人才环境，才能推动学科建设与发展。

① 构建人才引进和人才培养激励机制

以人为本模式的重心在于充分做好师资队伍建设工作，在学科建设过程中，紧紧抓住师资队伍这一核心要素，通过引进和培养一批高水平的师资队伍，促进学科整体建设与发展。师资队伍建设从其组成来看，包括外部人才引进和内部人才培养。

在外部人才引进方面，我国改革开放以来，由于国内经济发展水平和科学技术发展水平与国外发达国家有较大的差距，许多优秀的青年学子纷纷到海外留学，因种种原因，学成归国的留学生极少，形成了一支数量庞大、受过高层次教育、具有较高科研水平的"海外军团"。

近些年来，无论是中央政府、地方政府，还是高校，都采取了系列有效措施，吸引海外留学人员回国，如国家实施的"千人计划"、"长江学者计划"等。这些政策的出台，在引进海外留学人才归国工作中发挥了重要作用。因此，在外部人才引进方面，高校要将关注重点放在对优秀海外留学人员的引进上。对于引进高水平海外留学人员，高校构建激励机制主要应把握如下几点：一是对国内近些年经济和社会发展的宣传。改革开放30多年来，我国经济得到了快速发展，基础设施、生活条件发生了翻天覆地的变化，教学科研人员的社会地位得到了明显提升，生活待遇有了明显提高。另外，整个社会的政治氛围也有了极大的变化，这些环境与条件上的转变，需要通过一定的途径与方式让海外留学人员有比较充分的了解，为他们顺利回国消除心理上的疑虑。二是构建与海外留学人员的联络渠道和交流渠道。要引进海外留学人员，首先要通过一定的渠道，取得与这些海外留学人员的联系。高校和院系可以通过自身的领导和教师，尤其是这些海外留学人员原来的老师和同学，取得与这些海外留学人员的联系方式，为进一步沟通交流提供联络信息。其次是要加强与海外留学人员的沟通。高校和院系要有针对性地指定专门的联络人员，采用一对一联

络的方式，把握国外留学人员的动态。联络人员要积极介绍国内社会发展和经济建设的情况，介绍我国高等教育的发展状况和所在高校及学科的发展情况，介绍国家和高校关于吸引优秀人才归国的相关政策等。通过多次交流，让海外留学人员详细了解国内的相关形势和政策，吸引他们回国。最后，留学归国人员回国时，在实验基地建设、仪器设备配置、住房安排、子女上学、配偶安置等方面要做好服务，为他们尽快开展科研和教学工作提供良好的科研、工作和生活条件。

除加强引进优秀海外留学人员外，还要注重对校内人员的培养，要为这批人员提供良好的工作环境和发展氛围。对于自身的"本土人员"，也要有相应的激励机制，保证现有师资队伍有发展空间和工作积极性。如果缺乏这方面的制度设计，连自身"本土人员"都留不住，很难想象能够引进高水平的外来人员，这就与以人为本模式的本意南辕北辙了。对于现有校内人员的培养，要客观认识到我国高等教育和科研水平与国外发达国家尚存在较大差距这一现实，每年要定期选派一批优秀中青年学者出国研修和学习。要将这种选派活动制度化，高校和院系要设立相应的专项资金，保证这一制度能够顺利实施；同时要完善选拔机制，建立科学、合理的选派政策，做到公正、公平，选派一批有发展前景的人员出国研修和学习。通过这种形式，让中青年学术骨干及时了解本学科领域国际学术发展前沿，拓展其学术视野。

② 完善人才选拔机制

无论是引进海外留学人员，还是留住"本土人员"，除了以上的制度设计外，还需要在人才选拔和人才评价机制上进行精心设计，构建起有利于人才成长和发展的激励机制。在人才选拔机制上，主要是确立合理的选拔标准、选拔方法和支持措施。

人才选拔的内容包括学术带头人的遴选、博士生导师遴选、硕士生导师遴选，以及各级各类社会学术职务的评选，包括中国科学院院士、中国工程院院士、国务院学科评议组成员、长江学者特聘教授等。这些人才选拔的目标不一，层次也有差异，因而在标准上自有不同。对于高校的学科建设而言，要考虑到不同类型学科间的差异性，如理工学科和人文社会科学学科的差异，同时考虑到学科层次上的差异，如重点学科与一般学科，尤其对于高校的优势学科，其在制订人才选拔标准上要有较高的水准，才能真正选拔出高水平的人才。

人才选拔会引起广大教师的高度关注，因而在选拔方法上，一定要做到公开、公正、公平，这就需要高校建立科学、合理的选拔方法。从我国各类人才的选拔方法来看，要为广大教师所认同，在选拔方法上要把握好如下几点：一是在选拔程序上要逐级选拔，多层把关，即要从院系一级评选开始，还要有学校一级的评选；二是在评选人员的组成上，要尽量聘请一部分校外人员参加，降低因为人情因素而带来的评价不客观等情形的出现；三是要有公示制度，通过公示选拔人员的相关材料和基本信息，公示候选人名单，强化广大师生对人才选拔的监督。

在选拔完人才后，要有相应的支持措施，扶持这批优秀人才的发展。具体的支持措施主要包括相应的薪酬制度、相应的科研支持制度和相应的奖励制度。

③完善人才评价和考核机制

人才评价与考核机制是人才激励机制构建的一个重要环节。人才评价与考核内容包括科学研究和人才培养两部分为容，对于高校学科建设而言，更为重要的是科学研究的评价与考核。高校学科组织内部的科研评价体系有利于保证科研评价的信度和效度，解决科研工作中存在的问题；有利于提高学术带头人、学术团队成员的科研积极性，形成良好的科研、创新氛围，因而要建立公平、合理的科研评价体系。高校科研评价是科研管理的决策依据，只有科学、有效地开展高校内部科研评价活动，才能总结出科研工作中的经验与不足，才能实施有效管理。

在人才评价和考核机制上，要按不同的学科属性进行分类管理，不同的学科要有不同的评价标准。在人才评价和考核标准上，对于高校学科建设而言，要做到如下几点：一是打破现有的综合评价与考核体系，要将科研项目、科研经费、科研成果等多方面的考核内容打通，折算成相应的比例，按照不同层次人才，制订相应的综合评价标准；二是要注重科研的质而非量，加大承担高水平科研项目和出高水平科研成果的激励政策，不片面追求在科研上的数量考核，鼓励出高水平的、创新性成果；三是要将人才评价机制、考核机制与奖励机制挂钩，将评价与考核结果分为若干等级，并与年终奖励政策衔接，鼓励教师和科研人员潜心研究，激励他们出高水平的科研成果，形成良好的科研激励氛围和制度保障体系。

（2）加强学科系统建设，构建有利于人才引进和培养的良好环境

高校学科建设是一项系统工程，要应用好以人为本形成模式，绝非单一加强人才引进与培养工作，就能够有效推进学科建设与发展。要建设一支高水平的师资队伍，既要提高学校和院系领导层对学科建设的认识，也要有相关人才

激励政策的保证，更要加强学科的系统建设，营造良好的人才引进和培养氛围。

①建立高水平的科研基地

就目前我国高校人才引进与培养现状来看，各高校在高水平人才的待遇上采取了强有力的举措，从资金上给予了相当大的支持，但就高水平人才的需求来看，他们关注的并非仅仅是个人收入，更加关注其事业发展，而高水平科研基地是为这批高水平人才开展创新性科研的基本条件和重要支撑。建立高水平的科研基地，必须结合相关学科现有的科研基地水平，首先要积极争取高校内部的重点投入和重点建设，包括纳入到"985工程"、"211工程"或校内重点学科建设领域之中，在国内同学科领域中形成一定的影响。在此基础上，要积极争取国家、地方或行业的支持，实现科研基地层次上不断提升，从而建成高水平的科研基地，为相关学科教师和科研人员提供良好的科研条件。

②组建高水平的科研团队

要开展高水平的科研工作，必须有一支高水平的科研团队。从我国当前的科研政策来看，单一的优秀人才很难承担高水平的大课题、大项目，必须要有一支高水平的科研团队，而事实也证明，单一的优秀人才难以完成高水平的大项目，也难于出高水平的科研成果。同时，一支高水平的科研团队可以在科研工作中，相互启发，相互支持，协同攻关。每个人的精力毕竟有限，而在研究领域上又各有专攻，这种团队"作战"的科研模式，既能提高科研效率，又能保证出高水平的科研成果。因此，高水平人才在考虑自身发展时，将高校所属学科相关领域是否拥有一支高水平的科研团队，作为其选择就业单位的重要考察内容。

2. 华中农业大学的学科交叉管理模式

学科交叉是高校促进学科建设发展、形成高校特色学科和优势学科的重要手段。学科交叉模式是指高校内学科与学科之间，通过学科资源的重组，实现学科发展过程中研究方向特色形成，师资队伍融合以及科研教学条件提升，进而提升学科与学科交叉所形成学科群的人才培养、科学研究和服务社会的能力和水平，即通过学科群内在要素的实力提升，提高学科群外显要素的能力与水平。华中农业大学的具体举措包括如下几方面。

（1）把握国家重大需求，充分整合学校资源，着力建设特色学科

从世界各国高等教育的发展历史来看，任何一所高校不可能实现学科整体的全面发展，只能部分学科或少数学科在国际或国内形成自身的优势，以特色办学，以特色立足于高等教育界，成为众多高校的办学思路。我国高等教育与

教育发达国家相比，起步较晚，同时受国家投入不足等各种因素的制约，突出重点建设成为各高校的发展思路。同时，生命科学与信息科学作为引领当今新技术革命的重要学科领域，其发展具有革命性和划时代的意义，因此，生命科学和信息科学成为世界各国高等教育重点支持的发展领域，我国《国家中长期科学和技术发展规划纲要（2006—2020）》中明确提出了我国科学技术的若干重要方面实现预期目标："涌现出一批具有世界水平的科学家和研究团队，在科学发展的主流方向上取得一批具有重大影响的创新成果，信息、生物、材料和航天等领域的前沿技术达到世界先进水平。"在总体部署上，《纲要》将能源、资源与环境保护、信息技术、生物技术、天空与海洋技术和基础科学和前沿技术五方面的内容作为科技发展的战略重点。其中，对于生物技术的发展，明确提出："把生物技术作为未来高技术产业迎头赶上的重点，加强生物技术在农业、工业、人口和健康等领域的应用。"因此，无论国际高等教育发展的历史，还是我国当前和今后一段时期国民经济和社会发展的重大需要，突出自身办学特色，加强生物学科及其在相关领域的应用，成为许多高校优势特色学科建设的重要选择。

　　华中农业大学把握这一高等教育发展形势，充分认识到高等教育的目标在于服务于社会，为国民经济建设提供人才支撑和科技支撑，同时，也认识到国民经济建设社会发展对生物学科发展及其在相关领域应用的国家重大需求。早在 20 世纪 80 年代中期，该校就敏锐意识到发展生命科学的重要性，结合自身实际，积极加强生命学科建设。在如何谋求生命科学发展的建设上，该校认识到自身办学资源的有限，要发展生命科学学科，就必须发挥学校党政的行政职能，大力实行办学资源的重组，集中学校相关资源，强化对生命学科的建设。正是在这一办学指导思想下，该校于 1986 年就实施了生物学科的第一次重组，在整合校内相关资源、积极引进人才的基础上，在全国同类高校中率先组建了生物技术研究中心，为该生物学科的发展奠定了良好基础。1994 年，该校又整合微生物学、作物遗传育种学等国家重点学科的力量，与生物技术中心合并，组建了生命科学技术学院。正是通过不断地整合力量，通过 20 多年的集中建设，该校生命学科得到了快速发展，成为在国内外都具有重要影响的国家重点学科，使生物学科成为该校重点建设和发展的特色学科。

　　（2）以优势学科带动传统学科建设，促进高校整体发展

　　华中农业大学集中人、财、物等各种资源建设好生命科学后，如何实现该校作为学科主体的传统农学学科建设，促进学科整体的发展，是摆在该校发

展中的一个核心问题。华中农业大学首先明确了办学目标和办学思路。该校在"十五"建设期间，提出了未来10年的奋斗目标："建设以农科为优势，以生命科学为特色，农、理、工、文、法、经、管等多学科协调综合发展，整体水平国内一流，主体学科接近或达到世界先进水平，在国际上有较大影响的教学科研型高水平大学，努力使学校成为国家培养高层次创新性人才的基地，成为国家科技创新、科技成果孵化，以及解决国家经济建设、科技进步和社会发展的重大理论和实践问题的基地。"在具体的建设思路上，该校提出了"重点加强农学类、生物学类的国家重点学科和优势学科建设，使其继续保持或确立在全国同类学科中的领先或优势地位；坚持用现代生物技术、信息技术改造传统农学学科，使其研究领域不断拓展，整体水平全面提升；重点发展生命科学、信息科学、食品科学、资源与环境科学及管理科学等五大类的有关新兴学科和国民经济建设急需的学科，促进新的学科生长点诞生"。

在明确了办学目标和办学思路后，该校通过学科建设创新，通过学科交叉，通过学科组织形式创新，用现代生命学科来改造传统农学学科，谋求生命学科和传统农学学科的共同发展。通过生物学科与传统农学学科的交叉，带动了传统农学学科的发展。在2006年教育部组织的第三轮国家重点学科评选中，除生物学科有两个学科被评为国家重点学科外，该校作物学被评为一级学科国家重点学科，果树学、动物遗传育种与繁殖、水产养殖、农业经济与管理等四个二级学科被评为国家重点学科，实现了生物学特色学科优势的进一步巩固，同时也带动了传统农学学科的整体发展，从而促进了该校整体学科实力和水平的提升。

（3）强化系统建设，保证建设成效

在以现代生物学科改造传统学科的过程中，华中农业大学实行了系统规划，整体建设的建设发展思路。所谓系统规划，是指结合湖北省开展的学位点立项建设和湖北省重点学科建设，强化对学校整体学科的系统规划，既突出了原有生物特色学科的建设，也突出了对传统农学学科的建设。所谓整体建设，是指在建设内容上，进行了系统建设：一是加强了现代生物技术与传统农学学科的交叉，通过其生物学科的优势，带动了传统农学学科的发展。该校通过生物学科与应用学科的交叉、渗透和融合，形成了生物学基础学科和农业应用学科协调发展的良性循环，传统农学学科优势突出，新兴生物学科特色明显。作物遗传改良、园艺植物育种、动物遗传改良、兽医病毒等传统学科与分子生物学有机结合后，产生了新的特色，分子细胞生物学、生物信息学、发育生物学等新兴学科的发展更是依托了分子生物学的背景。该校在水稻功能基因的分离、克隆和重要功能基因的遗传转化，应用基因工程和分子技术选育动植物新品种等方面形成了自身的优势，一批研究成果达到或接近世界先进水平。二是以条件建设为支撑，以科研项目为纽带，整合提升传统学科水平。重点实验基地是学科发展不可缺少的物质支撑条件，对高水平开展科学研究、科技开发，产生和创造新知识、新技术，培养高层次创新性人才都起着极为重要的支撑作用。该校特别重视对实验基地的建设，坚持"加强基础，纵向深入"，同时注重"横向辐射，互促共进"。围绕生物学科和农学学科，先后建成了2个国家重点实验室、1个国家专业实验室、3个国家工程（技术）研究中心、6个国家育种中心、7个省部级重点实验室和5个省部级研发中心。正是这些高水平科研平台的建成，为该校生物学科和农学学科的发展创造了良好的科研工作条件和人才培养条件。三是加强师资队伍建设，提高传统农学学科师资水平。师资队伍建设是学科建设的核心所在，师资队伍水平直接关系到学科建设的水平，而在师资队伍建设中，关键在于学术带头人的培养与引进。该校加强学术带头人引进、培养以及优秀创新团队建设，先后培养和引进一批在国内外有较大影响的学术带头人，拥有中国科学院院士1名，中国工程院院士4名，长江学者特聘教授和讲座教授8人；建成了一批有重要影响的学术团队，包括国家自然科学基金创新研究群体1个，教育部创新团队3个，形成了一支在国内外有较大影响的师资队伍和学术团队。

3. 江汉大学的学科特区管理模式

学科特区管理模式是指在国际科技前沿领域着力选择几个突破口，将新兴学科对学科整体发展的影响力、国际学术界的地位、持续发展的活力等作为衡量标准，从国内外引进优秀人才，突破现有的学科组织结构模式，遵循国际惯例，创新全新管理机制，采取特殊运作方式，构筑人才高地，强化资源投入，以超常规发展的思路，加快建设并努力建成有较大影响力的优势学科。

近几年，江汉大学通过创建"学科特区"，大力促进学科建设与发展，组建了交叉学科研究院。该交叉学科研究院包括九大领域：一是纳米生物医学工程中心，主要开展循环肿瘤细胞检测和分析的微流控芯片、透皮给药的无痛微针、生物组织工程的诱导多能干细胞技术等领域的研究。目前，该中心是湖北省内首家从事诱导多能干细胞技术研究的研究机构。二是生物功能糖化学研究中心，主要开展细胞粘附抑制剂研究、以寡糖为载体的靶向药物研究和糖化学在天然药物研究中的抗肿瘤应用研究等。三是基因研究中心，主要开展以模式作物（拟南芥和水稻）为材料，探讨农艺性状的表观基因组及调控机制，鉴定一批控制主要农艺性状的表观遗传 QTL，从而为高产优质水稻的分子育种奠定基础。四是自然能源研究中心，主要开展以利用多种非线性光谱手段对燃料电池、太阳能电池与生物的界面表征分析，分析关键分子过程与机理，解决化学能转化、太阳能转化、生物能源转化等领域中的瓶颈问题。五是多肽及蛋白质化学研究中心，主要利用荧光多肽探针寻找与疾病相关的靶标蛋白，研究疾病发生的机理，发展多肽药物，同时开发多肽在其他领域的新功能。六是图论和网络科学与应用中心，主要以研究图论和和网络理论，交叉运用数学与计算机科学、生命科学和社会科学等基础与应用学科方法，为通信网络、交通网络、社会网络等的设计和优化提供强有力的工具。七是纳米功能材料与能源器件中心，主要以纳米功能材料为基点，重点研究其在能量转换与储存器件中的应用问题，探索纳米功能材料在高性能太阳能电池、锂离子电池等领域的商业化应用前景。八是感光聚合物材料研究中心，主要以感光聚合物材料为基点，重点研究感光聚合物材料的改进和应用开发等问题，探索感光聚合物材料在枪瞄镜、光学显微镜、聚光薄膜等领域的商业化应用前景。九是江汉大学——凯撒斯劳滕工业大学共建研究中心，主要以流体力学领域涡轮机的基础性研究为基础，将拓展与中国企业和在中国常驻的外资企业的工业应用研究。研究成果将提升武汉市相关企业流体机械产品的研发水平，尤其是对武汉的汽车发动机企业的涡轮增压器设计研究，能源行业的汽轮机流体流动性能核心技术研究有积极的推动作用。

江汉大学以交叉学科研究院为载体，近几年引进了来自法国、德国、美国等国内外的著名 9 位专家，创建"交叉学科研究院"学科特区。研究院实施"专家治院"的管理体制机制创新，以武汉市重点发展产业核心技术应用为主要研究方向，鼓励多学科交叉研究共同攻克同一产业多项核心技术，包括纳米生物医学工程、图论与网络科学及应用、多肽及蛋白质化学、生物功能糖化学、自然能源工程、基因研究、感光聚合物等。

截止 2015 年底，该研究院建设初见成效，已完成 9 个研究中心实验室的建设，共引进全职科研团队成员 25 名，吸收校内兼职科研人员 30 余名，拥有国家"千人计划"入选者 2 名，湖北省"百人计划"入选者 1 名，湖北省"楚天学者"7 名。研究院获批国家自然科学基金 4 项，省自然科学基金 2 项，培养的优秀研究生发表论文影响因子达到 8.5。

四、学科建设管理机制现状

对于学科建设管理机制，主要包括学科建设运行机制、学科建设动力机制和学科建设约束机制等三个一级子机制。学科建设运行机制又包含决策机制、目标导向机制、协调机制、评价机制和风险防范机制等五个二级子机制；学科建设动力机制包含激励机制和竞争机制两个二级子机制；学科建设约束机制包含调节机制和监督机制两个二级子机制。

湖北省各高校在长期的办学过程中，已经形成了比较有效的学科建设运行机制，因而将关注的重点集中在学科建设动力机制和约束机制。结合当前学科建设的实际情况，主要从学位点淘汰机制、学科建设绩效考核机制、学科建设绩效投入机制等三方面进行问卷设计和问卷调查。

（一）学位点淘汰机制

学位点淘汰机制是学科建设约束机制的重要内容，是调节机制的重要组成部分。学位点淘汰机制是指高校结合自身发展情况，尤其是为了优化配置办学资源，进一步突出办学特色，对少数基础较差、社会需求不足、不符合学校战略办学发展方向的学科，经过一定程序而进行的调整。

课题组对部分高校进行了问卷调查，有 29 所高校反馈了本校是否实行学位点淘汰机制，其中 14 所高校实行了学位点淘汰机制，15 所尚未实行。在实行学位点淘汰机制的高校之中，均出台了学位点动态调整管理办法，如军事经济学院、华中师范大学、武汉大学、华中科技大学等少数高校已对少数学位授权点进行了对应调整或撤销。

（二）学科建设绩效考核机制

学科建设绩效考核机制既是学科建设动力机制的重要组成部分，也是学科建设约束机制的重要组成部分。学科建设绩效考核机制是高校在实行目标责任制考核工作中，将学科建设纳入评价体系之中，并从制度层面对学科建设相关责任人予以奖罚的制度设计。

著者对部分高校进行了问卷调查，有 26 所高校将学科建设纳入目标责任制考核之中，另有 3 所高校未实行目标责任制或未将学科建设纳入目标责任制考核内容。在 26 所高校之中，对学科建设的重视程序又有其差异性，其中有 22 所高校将学科建设作为一级指标考核，其平均权重为 20.70%；另有武汉理工大学、中南财经政法大学、荆楚理工学院、武昌理工学院等 4 所高校作为二级指标考核，其平均权重为 25.75%。

此外，在反馈相关信息的 29 所高校是否将院长任职与学科建设成效挂钩，对问卷调查的统计显示，有 16 所高校实行了这一制度，另有 13 所高校尚未实行这一制度。在是否对学科建设项目负责人实行奖惩机制上，有 24 所高校在学院层面制订了奖惩制度，主要在学院年终绩效工资方面进行奖励或处罚，学校很少出台相应的奖惩措施；另有 5 所高校在学校层面和学院场面均未出台相应的奖惩制度和奖惩措施。

（三）学科建设绩效投入机制

学科建设绩效投入机制同学科建设绩效考核机制一样，既是学科建设动力机制的重要组成部分，也是学科建设约束机制的重要内容。学科建设绩效投入机制是高校依据各学科建设项目的建设与执行情况，依据学科建设绩效考核的结果及学科建设成效，对承担建设的学院或学科建设的项目，在学科建设后续资助经费上所采取的奖惩措施。

从问卷调查的情况来看，29 所反馈调查信息的高校之中，有 24 所高校实行了学科建设绩效投入相关举措，另有 5 所高校尚未出台相关制度，未建立学科建设绩效投入的奖惩机制。

第五节　湖北省高校学科建设中存在的主要问题

以上对湖北省高校学科建设的数量、结构、布局、内涵及管理现状进行了比较详细的分析，从中可以看出，湖北省高校在"十二五"期间学科建设取得了明显成效，有力推进了湖北省高校的整体建设与发展，有力促进了湖北省由高等教育大省向高等教育强省的逐步转变，但同时也存在着一些问题，影响了湖北省高等教育的整体发展。

一、以学科建设为引领的发展思路尚未确立

学科建设的主体是高校，学科建设关键在于高校办学理念的转变与创新。长期以来，我国高等教育的办学理念主要以块块管理为主，即实行以教学、科研、人事、财务、国有资产、后勤保障等块块式的行政化管理体制，保证并推动高校的学科建设与发展，湖北省各高校在总体发展思路上亦如此。在当前

高等教育竞争日益激烈，尤其是推进综合改革的背景下，这种传统的、块块式的高校发展思路已经严重制约了学科的建设与发展。当前高校发展思路对学科建设与发展产生了不利影响，考察当下湖北高校建设的现状，不难发现，湖北高校建设与发展呈现出高校建设项目碎片化的问题。

所谓建设项目的碎片化问题，是指高校所开展的诸多重点建设项目，在整体建设上宏观统筹不够，缺乏宏观层面的系统设计，与学校整体发展规划契合不够；各项目之间相互衔接不够，项目之间相对独立，缺乏应有的关联；建设项目协同不够，综合建设成效不够明显。高校建设项目碎片化，究其原由，主要源于建设项目来源的多层次、多渠道，既有中央的建设项目，也有地方政府的建设项目，还有高校自身的建设项目，这些不同来源的建设项目，其价值取向、建设目标和建设内容都有较大的差异性。这种高校学科建设项目碎片化的问题可概括为两方面的问题：一是高校整体建设与发展上缺乏统筹；二是在内涵建设上，各职能部门各自为政，缺乏对学科的系统建设。因此，当下高校比较陈旧的办学发展思路直接影响了学科建设的成效，影响了高校学科整体的建设与发展。

二、学科整体水平与高教强省目标有一定差距

湖北省已明确提出了建设高等教育强省的战略发展目标，以支撑湖北省经济建设和社会发展。湖北省从博士和硕士学位授权单位、博士和硕士学位授权点、国家重点学科和省级重点学科总量来看，均居于全国前列，在规模上是高等教育大省。但就湖北省学科建设整体水平和内涵建设而言，尚不是高等教育强省。

从现有高等教育省域间的发展竞争态势来看，湖北省面临"前有强敌"、"后有追兵"的严峻形势。所谓"前有强敌"，是指与北京、上海、江苏等高等教育强省（市）相比，湖北省要想赶超，难度极大。从现有的发展态势来看，与这三个高等教育强省（市）的差距还有进一步加大的趋势。如在已经开展的全国学科水平评估中，湖北省相关学科排名居第一学科数为10个，排名全国前5位的学科数为41个，与北京、上海、江苏等省市就存在较大的差距。所谓"后有追兵"，是指经济比较发达省份，如山东、广东、浙江等省对高等教育投入不断加大，近几年发展迅速，与湖北的差距有不断缩小的趋势。此外，陕西省在高等教育的部分指标还领先湖北，如"985"高校数、研究生

院的数量均超过湖北，其他指标也很接近。因此，湖北省要建成高等教育强省，尤其是在"十三五"期间在全国率先建成高等教育强省，面临巨大压力，任重而道远。

三、优势和特色学科建设有待强化

众所周知，一国高等教育发展的关注点主要包括规模、质量、结构和效益四大要素。我国改革开放三十多年的发展，基本上解决了规模问题，但质量、结构和效益问题在高等教育大发展的情形下，没有得到根本解决，这三个问题成为今后一段时期我国高等教育重要的改革和发展方向，这从我国政府出台的《国家中长期教育改革和发展规划纲要（2010—2020 年）》可窥见一斑。围绕着质量、结构和效益问题，即如何保证高等教育质量，如何优化高等教育结构，如何提升高校的办学效益，其中我们可以看到一个共同的取向，或者说牵涉到一个共性的核心问题，那就是如何促进高校办出特色，实现高校的特色发展。这是因为，实现了高校的特色发展，客观上直接或间接对保证高等教育质量、优化高等教育结构和提升高校办学效益都会起得重要的推动作用。因此，《国家中长期教育改革和发展规划纲要》在高等教育部分中明确提出了"促进高校办出特色"，这成为我国各高校在今后一个时期共同所面临而且必须解决的共同命题。

高校的办学特色和特色发展体现在哪里？毫无疑问，最具说服力的无疑是高校的优势学科和特色学科，即优势学科和特色学科成为一所高校特色的具体体现。湖北高校通过近几十年的建设和发展，部分高校的优势学科不断增多，特色学科的区域、行业优势不断显现，但从总体上来看，高校的优势学科和特色学科发展情况并不太显著，表现在如下两个层面：一是国内的学科影响力有所下降。比如，中南财经政法大学的工商管理学科、湖北中医药大学的中医学学科等原有优势学科，在全国第三轮学科评估中，排名都不太理想，较第二轮有比较明显的退步。二是国外的学科影响力有限。由美国信息情况所所开展的ESI 学科排名（按 22 个学科领域进行的学科排名），已成为世界范围内为教育系统乃至社会所普遍认同并用以衡量学科水平的重要指标，通常能进入前 1%的学科一般被认为达到或接近世界先进水平，进入 1‰的学科一般被认为进入世界一流学科行列。以 2015 年底的统计数据为例，湖北高校进入 ESI 前 1%的学科数为 43 个，仅有华中科技大学的工程学、武汉大学的化学、中国地质大学（武汉）的地质学等 3 个学科进入 ESI 前 1‰，进入世界一流行列的学科数量较少。

四、学科结构和布局有待进一步优化

从湖北省学科结构和布局来看，尚需进一步优化。在学科结构方面，从湖北高校博士学位授权高校和博士学位授权点来看，虽然在政策上对省属高校有所倾斜，省属高校在近两次学位授权审核工作中数量有较大幅度的增长，但原有数量较少及学科基础相对薄弱，目前博士学位授权点仍主要集中在部委属高校，省属高校博士学位授权点数量相对较少。此外，从学科知识结构来看，哲学、历史学等人文基础学科布点数量较少，公安学、航空宇航科学与技术、林业工程、生物工程、公安技术、草学、特种医学、医学技术、军事思想及军事历史、戏剧与影视学等 10 个一级学科尚无博士和硕士学位授权点。从对湖北省重点产业发展提供支撑的相关学科点的层次和数量来看，少数学科布点数量较少，对湖北省重点产业发展支撑不够。

在学科布局方面，无论是博士和硕士学位授权单位，还是博士和硕士学位授权点、专业学位博士和硕士学位授权点都主要集中在武汉市，其他地、市、州数量都很少；地市级中心城市中，只有宜昌和荆州有博士学位授权高校，分别为三峡大学和长江大学，襄阳、鄂州、孝感、荆门、随州、仙桃、潜江、天门、神农架等 9 个地级市中心城市没有硕士授予单位，鄂西北、鄂南地区硕士学位授权高校数量较少或为空白。

五、省属高校整体发展相对滞后

省属高校虽然办学规模较大，但整体上办学层次较低、学科优势与特色不突出、服务社会的能力相对较弱。近年来，尽管省属高校有部分学科居于全国同类学科先进水平，由于原有学科积累不够、办学历史较短、投入不足等多种原因，目前尚无国家重点学科，尚无"211 工程"建设高校，尚无"两院"院士，而河南、湖南、江西、山西、安徽的省属高校均有"211"工程院校，这些省份大部分都有院士和国家重点学科。此外，如国家重点实验室、国家工程研究中心等国家级科研基地以及代表为国家、行业作出突出科技贡献的国家级科研成果等重要指标，湖北省属高校均处于全国同类院校中比较落后的位置，缺乏强有力的竞争力。

六、湖北省学科建设经费投入不足

湖北省是较早开展省级重点学科建设的省份之一，且经过优化资源、重点投入，省级重点学科建设取得了明显成效，如湖北省现有的国家级重点学科，几乎全都经过了省级重点学科的建设。尽管如此，湖北省和其他高等教育发展迅速的省份相比，在高校学科建设经费的投入方面存在明显不足。如江苏省1994年起开始省级重点学科建设，2001年起增加了"重中之重"建设，2010年起每年拿出10亿元学科建设专项，重点支持部分重点学科进行重点建设。而湖北省到"十二五"建设末期时，虽然较以往在学科建设专项经费上有所增加，但每年总预算投入不足2亿元。

尤其是2015年国家"双一流"计划意见出台后，部分省市学科建设专项投入力度都很大。北京市于2015年启动了"北京高等学校高精尖创新中心建设计划"，计划建设20个左右高精尖中心和50个左右高精尖项目，每年每个中心的投入达到5000万至1亿元。上海市实施了"一流学科建设计划"，计划每个自然科学类学科每年资助1000万元，每个人文社会科学类学科每年资助500万元。广东省实施了高水平大学建设计划，2015年至2017年就安排50亿元重点支持7所高水平大学和18个重点学科建设项目。河南省提出《河南省优势特色学科建设工程实施方案》，10年投入31亿元打造世界一流学科。

除省级财政对高校学科建设专项之外，从对高校科技投入来看，东部沿海经济发达省市正利用其经济优势，使高校科技事业在良性循环中得到快速发展，其科研经费投入成为高校学科建设的重要来源。西部地区也利用国家优惠政策、资金倾斜的优势奋力追赶。根据2015中国大学教育地区（省、市、自治区）综合竞争力排名，虽然湖北省名列前10位，但优势地位受到严峻挑战。这种挑战表现为，一直较强的北京、江苏、上海仍在湖北之前，辽宁、山东、广东、陕西也有后来者居上的态势。

此外，湖北省企业对湖北高校学科建设的支撑力度不够，对学科建设和科技经费的投入严重不足。许多大中型企业科技成果转化的风险承受力较弱，或过于注重短期的投资回报率，部分企业短期行为比较严重，对研发活动缺乏长远的规划和投资，对大学的高科技成果有效需求不足。根据湖北省统计局发布的科学研究与试验发展（以下简称为"R&D"）资源清查主要数据公报，2014年湖北省开展 R&D 活动的大中型工业企业有 633 个，仅占全部大中型工业企业的 27.80%；当年大中型工业企业共开展立项经费 10 万元以上 R&D 项目 6400 个，科技活动经费支出 217.23 亿元，仅占其产品销售收入的 1% 左右。相比之下，发达省市如广东、上海、江苏等相继设立了高校产业风险基金，对重点科研项目、重点实验室和重点学科建设的支持力度大，成效也比较显著。

第五章 湖北省高校学科建设
改革与发展目标

通过对湖北省高校学科建设历史的回顾、发展现状的考察及面临形势的分析，要实现湖北省高校学科建设的科学发展，率先实现高等教育现代化，率先建成高等教育强省，更好服务国家及湖北省经济社会发展，更好支撑湖北创新驱动发展战略，需要确立湖北省高校学科建设改革与发展的总体目标。本章主要内容包括湖北省高校学科建设改革与发展的指导思想、基本原则以及发展思路与目标三部分内容。

第一节　湖北省高校学科建设改革与发展的指导思想

要实现湖北省高校学科建设"十三五"期间的又好又快发展，在整体建设与发展的谋划上，既需要有战略高度，又要现实观照，既需要有整体把握，又要突出重点，既需要有国际视野，又要关注中国特色，只有这样，形成湖北省高校学科建设改革与发展的科学指导思想，以指导未来一段时间内湖北省高校学科建设的发展方向。

一、指导思想

基于以上对湖北省高校学科建设所面临的形势分析，著者认为，湖北省高校学科建设的指导思想为：以中国特色社会主义理论体系为指导，深入贯彻落实党的十八大、十八届三中全会、四中全会和五中全会精神，遵循"四个全面"的战略布局和"五大发展"理念，把握国家经济建设和社会发展对学科建设的战略需要，按照《国家中长期教育改革和发展纲要（2010—2020 年）》提出的整体发展思路与总体发展目标，结合湖北省高等教育发展现状与经济社会发展的需求，以支撑创新驱动发展战略、服务经济社会为导向，以不断提升湖北高等教育整体实力和核心竞争力，率先实现湖北高等教育现代化，率先建成高等教育强省为战略目标，以优势特色学科为主要建设对象，以体制改革机制创新为突破口，引导高校汇聚创新资源、谋求特色发展，引导部属高校顶天创一流、立地求发展，省属高校特色创一流、服务求发展，大力促进高校综合改革，大力提升湖北科教优势及转化潜能，为湖北建成中部崛起战略支点、走在全国发展前列提供强力支撑，努力开创湖北省学科建设又好又快发展的新局面，促进湖北省高等教育更好地为加快高等教育强国建设和创新型国家建设做出更大贡献。

二、指导思想内涵分析

著者提出了湖北省高校"十三五"学科建设的指导思想，下面就其主要内容的内涵作如下解读和分析。

（一）把握正确政治方向，改革创新引领发展

把握正确的政治方向，是各行各业做好工作的基础。党的十八大以来，党中央提出了"全面建成小康社会、全面深化改革、全面依法治国、全面从严治党"的战略布局，其中全面建成小康社会是目标，全面深化改革、全面依法治国是手段，全面从严治党是保障，尤其是全面深化改革，是当前我国各领域步入改革深水区和攻坚期，围绕重大制约瓶颈、实现重大突破的核心关键所在。"十三五"期间，湖北省高等教育工作，必须按照中央的统一部署，尤其是教育领域综合改革的统一要求，全面深化湖北省高等教育领域的综合改革和湖北省各高校的综合改革，把握好改革发展方向，以改革创新精神、改革创新思路引领湖北省高校学科建设工作。

（二）基于湖北教育现状，着眼教育大省向强省转变

湖北省是高等教育大省，无论是高校数量、博士和硕士学位授权点数目、人才培养规模，还是国家重点学科数量，都居于全国前列，在我国高等教育体系中都占据重要的位置，对于我国高等教育的发展具有举足轻重的意义。我国面对日益激烈的国际竞争态势以及我国提出的由人才资源大国向人才资源强国转变的战略，都要求我国高等教育事业由大国向强国转变，而湖北省作为其中的重要组成部分，实现由大省向强省的转变，既是我国高等教育发展的需要，也是湖北省在未来一段时期，湖北省经济社会发展的需要。湖北省人民政府在2010年召开的全省教育工作会议上，明确提出了湖北省高等教育要实现由大省

向强国的转变、将湖北建成高等教育强省的目标，湖北省学科建设必须服务于这一重要目标。

（三）强化学科内涵建设，优化学科结构体系

要实现湖北省由高等教育大省向强省的转变，关键在于强化学科内涵建设，优化学科结构体系。质量和水平，是当前我国高等教育发展的两大主题。强化学科内涵建设，就是要提升高等教育水平，提高人才培养质量，这也是质量和水平两大主题在学科建设中的具体反映和体现。优化学科结构体系，包括优化学科结构的学科专业结构，优化学科专业的布局，优化学科的层次结构，优化人才培养的层次结构和类型结构。学科建设服务于地方经济建设和社会发展，学科结构需要结合地方经济社会发展需要进行合理调整。

（四）突出重点学科建设，鼓励高校办出特色

高校办学同质化是我国高等教育当前的一种普遍现象，而这种同质化倾向反映在学科建设上，就是片面追求数量和规模的发展，忽视了重点学科建设，忽视了高校优势学科和特色学科的建设，上升到办学思路层面，就是高校没有办出自身的特色。国外发达国家高等教育发展时间较长，借鉴其成功的经验，可以看出，这些高校都着力于办出自身的特色，逐步形成自身的特色，着力于强化自身少数特色或重点学科的建设，而不是一味地贪大求全，这既不符合我国的国情，也不符合高等教育发展的客观规律。引导湖北省各高校突出加强重点学科建设，最终目的就在于鼓励各高校办出自身特色，通过特色和优势学科群建设，彰显学科优势，凸现自身办学特色，通过特色和优势学科群的影响力，扩大高校在社会上的影响力，确立各高校在我国高等教育之林中的地位。

（五）引导创新体制机制，保证实现预期目标

要实现湖北省"十三五"学科建设预期目标，需要有相应的保障措施，才能保证能够实现预期的建设目标。否则，目标只能沦为一句空话，只是一种空想。要实现预期目标，需要有多方面的相关措施，但对于湖北省政府和高校而言，除了经费保障外，最重要的举措包括两方面：一是制度建设，一是健全机制。制度建设是要将现有的有关制度结合当前湖北省高校学科建设的实际和需要，不断予以修正，予以完善，使各高校学科建设工作在相关的制度保障下有序运行，使这些工作有章可依，在一种规范化的制度体系下有效开展，尤其要在学科建设管理模式上要积极创新，通过高校学科建设管理模式创新，促进高校学科建设的发展。健全机制，是指要完善运行机制、动力机制和制约机制等一级子机制，同时，要健全各二级子机制，如运行机制下的目标导向机制、决

策机制、协调机制、评价机制和风险防范机制；动力机制下的激励机制、竞争机制等；制约机制下的外部制约机制和内部制约机制等。只有构建并完善了学科建设机制体系，才能保证学科建设工作实现有序运行，才能保证学科建设取得良好成效。

第二节　湖北省高校学科建设改革与发展的基本原则

在以上指导思想的统领下，要实现湖北省高校学科建设的科学发展，要坚持如下几项基本原则。

一、贯彻国家精神，把握发展方向

深入领会并贯彻国家关于高等教育和学科建设改革与发展的精神，准确把握湖北省高校学科建设发展的方向。《国家中长期教育改革与发展纲要》中明显提出："促进高校办出特色。建立高校分类体系，实行分类管理。发挥政策指导和资源配置的作用，引导高校合理定位，克服同质化倾向，形成各自的办学理念和风格，在不同层次、不同领域办出特色，争创一流。"高校的办学特色体现在不同层次高校要明确自身的办学定位，突出优势学科与特色学科的建设与发展。湖北省政府要引导各高校结合的现有办学基础与条件，找到各自在高等教育生态系统中的"生态位"，促进各高校进一步凸显自身的办出特色，重点加强优势学科和特色学科建设，进一步把握发展重点，明确办学方向。

二、适应国家需求，实行重点建设

湖北省高校学科建设的发展，必须以适应国家战略发展需求为出发点，突出重点建设。以实现我国由高等教育大国向高等教育强国转变为出发点，着眼于在建成世界高水平大学和世界一流学科上取得突破，结合国家即将开展"世界一流大学、一流学科计划"，湖北省加大地方配套支持力度，促进部分具有较好基础的重点学科得到进一步重点建设，努力使省属高校进入 ESI 前 1% 的学科数量达到 5 个左右，进入全国学科水平评估排名前 5 位、相对排名进入前

10% 的学科数量达到 10 个左右。紧密结合经济社会现实需求和发展趋势，尤其是湖北省经济建设与社会发展的需求，通过强化学科内涵建设，重点在高水平师资队伍引进与培养以及打造高水平学科平台，提升科研能力，提高人才培养质量，增强服务社会能力与水平，重点培育一批优势学科群，为湖北省重点发展产业可持续发展提供智力支撑和人才支撑，促进湖北省重点发展产业形成自身的核心竞争力。

三、优化结构布局，完善学科体系

结合湖北省高等教育现有的基础，要进一步优化湖北省学科区域结构布局，满足湖北省地、市、州在经济社会发展中对高水平人才与科技服务的需要；要优化学科类型结构，重点发展湖北省经济社会发展所急需的学科，重点发展湖北省学科现有结构中的空白领域；要按照国务院学位委员会关于学位与研究生教育发展与改革的思路，引导各高校加快专业学位授权点建设，实现由以学术型研究生培养为主向以专业型研究生培养为主的战略结构转移。

四、强化内涵建设，提升学科水平

我国高等教育中长期改革与发展的核心目标在于提高质量，对于学科建设而言，关键在于加强自身内涵建设。湖北省高校学科建设的发展要紧紧把握学科建设的关键要素，切实加强学科内涵建设。紧紧把握国际学术发展前沿和国家发展战略的重大需要，结合学科基础，凝炼学科研究方向；以师资队伍建设为核心，加大人才引进和培养力度，尤其是要加强高水平学术带头人建设，建设一支结构合理、富有创新意识和创新能力、团结协作的学术团队；加强科研平台建设，打造高水平科研平台，提升科研创新能力；以创新人才培养模式和改革人才培养机制为重点，构建并完善人才培养质量保障体系，提高人才培养质量；积极将学科建设成果应用于经济建设和社会发展实践中，不断提高服务社会能力和水平。

五、完善体制机制，确保建设效益

湖北省高校学科建设的发展，要以提升学科建设整体水平为重要目标，完善现有的中央、地方和高校三级学科建设管理体制和管理机制。要按照国家教育改革发展规划纲要的总要求，充分发挥省级地方学位委员会对高校学科建设的统筹职能，进一步扩大高校自主办学权，形成以高校自主办学为主，两级政府管理为辅，突出省级政府管理为主的管理体制改革思路，完善学科建设管理体制。湖北省要加大对高校学科建设的资金投入力度；引导各高校加大自筹经费建设力度，设立专项资金投入学科建设；基于互利共赢的原则，引导社会对高校学科建设的投入，构建多元学科建设资金投入保障体系。进一步完善湖北省学科建设立项建设管理的运行机制，强化立项建设后的中期检查，构建学科建设绩效评价体系与评价方法，通过对学科建设成效的评价，完善学科建设评价机制与监控机制，引入奖罚机制与激励机制，构建有利于学科建设重产出、重绩效的学科建设机制体系。

第三节　湖北省高校学科建设改革与发展的思路与目标

按照湖北省高校学科建设改革与发展的指导思想与基本原则，要实现湖北省高等教育事业的科学、健康、有序发展，还需要明确湖北省高校学科建设改革与发展的具体思路，明确湖北省高校学科建设改革与发展的具体目标，以指导湖北省高校学科建设今后一段时段内的建设与发展。

一、湖北省高校学科建设改革与发展的思路

实现湖北省研究生教育的科学发展，要改革现有学位与研究生教育管理体制，建立两级政府和高校合理的制度体系，建立高效、有序的地方政府和高校研究生教育管理运行机制；不断探索并创新研究生培养模式，结合不同高校校情，不同层次、不同类型研究生培养的实际情况，以提高研究生培养质量为目标，构建多元研究生培养模式；结合湖北省研究生教育培养机制中导师和研究生积极性不足等问题，积极推进并不断深化研究生培养机制改革；突出各高校的办学特色和现有的办学基础，形成合理的办学层次，建设一批高水平的湖北省重点学科，支撑湖北省研究生教育的发展，建设一批高水平的湖北省研究生

培养创新基地；创造良好的办学环境，加强研究生教育法律法规体系建设，完善研究生教育质量保障体系，完善研究生教育服务系统。

二、湖北省高校学科建设改革与发展的目标

通过五年的努力，加快武汉市以外其他地、市、州高校学科建设的发展，优化湖北省学科区域布局，进一步优化学科结构；通过重点建设，力争部属委高校在世界一流学科建设上有更大突破，省属高校在世界一流学科建设上有所突破；引导各高校加强学科建设内涵建设，全面提升湖北省高校学科建设整体水平；加快专业学位授权点建设与发展，实现学位与研究生教育培养类型的战略转移；加强学科内涵建设，高端人才总量有较大幅度增长，学科科研平台水平得到提升，国家级科研基地有一定幅度增长，省部级科研基地有较大幅度增长，高层次人才培养规模实现稳步增长，人才培养质量有明显提高；改革学科建设管理体制，创新学科建设管理模式，完善学科建设运行机制，不断提高学科建设成效，构建有利于湖北省高校学科建设科学发展的体制机制环境，为国民经济建设、社会发展，尤其是湖北省社会发展提供科技支撑和人才支撑。

具体来说，到 2020 年，湖北省高校 20 个学科领域达到或接近世界一流水平（进入 ESI 前 200 位），50 个学科领域进入世界高水平行列（进入 ESI 前 1%），60 个学科达到国内一流水平（进入国内排名前 5 位），120 个学科进入国内高水平行列（进入国内排名前 30%），100 个优势特色学科对接湖北支柱产业和战略性新兴产业发展；推动部分部委属高校进入世界一流行列，部分省属高校进入国内一流行列；将武汉建成全球有影响力的产业创新中心，使湖北成为国家创新驱动发展的核心引擎。

到 2030 年，力争多数部委属高校和一批学科进入世界一流，若干省属高校和学科进入国内一流；到本世纪中叶，湖北省一流大学、一流学科的数量和实力进入全国前列，科教优势更加凸显。

第六章 省高校学科建设改革
与发展的重大举措

基于湖北省高校学科建设发展现状及其所面临的外部环境，要实现湖北省高校今后五年学科建设发展所提出的目标，按照《国家中长期教育改革与发展纲要（2010—2020年）》及湖北省政府提出的由高等教育大省向强省转变的要求，需要把握改革发展方向，全面推进高校综合改革；始终坚持改革创新，引领学科战略发展方向；引导高校合理定位，构建学科建设全新体系；着力实施四大工程，提升学科整体实力水平；实施学科动态调整，不断优化学科结构布局；科学厘清三大关系，保障提升人才培养质量；加强条件保障建设，确保实现学科建设目标。

第一节 把握改革发展方向，全面推进高校综合改革

2013年1月，教育部出台了《关于2013年深化教育领域综合改革的意见》，提出了按照顶层设计、试点先行、有序推进的原则，对教育综合改革进行了系统部署，形成了在培养模式、办学体制、管理体制、保障机制四个方面，从国家统一实施、地方承担试点和基层自主改革三个层面推进教育改革的总体格局。2014年7月，国家教育体制改革领导小组第十一次会议原则同意了清华大学、北京大学和上海市的综合改革方案，"两校一市"教育综合改革开始试点。2015年，教育部要求所有教育部直属高校形成并报送了综合改革方案，许多地方教育管理部门、地方高校也在探索制订本地区、本校的综合改革方案，高等教育领域综合改革如火如荼，方兴未艾。在这场轰轰烈烈的改革过程中，当下高校综合改革（或高校综合改革方案）存在着认识偏差、方向不明、对象不清、内容泛化、发展载体模糊、前提与基础缺乏等诸多问题，迫切需要探讨并予以厘清，引导高校回归综合改革的正确方向和正确轨

道上来。

一、高校综合改革的科学内涵

海德格尔在《在通向语言的途中》中，曾引用了斯蒂芬·格奥尔格的《词语》一诗，"我把遥远的奇迹或梦想／带到我的疆域边缘……／词语破碎处，无物可存在。"① 概念既是思想的工具，又是思想的材料，还是思想的结果，离开了概念的理解、思考乃至拷问，所有的判断与推理、辩论与争鸣都将陷入"词语破碎处，无物可存在"的尴尬境地。对于"高校综合改革"这一特定对象而言，其种概念为"改革"，从高校综合改革方案文本来看，对"改革"这一概念呈现认知内涵模糊的突出问题，这种模糊主要体现在对"改革"与"建设"的混用与差异性认知不够。

在概念的日常用法分析法（概念分析法还有定义分析法、词源分析、隐喻分析、跨文化分析等）中，按照维特根斯坦的说法，"一个词的含义是它在语言中的用法"②。在现实的生活中，"改革"与"建设"相比，"改革"往往被赋予"变革旧的关系，重构新的关系"的涵义，而"建设"则被赋予"建立、设置，增设新设置"的涵义，即改革重在变革旧的事物或关系，解决存量问题，而建设在于增添新的事物，解决增量问题。从概念的定义分析法来看，一个概念的一般特征在于回答一个概念是什么，又力图区分一个概念不是什么。在我国实行改革开放以来，改革一词在现实生活中，如体制改革、经济改革、政治改革等，都将其核心指向"生产关系"，将"建设"核心指向到"生产力"，即改革的关键在于改革生产关系，理顺生产关系中多元主体之间的关系，而建设在于发展生产力，提升生产力水平。基于以上的分析，观照当下的高校综合改革政策文本，不难发现，当下许多高校的综合改革方案不能称之为改革方案，更为准确的提法应当为高校综合建设方案。因此，部分高校要从改革的基本内涵出发，把握改革内涵之真义，区分"改革"与"建设"的差异，将非改革的内容从综合改革的文本中剔除，还原改革的科学内涵，重构高校综合改革方案。

---

① [德]海德格尔：《在通向语言的途中》，孙周兴译，商务印书馆2004年版，第149-150页。
② [奥]路德维希·维特根斯坦：《哲学研究》，陈嘉映译，上海人民出版社2005年版，第25-26页。

二、高校综合改革的准确对象

基于以上对改革内涵的探讨与分析，各高校需要重新审视自身的高校综合改革方案文本，回归到"生产关系"的内涵本意上来。要探讨这一"生产关系"，首在明确与高校建设与发展紧密相关的利益相关者。张维迎教授认为，公立高校的利益相关者包括出资人、教师、校长、院长、学生、校友以及所有纳税人等[①]，而这些利益相关者的关系构建，就是大学的治理结构，即以所有与大学相关的利益相关者为契约关系范畴下的治理主体，有能力使冲突和多元利益得到妥协并采取合作行为的治理结构[②]。众所周知，治理结构正是治理体系建设和治理现代化的核心内容，这也说明了为什么当下我国正在推行的全面深化改革过程中，将治理体系建设和治理能力现代化作为改革总目标的逻辑所在。教育领域，包括高校在内的高等教育综合改革，必须遵循这一基本逻辑，必须以治理结构为核心，将治理体系建设和治理能力现代化作为高校综合改革的战略方向和战略重点，这是基于改革内涵延伸的理性思辨选择。

鲍威尔和迪马吉奥在其关于组织理论的研究中认为，从根本上讲，组织的绩效才构成了组织生存的合法性、获得资源的基础，以及组织对制度神话的遵从[③]。衡量高校的组织绩效在于其作为一个系统其职能的发挥。对于一所高校而言，确立其地位的主要途径有两种：一种哲学以认识论为基础，一种哲学则以政治论为基础，认识论强调以"闲逸的好奇"精神追求知识为目的，高校成为追求高深学问场所；而政治论认为教育是政治的分支，高校是解决政府、企业、农业等极深奥知识的场所，为解决这些问题提供成需要的知识和人才。"高等教育的主要职能一直是保存、传授和发展高深学问，而现在它又担负起为公众服务的职能"[④]，这就是我们通常对于高校职能，即高深学问探究和社会"服务站"的概括。考察当下的高校组织绩效，有专家认为，"名校的牌子和巍然屹立的高楼大厦，都没能阻挡空前激烈的对大学事务的非议"[⑤]，高校正面临

---

① 张维迎：《大学的逻辑》，北京大学出版社2004年版，第19页。
② 龚怡祖：《大学治理结构：现代大学制度的基石》，《教育研究》2009年第6期，第22—26页。
③ 沃尔特·W·鲍威尔、保罗·J·迪马吉奥：《组织分析的新制度主义》，姚伟译，上海人民出版社2008年版，第54页。
④ 约翰·S·布鲁贝克：《高等教育哲学》，王承绪等译，浙江教育出版社2002年版，第15页。
⑤ 秦惠民：《我国大学内部治理中的权力制衡与协调——对我国大学权力现象的解析》，《中国高教研究》2009年第8期，第26—29页。

组织绩效下降的严重困扰而不能自拔。作为教育主管部门在教育领域综合改革中，提出治理体系建设和治理能力现代化这一改革总目标和总要求，使之获得政治合法性支持，决非仅仅是一种政治上的考量，更是基于理性思考尤其是现实基础观照下的客观选择。

推进国家治理体系和治理能力现代化是党的十八届三中全会提出的全面深化改革的总目标，治理体系和治理能力是相辅相成的有机统一体，而治理体系更具基础性地位，因而治理体系建设既是当下国家层面全面深化改革的总目标和总要求，同时也应成为国家层面及各领域综合改革的关键点乃至突破口。基于以上的理性思辨及现实基础的分析，高校综合改革方案要将改革的对象聚焦于以治理结构为核心的治理体系建设，这既是理性分析、现实观照的结果，也是政治上的总体要求。

三、高校综合改革的关键内容

伯顿·克拉克在其经典之作《高等教育系统——学术组织的跨国研究》中，构建了三种典型的高等教育体制，即国家体制、市场体制和学术体制，认为高等教育体制取决于政府力量、市场力量和学术力量的博弈与较量[1]。事实上，在高校这一微观层面上，高校的运行是政府、市场、社会三股力量各自发挥自身重要作用，作用于高校而形成多种张力的力量平衡，多种主体间的力量平衡大体可以归结为三类相互关系：一是平衡大学与政府、市场、社会的利益关系，二是平衡学术与政治、经济、法律的价值关系，三是平衡大学内部各种力量（特别是行政系统与学术系统）的权力关系，用一个较为和谐的共同目标去取代角力和纷争，使大学重新找回自己的重心[2]。从我国基本国情及现实具体条件来看，对于第一类和第二类关系（即高校外部治理结构、外部治理体系），高校的改革与发展往往处于一种被动的地位，只能去积极适应外部的环境。同时，高校的治理结构、治理体系建设在其内容上还是比较宽泛、庞杂，对于高校的改革而言，既要对高校治理结构、治理体系建设有超组织结构（非

---

① 伯顿·克拉克：《高等教育系统——学术组织的跨国研究》，王承绪等译，浙江大学出版社1994年版。
② 龚怡祖：《大学治理结构：建立大学变化中的力量平衡》，《高等教育研究》2010年第12期，第49—55页。

单个组织结构）运行机制的全面认识，更要结合高校当下的现实改革困境，把握好内部治理结构、内部治理体系建设中的主要矛盾和关键问题。

　　基于前面对高校内部治理体系主要问题的分析，需要将内部治理结构和内部治理体系建设，以激发学术群体和学院的积极性和主动性，增强高校改革与发展的活力。首先，要聚焦于学术权力的充分发挥，解决好行政组织与学术组织的关系问题。自中世纪欧洲最早的大学——意大利的博洛尼亚大学创办，至今已有1000多年的历史，其职能也在发展过程中不断拓展，虽然有高等教育认识论和政治论的不同认识与理解，但对于高校但高校作为一种社会组织形态，其本质属性并没有发生变化，那就是一个学术共同体，将追求高深学问作为其主要目标。因而从这一意义上讲，学术组织和学术群体在高校的整体建设中应发挥关键而极为重要的作用。2014年1月，教育部颁布了《高等学校学术委员会规程》，并要求各有关高校按照这一规程要求，制订或修订各高校学术委员会规程，健全以学术委员会为核心的学术管理体系与组织架构，明确高校学术委员会为校内最高学术机构，统筹行使学术事务的决策、审议、评定和咨询等职权，增强学术委员会在高校建设与发展中的重要作用，改革现有高校主要以行政为主导，行政组织越位干预高校学术事务的不合理现象，理顺高校行政组织与学术组织的关系，完善高校内部治理结构和治理体系。

　　其次，要聚焦于学院权力的充分发挥，解决好学校与学院的关系问题。纵观世界各国的高等教育管理体制，伯顿·克拉克将德国大学刻画为"研究所型大学"，英国大学描述为"学院型大学"，法国大学的结构为"研究院型大学"，美国大学的结构为"研究生院型大学"，日本为"应用型大学"[①]。虽然只有英国的部分高校（如牛津大学、剑桥大学等）在办学中，实行"学院联邦制"，但高校给学院更多的办院自主权，学院在办学中权力的不断扩大，则是世界各国高等教育改革的重要方向，对于中国大陆高校而言，高校基本控制了所有的人、财、物权力，学院的权力极为有限，严重制约了学院主观能动性的发挥，进而影响了高校的整体发展。一所高校的办学，最终归结为办好若干学科专业，而学科专业建设的具体载体在于学院，从这一角度上讲，没有学院的积极性和主动性，高校就难以办出特色和优势，难以建成若干有自身特色和优势的学科专业。因此，高校内部治理结构改革、治理体系建设中，必须要将高校与

---

① 伯顿·克拉克：《探究的场所——现代大学的科研和研究生教育》，王承绪译，浙江教育出版社1999年版。

学院的关系进行调整，改革现有的高校学院关系，扩大学院在人、财、物等办学资源的统筹配置权，进一步完善高校内部治理结构和治理体系。

四、高校综合改革的发展载体

高校综合改革的推进，除了要理顺高校内部各主体间的关系，即解决好内部治理结构、强化治理体系建设外，还必须理顺高校内部各建设要素之间的关系，主要是学科建设与人才培养、科学研究、师资队伍建设、平台建设等要素之间的关系，尤其是当下高校建设项目碎片化的问题。要解决这一高校建设要素间的关系问题，可归纳为：学科引领、统筹集成、改革驱动、管理创新[①]。

所谓学科引领，是指高校在办学和发展思路上，要紧紧抓住学科这一核心关键要素，切实将学科作为引领高校整体发展、推进高校特色办学的核心所在，带动并促进高校师资队伍建设、科学研究、人才培养、平台建设等各项工作。以学科为引领，可以将高校各建设项目的建设目标统一到高校整体建设与发展的目标上来，统一到高校特色办学与特色发展上来，从而解决高校各建设项目建设目标各异的问题。

所谓统筹集成，是指高校围绕中央、地方和高校所开展的各项重点建设项目时，紧紧围绕高校特色发展的要求，从宏观层面将现有相关的重大建设工程和计划予以综合统筹，通过集成各重大建设工程和计划的建设合力，着力于优势学科和特色学科的建设，积极培育新兴交叉学科和特色领域方向，促进优势和特色学科的系统建设和整体发展，进一步凸显高校办学特色和办学优势。统筹集成现有高校各建设项目，既是以学科为引领发展思路的贯彻和落实，更是将现有各建设项目形成有效汇聚、形成合力的举措，从而解决各建设项目内容分散、内容缺乏统筹的问题。

所谓改革驱动，是指在高校各重点建设项目的整体推进过程中，要通过高校内部体制机制改革和制度创新，切实改革现有影响并制约各重点建设项目建设推进过程中的制度弊端，释放改革活力，尤其是要解决管理上行政权力过大、学术权力不足以及相互割裂的管理体制问题，解决各建设单位积极

---

① 梁传杰：《高校学科建设项目碎片化：困境与出路》，《研究生教育研究》2015年第5期，第1-4页。

性、主动性不够、缺乏竞争的机制问题。通过改革，营造良好建设氛围，切实推进各重点建设项目的顺利开展。改革驱动主要是形成学科引领，尤其是有效统筹集成现有建设项目多元化，解决建设项目管理部门协同不够的必要手段。

所谓管理创新，是指在各建设项目的建设与实施过程中，要构建起鼓励勇于创新、勇于试点改革的制度环境，鼓励各建设项目在建设过程中，积极推进建设模式、管理模式、管理机制的管理创新，确保各建设项目的建设成效。管理创新是在整体改革过程中，通过激励和约束机制的构建与完善，激发建设项目多元主体的积极性，确保各项改革政策和改革举措能够落实到位，提高建设项目的建设成效。

五、高校综合改革的条件保障

治理体系建设实质上是一系列的制度安排，评价治理体系的现代化程度主要应从合法性和有效性两个角度展开，这是强化治理体系建设的前提和基础[①]。民主能够为治理体系的合法性提供支撑，法治为治理体系的有效性提供支撑，因而治理体系的前提和基础，概括起来就是民主和法治建设。以此来观照作为我国全面深化改革的重要组成部分的高校综合改革，自然也应该遵守这一基本改革理念。

高校综合改革过程中，必须加强民主建设，为高校综合改革提供良好环境。在高校民主建设方面，要赋予广大师生在高校建设与发展中有更为广泛而充分的民主权力，这些权力包括对高校改革与发展中有关重大事项，如中长期战略规划、五年发展规划、学科专业发展规划、重大改革等的言论权，对高校有关事项，如人事制度改革、财务状况、国有资产管理、学校招生、职称评聘等的知情权和监督权，高校人事任免的选举权和罢免权，同时保证这些基本权利的自由与平等。高校民主实行少数服从多数的原则，即要通过全校教职工代表大会表决来决定高校发展中的重大事项，尊重并保护少数人的意志，允许少数人坚持、保留自己的观点和看法。除全校教职工代表大会外，还要加强教授会、学术委员会、学生会等组织的建设，由广大教师和学生推选产生这些组

---

① 张喜红、罗志强：《论现代国家治理体系的协同性》，《湖北社会科学》2014年第11期，第30—35页。

织，代表不同群体的意志，反映不同群体的心声，高校要在章程中明确这些组织的权力。

高校在综合改革进程中，必须加强法治建设，为高校综合改革营造良好条件。在高校法治建设层面，首先要科学立法。所谓法律是治国之重器，良法是善治之前提。高校要结合高等教育新形势和自身发展实际，适时调整、修订各种规章制度，构建有利于激发广大教师积极性的制度体系。其次要严格执法。要建立重大决策责任追究机制及责任倒查机制，对决策严重失误或者依法应该及时做出决策但久拖不决造成重大损失、恶劣影响的，严格追究负有责任的直接领导者及其他领导人员和相关责任人员的法律责任，实现决策权和决策责任相统一。要加强高校校务公开。全面推行校务公开，对高校重大决策、组织人事任免、财物管理、招生工作、职称评聘、个人违法违纪处理等事项均要在一定范围内予以发布，接受广大师生的监督。最后要全体师生守法。法国思想家卢梭曾说，一切法律中最重要的法律，既不是刻在大理石上，也不是刻在铜表上，而是铭刻在公民的内心里。因为法治的根基在于广大师生发自内心的拥护，法治的魅力源于师生出自真诚的信仰，法治的力量在于全体师生自觉的法律践行。因此，全体师生守法是加强法治建设、实现依法治校的必然要求。

第二节　始终坚持改革创新，引领学科战略发展方向

湖北省各高校在"十三五"发展期间，必须抢抓改革发展机遇，以学科建设为引领，以人才培养为中心任务，以队伍建设为核心要素，以产出标志性成果为重要指标，以服务经济社会发展为根本目的，建设大学科、大平台，实现大突破、大发展。

一、正确把握学科建设发展方向

学科建设是高校建设与发展的龙头，是一项包含师资队伍建设、人才培养、科学研究、学术交流、平台建设、条件保障等要素的系统建设工程。学科建设的重要任务在于凝炼学科方向，汇聚高水平学术队伍，构筑学科平台，培

养高层次人才，实现学科发展与师资队伍建设、人才培养、科技创新、平台基地建设的良性互动和协调统一。

高校学科建设必须坚持"统筹规划、分类指导、优化布局、重点突破"的学科建设与发展战略思路。这主要基于科学发展观和湖北省的学科基础条件，结合中长期教育改革和发展规划纲要以及《湖北省经济和社会发展第十三个五年规划纲要》的要求所做的思考。为此，必须引导高校科学定位，按"985工程"高校、"211工程"高校、具有研究生教育的高校和一般本科院校分类规划，分层建设，错位发展，重点突破；必须抓好学科建设规划的顶层设计，科学规划，彰显特色，打造优势，重点是抓好省属高校的学科建设规划；必须以机制创新为动力，瞄准学科发展前沿和国家、区域经济建设和社会发展的重大战略需求，进一步凝炼学科方向，优化学科布局，强化优势学科、特色学科和战略性新兴学科建设，彰显哲学社会科学在文化传承创新中的引领作用，凸显自然科学对经济社会发展的科技支撑和驱动作用。

二、努力改革学科建设发展模式

在新时期新形势下，必须以改革创新精神着力改革学科建设与发展模式，提高学科建设效率和效益。不能穿旧鞋走老路，要从战略发展的高度思考问题，要以改善省属高校基因为抓手，抓重点，抓突破，在管理体制机制创新方面做文章。

必须坚持"特色为主，多元支撑，抱团攻关，重点突破"的学科建设发展模式。这就是华中科技大学、武汉理工大学等部委高校所采取的重要举措和成功经验。武汉纺织大学已着手改革，取得了初步成效，呈现出良好的发展势头。省属高校要选择1个、最多2个优势或特色学科为发展重点，尤其要围绕现有优势特色学科群建设，重点配置资源，加大投入；其他学科围绕办学特色谋求，既产生相互支撑作用，又增强学科间的凝聚力，使办学资源得到合理有效配置，整体实力得以壮大，使特色进一步彰显，优势更为突出，努力使部分学科率先达到国内一流、国际知名的水平，积极改变相对落后面貌。

因此，必须改革湖北高校学科建设的省、校两级以行政为主的管理体制，发挥高校学术委员会和院（系）教授委员会等学术组织在人才培养、科学研究和学科管理中的重要作用。改革学科的组织模式，建立有利于学科创新、交叉和资源共享的运行机制。改革学科的评价机制，建立有利于发挥学科组织和教师创造性的绩效考核和评价机制，鼓励开展第三方评估的办法，对每所高校每个学科每年开展一次评估。改革学科投入机制，把绩效评价作为投入的重要依据，建立滚动投入的新机制。

三、切实引领学科实现内涵发展

必须把握"科学性、融合性、前瞻性"的学科内涵发展原则。不同的学科内涵有别，同一学科内涵也要有别。要结合不同学科各自的条件和特色以及服务功能取向，坚持以人为本的原则，科学设置学科的研究方向，才能逐步形成优势，这就是学科的科学性问题。学科的融合性就是要适应国家和区域经济社会发展需求，去主动承接大项目、大课题，在服务中求发展，这是省属高校的努力方向。学科的前瞻性就是要瞄准国家重大战略需求，采取"鼓励大交叉，构建平台，承担大课题，产出大成果"的重大举措，争取学科未来发展的制高点。这方面原有"985工程"高校有基础和优势，像武汉大学的水资源水科学大平台建设、华科大在胡总书记视察时，潘垣院士提出的关于中国未来发展的能源和生态环境问题等，都是满足国家重大战略需求，极具有前瞻性的学科发展方向。

四、突出建设人才队伍关键要素

人才是第一资源。高端人才与学术队伍是学科建设的关键所在。在现实情况下，学科建设不必循规蹈矩，只要能引进一位杰出的领军人才，组建起一支强有力的学术队伍，搭建起良好的学科平台，就可以建起一个崭新的学科。比如武汉大学引进邓子新院士及其团队，就建设起了高水平的药学学科。

必须遵循"创新机制，多途并举，内培外引，广纳贤才"的引才育才聚才用才规律。要依托国家"千人计划""长江学者奖励计划"以及湖北"百人计划""楚天学者"计划等项目，建设高水平教学科研队伍、高水平工程技术队伍和高水平管理队伍。实施杰出人才引进计划，采取关键岗位公开招聘、搭建平台、政策吸引等办法，大力引进海内外高层次人才。实施青年英才奖励计划，采取海内外培训、研修，激励和奖励的办法，培养一批校内学术骨干，汇聚若干支创新团队。实施学科带头人培训计划，利用湖北省内外高校国家级重点学科，培训省属高校的学科带头人，培养一批战略科学家。

五、积极服务湖北战略发展需要

"立足湖北、面向未来、改革创新、服务发展"。我们要面向经济社会发展需求，主动融入东湖国家自主创新示范区建设，积极参与"两圈一带""一主两副"和"两区"发展战略，为湖北跨越式发展、转变经济发展方式、产业结构调整优化提供科技和人才支撑，发挥"智库"作用。要创新研究生教育培养体系，改革教学模式和教学管理体制机制，建设一批研究生教育创新基地和培养示范基地，加大培养研究型和应用型创新人才。进一步加快人才培养国际化速度，将国外一流大学的教育理念、管理思想和办学经验引入并固化到湖北高校的办学全过程，提高国际化办学水平。要把学科的优势转化为人才培养的优势，重点为节能环保、新能源、新能源汽车、电子信息、新材料、生物医药、生物育种等战略性新兴产业和传统支柱产业培养人才。要把科教的优势转化为推动湖北经济社会发展的优势，加快科技成果转化与产学研合作平台和大学科技园的建设，推动一批国际、国内领先的高科技、高成长性企业的培育和发展，打造国际一流的产业集群，促进湖北省经济发展方式转变和社会转型。

第三节　引导高校合理定位，构建学科建设全新体系

《湖北省经济和社会发展第十三个五年规划纲要》中明确提出："实施一流大学和一流学科建设工程，加强国际交流与合作，支持 1 至 2 所高校和若干学科达到或接近世界一流水平，部分高校和学科进入国内一流行列"，"推动武汉大学、华中科技大学等部分部委属高校和学科进入世界一流行列；推动湖北大学、武汉科技大学等部分省属高校和学科进入国内一流行列。推动高校提升优势特色学科、打造新兴交叉学科、加强建设基础学科，到 2020 年，湖北省高校 20 个学科领域进入世界一流前列（进入 ESI 前 200 位），50 个学科领域进入世界一流行列（进入 ESI 前 1%），60 个学科达到国内一流前列（进入国内排名前 5 位），120 个学科进入国内一流行列（进入国内排名前 30%），100 个优势特色学科对接湖北优势产业和新兴产业发展"。为实现这一目标，湖北省在学科建设上，除要引导高校树立正确的办学理念，建立以学科建设引领学校发

展，突出自身的特色和优势学科建设的发展思路外，还要引导高校进行合理定位，明确学科建设的主攻方向，构建起湖北省高等教育系统内合理的学科建设体系。具体来说，就是湖北省进入"世界一流大学计划"建设高校要定位于整体水平世界一流的创建，进入"世界一流学科计划"的高校要定位于世界高水平学科的创建，其他部委属院校及少数省属重点大学要定位于国内一流学科的创建，部分省属院校要定位于区域特色学科的建设，其他省属院校要定位于地方特色学科的建设。

一、一流大学计划建设高校定位于建成若干世界一流学科

2015 年 11 月，中央全面深化改革领导小组审议并通过了由教育部所提交的《统筹推进世界一流大学和一流学科建设总体方案》。"世界一流大学和一流学科计划"旨在按照"四个全面"的战略布局，坚持以中国特色、世界一流为核心，以立德树人为根本，以支撑创新驱动发展战略、服务经济社会为导向，加快建成一批世界一流大学和一流学科，提升我国高等教育综合实力和国际竞争力。这一计划的启动，将为湖北省高等教育带来重要发展机遇。湖北省目前有武汉大学和华中科技大学两所高校有望进入世界一流大学计划建设行列。这两所高校经过三期"985 工程"和"211 工程"的持续建设，已经奠定了良好的基础和条件，目前武汉大学已有 11 个学科进入 ESI 排名前 1%，化学学科进入 ESI 排名前 1‰；华中科技大学有 9 个学科进入 ESI 排名前 1%，工程学学科进入 ESI 排名前 1‰（通常能进入前 1% 的学科一般认为达到或接近国际先进水平，能进入 1‰的学科一般认为进入世界一流学科行列）。

在今后一段时间内，武汉大学和华中科技大学将瞄准世界学术前沿和国家重大需求，进一步完善高水平研究型大学的学科整体布局，注重学科体系建设，着力提高学校整体实力水平。聚焦优势特色学科，在更高、更广层面上促进学科交叉融合，孕育新的学科生长点，实现学科发展与平台基地建设、人才培养、科技创新、队伍建设的良性互动，加快建成若干达到国际一流水平的学科。武汉大学和华中科技大学要紧紧围绕自身已在国际上形成一定影响力和具有较高水平的学科，将建设重点聚焦于这部分学科。这部分学科要瞄准国际学术发展前沿和国家在国民经济建设和社会发展中的重大需求，通过"世界一流大学一流学科计划"的重点投入与重点建设，努力使这部分学科达到国际一流水平，从而占据在本学科领域的学术制高点，为我国的创新

型国家建设做出更大贡献。

二、一流学科计划建设高校定位于少数学科达到世界一流水平

国家即将启动的"世界一流大学和一流学科计划",其建设对象和组成部分分为两个部分,即世界一流大学计划和世界一流学科计划。对于纳入世界一流大学计划建设行列的高校,建设目标在于经过若干年的建设,整体水平进入世界一流行列,世界一流学科的数量和实力进入世界前列。对纳入世界一流学科计划建设行列的高校,其建设目标在于经过若干年的建设,少数学科进入世界一流行列,这些学科实力和水平进入世界前列。因此,从这一意义上讲,"世界一流大学和一流学科计划"其实是分为两个层次来开展建设的,其目标也体现出相应的差异性。

湖北省现有 7 所教育部直属高校,均进入了"211 工程"建设行列,除武汉大学和华中科技大学可能会进入"世界一流大学计划"建设行列外,中国地质大学、武汉理工大学、华中师范大学、华中农业大学、中国财经政法大学等5 所高校有望进入"世界一流学科计划"建设行列。对于这批有望进入"世界一流学科计划"建设行列的高校,其建设目标主要是加强少数或个别优势特色学科建设,如中国地质大学的地质学(已进入 ESI 前 1‰行列),武汉理工大学的材料学,华中师范大学的化学,华中农业大学的植物 / 动物科学等。这 5 所高校要将这些学科放在自身学科建设重中之重的突出位置,依托"世界一流学科计划",进一步加大投入建设力度,进一步强化优势学科的科研支撑条件,进一步增强科研创新能力并取得一批代表国家水平的科研成果,汇聚一批具有国际影响的大师级人才和中青年学者,不断提高人才培养质量,为社会输送一批具有创新能力的高层次专门人才,保持或力争进入这些学科居于 ESI 学科的前 1‰之列。

三、其他部委院校及部分省属重点高校定位于个别学科进入本领域国内一流学科行列

1985 年《中共中央关于教育体制改革的决定》提出,"为了增强科学研究能力,培养高质量的专门人才,要改进和完善研究生培养制度","要根据同行评议、择优扶植的原则,有计划地建设一批重点学科"。按照中央的这一指示

精神，中央教育管理部门先后于 1987 年、2001 年和 2006 年组织了三次国家重点学科评选工作，共评选出 286 个一级学科国家重点学科、677 个二级学科国家重点学科、217 个国家重点（培育）学科。2013 年，新一届政府大力推进行政管理体制改革，取消了国家重点学科评审工作，原有作为国家一流水平的国家重点学科评选的取消，使得国内开展由教育部学位与研究生教育发展中心所开展的学科水平评估成为国内一流水平评价的重要标准。

湖北省除了"985 工程"建设高校和"211 工程"建设高校外，还有 1 所国家民委主管的中南民族大学以及军队院校和其他省属高校。在这些高校中，目前进入学科水平评估绝对排名前 10 位的学科有 15 个，分别为武汉科技大学的冶金工程和矿业工程，长江大学的地球物理学和石油与天然气工程，武汉纺织大学的纺织科学与工程，湖北工业大学的轻工技术与工程，湖北民族学院的民族学，武汉体育学院的体育学，湖北美术学院的美术学，中南民族大学的民族学，武汉音乐学院的音乐与舞蹈学，海军工程大学的电气工程、船舶与海洋工程和兵器科学与技术，湖北中医药大学的中医学。进入学科水平评估相对排名前 30% 的学科有 8 个，分别为湖北大学的马克思主义理论，武汉体育学院的体育学，湖北美术学院的美术学，中南民族大学的民族学，武汉音乐学院的音乐与舞蹈学，海军工程大学的动力工程及工程热物理、电气工程和船舶与海洋工程。

基于我国非教育部直属高校的部委高校及省属重点高校优势特色学科的现实状态，尤其是湖北省的现状，著者认为，可以将进入学科水平评估绝对排名前 5 位（现有 5 个）或相对排名进入前 20%（现有 3 个），作为学科进入本领域同类学科国内一流学科的考察指标。对于这批院校而言，关键在于加强自身的特色学科建设，已进入学科水平评估绝对排名前 5 位或相对排名前 20% 的学科水平有进一步提升，有更多高校的若干学科进入这一行列。

四、部分省属院校定位于将少数学科建成具有行业特色和地方特色的学科

在管理学的组织理论中，有一个重要的流派叫资源依赖理论，其代表著作是杰弗里·普费弗（Jeffrey Pfeffer）与萨兰奇克（Gerald Salancik）1978 年出版的《组织的外部控制》。资源依赖理论认为，组织是一个开放的系统，没有任何组织赖以生存和发展的资源能够自给自足。因此，组织必须依靠本系统之

外的环境为其提供相关资源，包括资金、人力、信息、政策、制度等。这一理论的主要观点包括如下两方面：一是组织间的资源依赖产生了其他组织对特定组织的外部控制，并影响了组织内部的权力安排；维持组织的运行需要多种不同的资源，而这些不同资源不可能都由组织自己提供。二是外部限制和内部的权力构造构成了组织行为的条件，并产生了组织为了摆脱外部依赖，维持组织自治度的行为。资源依赖理论认为，组织更应该被视为一种"连结"。组织是具备大量权力和能量的社会能动者，其中心问题是谁将控制这些能量以及实现什么样的目的。

高校在其发展过程中，受到高校系统外部诸多环境因素的影响，任何时候高校都不可能离开外部环境而独立存在和发展。在这些外部影响因素中，原有行业或地方经济建设和社会发展对高校生存与发展的影响至关重要。因此，借用资源依赖理论来看，湖北省高校在自身发展上，要高度关注与相关行业的联系，要高度关注与地方经济建设和社会发展的联系，只有通过与相关行业或地方建设与发展过程中的物质与信息的交换，才能谋求高校自身的发展。

我国高等教育早期的管理体制主要是以行业办学为主，在 20 世纪 90 年代末实行的高等教育体制改革进程中，改变了行业办学的管理体制，改由教育部管理和地方政府管理，原有行业办学的体制得到了根本的转变。由于长期行业办学所形成的血肉联系，使得这种关系从管理体制上有了变化，而原有隶属于相关行业的高校，在人才培养、科学研究和社会服务上，仍然将在一段时期内以服务原有行业为主。因此，对于部分原来隶属于有关行业的省属院校而言，将少数学科建设成为具有行业特色的特色学科，积极服务于行业的建设与发展，将成为这些高校在学科建设，尤其是重点学科建设的科学定位和现实选择。

除了少数服务于某一行业发展的高校，对于大部分湖北省省属高校而言，主要是服务于湖北省地方经济建设和社会发展。这部分高校要立足于自身现有的学科条件和基础，发挥现有的学科特色，紧密关注未来一段时期湖北省经济建设和社会发展的重大需求，尤其是今后一段时期内湖北省重点建设和发展的领域，选准具有在本地区具有相对优势和竞争力的学科作为突破口，实行重点建设，重点突破，通过实现与湖北省重点建设与发展行业领域的良性互动，而促进自身个别学科建设成为具有区域优势和特色的重点学科。

第四节　着力实施四大工程，提升学科整体实力水平

各高校要切实转变办学思路，由原来的追求数量与规模发展转移到注重质量和内涵建设上来，同时要将这种办学思路的转变切实落实到具体的建设工作之中，切实加强学科内涵建设。以高校隶属关系、学科建设目标两种维度，将高校分为教育部直属高校和其他部委高校、省属高校两种类型，将学科建设目标分为国际目标和国内目标，以及高校整体建设和学科建设两个层面，来构架湖北省学科建设重大工程。"十三五"期间，湖北省将积极实施统筹推进一流大学工程、统筹推进一流学科工程、省属高校优势特色学科群建设工程和省属高校 ESI 前 1% 学科培育工程"等四大工程建设，提升湖北省高校学科实力和水平。

一、统筹推进一流大学工程

按照国家的统一部署和要求，为配合做好国家即将启动的世界一流大学计划，面向可能纳入世界一流大学计划的在鄂部属高校，启动世界一流大学配套建设工程。

世界一流大学配套建设工程将围绕建成世界一流大学的战略目标，支持进入世界一流大学计划的高校加强建设一流师资队伍、培养拔尖创新人才、提升科学研究水平、传承创新优秀文化、着力推进成果转化等内涵建设，支持完善内部治理结构和治理体系现代化建设、实现关键环节突破、构建社会参与机制、推进国际交流合作等高校改革任务，积极推进武汉大学、华中科技大学等高校进入国家"双一流计划"建设行列，努力建成世界一流大学。

二、统筹推进一流学科工程

按照国家的统一部署和要求，为配合做好国家即将启动的世界一流学科计划，面向可能纳入世界一流学科计划的在鄂部属高校，启动世界一流学科配套建设工程。

世界一流学科配套建设工程将围绕建成世界一流学科的战略目标，支持进入世界一流学科计划的高校着力加强已进入 ESI 前 1‰或 1% 学科的重点建设，

通过引进或培养具有国际影响力的高水平学科带头人和具有国际学术视野的高水平学科团队，不断提升科学研究能力和创新人才培养水平，产出一批具有国际影响力的原创性科研成果，培养出一批在未来能够引领本领域世界学术发展方向的学术领军人才，不断提升学科国际影响力和水平，有力推进武汉理工大学、华中师范大学、中国地质大学、华中农业大学、中南财经政法大学等高校的少数学科尽快进入 ESI 前 1‰，努力迈入世界一流学科行列。

三、省属高校优势特色学科群建设工程

2015 年，已启动了省属高校优势特色学科群的遴选工作，遴选并重点建设一批省属高校优势特色学科群。设置省属高校优势特色学科群建设工程，旨在瞄准学科前沿和发展方向，遵循学科规律，以服务高校改革发展和经济社会两个需求为导向，以构建高水平学科平台、培育学科杰出领军人才、产出重大教学科研成果、服务湖北经济社会发展为主要任务，对高校分类设定建设目标，统筹项目和经费资源，协调多部门管理力量，建设一批优势特色学科群。

通过实施省属高校优势特色学科群建设工程，将实现"双一流"发展目标，提高"双服务"的能力。所谓"双一流"是指积极推动部分高校建设一流大学、一流学科。在省属博士授权单位中遴选出 3—5 所高校开展"双一流"建设，争取进入 ESI 排名前 1% 学科数量达到 5 个左右，争取 2 所左右高校进入国内一流大学行列；争取 20 个左右优势特色学科进入国内学科评估排名前 10 名或前 30%，国内学科综合排名在中西部地区位居前列。所谓"双服务"是指全面提高服务人才培养、服务经济社会发展能力。以学科群建设促进学校改革发展，改善人才培养条件，提高教育质量；依托优势特色学科群，建立一批高水平的产学研基地，建设一批高水平的创新创业团队，推进科研成果转化，推动大众创业万众创新；取得一批具有原创性、前瞻性和自主知识产权的重大创新成果，服务与支撑湖北省支柱产业、战略性新兴产业以及服务外包、物联网、现代农业、文化产业等若干领域持续快速发展；取得一批哲学社会科学重大研究成果和精神文化精品力作，推进和谐社会与"五个湖北"建设。

四、省属高校 ESI 前 1% 学科培育工程

通过认真分析省属高校现有学科的实力和水平，以已经进入 ESI 学科排名

前 1% 学科或有可能进入 ESI 学科排名前 1% 的学科为建设对象，启动省属高校 ESI 前 1% 学科培育工程。

省属高校 ESI 前 1% 学科培育工程旨在加强省属高校中现有已进入 ESI 前 1% 学科的实力和水平，同时积极培育部分已具较好基础、有望在"十三五"期进入 ESI 前 1% 的学科，使省属高校 ESI 前 1% 的学科达到 5 个左右（目前仅湖北大学有 2 个学科进入）。按照英国汤森路透公司 ESI 学科排名的评价体系，主要以进入 ESI 期刊源的论文数以及论文被引频次（尤其是论文被引频次）作为 ESI 学科实力和水平的评价重要指标。围绕 ESI 学科排名指标体系的关键内容，重点加强高端人才引进和培养力度，每年资助一批中青年骨干教师、博士研究生赴国外顶尖级科研机构开展基础性研究。同时，相关省属高校要改革制度体系，激发各教学科研二级单位、广大教师和研究生三类主体，尤其是具有海外留学经历的中青年学术骨干和博士研究生开展原创性研究的主动性和积极性，提升在国际 ESI 期刊源上发表高水平学术论文的能力和水平，加强人事、科研、人才培养等相关职能部门间的协同，改革现有职称评聘、研究生导师遴选、教师年度考核、科研奖励、人才引进等相关政策。通过面上支持与重点支持，加快推进湖北高校 ESI 学科建设，使更多高校、更多学科进入 ESI 学科排名前 1% 乃至前 1‰。

第五节　实施学科动态调整，不断优化学科结构布局

深入贯彻教育部、财政部、国家发展改革委联合颁布的《关于深化研究生教育改革的意见》精神，落实教育部颁布的《关于加强学位与研究生教育质量保证和监督体系建设的意见》《学位授权点合格评估办法》《关于开展博士、硕士学位授权学科和专业学位授权类别动态调整试点工作的意见》等文件要求，鼓励各研究生培养单位开展学位授权点动态调整工作，积极实施省域范围内的动态调整工作。

一、鼓励各研究生培养单位开展学位授权点动态调整工作

鼓励各研究生培养单位紧紧把握高校内部学位授权点动态调整工作中所面

临的突出问题，构建比较科学的学位授权点动态调整机制，解决动态调整工作中的难题，不断优化高校学科结构。

高校内部实行学位授权点动态调整面临着如下几方面的问题：一是学位授权点"退出"和"增列"的对象、方式和程序问题，哪些学位授权点是被淘汰的对象，学位授权点淘汰采取什么样的方式，学科专业增列的流程是什么？二是学位授权点动态调整过程的调控和监督问题，如何加强对学位授权点"退出"和"增列"过程的调控，以及淘汰、调控整个流程的监督，实现全过程的监控；三是学院和教师积极性的激发问题，在动态调整过程中，如何有效激发学院和教师的积极性，将国家的外生动力转化为学院和教师的内生驱动力和自发行为；四是被淘汰学位授权点师生的出路问题，如何采取有效措施解决被淘汰学科教师的生存和发展，以及学生后续培养问题；五是管理和制度运行保障的问题，如何建立对整个动态调整的目标导向，加强管理体系、制度建设等方面的设计，保障动态调整工作有序推进等。基于所面临的诸多问题，要实现学位授权点动态调整工作平稳、有序推进，必须要构建一套行之有效的机制体系。

根据系统论的观点，一个系统的有效运行主要由其约束机制、动力机制和运行机制所构成。基于这一构建原则及学位授权点动态调整所面临的突出问题，学位授权点动态调整机制整体构架为约束机制、动力机制和运行机制三个一级子机制，其中，约束机制的构架主要用于解决学位授权点"退出"和"增列"的对象、方式和程序，"退出"和"增列"过程调控的方式、主体和手段，以及整个流程的监督问题，从而实现对学位授权点动态调整的边界制约；动力机制的构架主要是解决学院和教师积极性和主动性的问题，从而将学科淘汰这种外生动力转化为他们的内生驱动力，以此不断提升学位授权点的实力和水平；运行机制的构架主要为了解决以目标为导向的过程管理、学位授权点建设成效评价、被淘汰学位授权点师生的分流以及整个动态调整过程保障机制等方面的问题，从而实现学位授权点动态调整工作的有序、有力和有效推进。高校学位授权点动态调整机制是由约束机制、动力机制和运行机制三部分构成。约束机制包括淘汰机制、调控机制和监督机制；高校学位授权点动态调整动力机制包括激励机制和竞争机制；高校学位授权点动态调整运行机制包括目标导向机制、自我评估机制、分流机制和保障机制，其系统结构如图6-1所示。

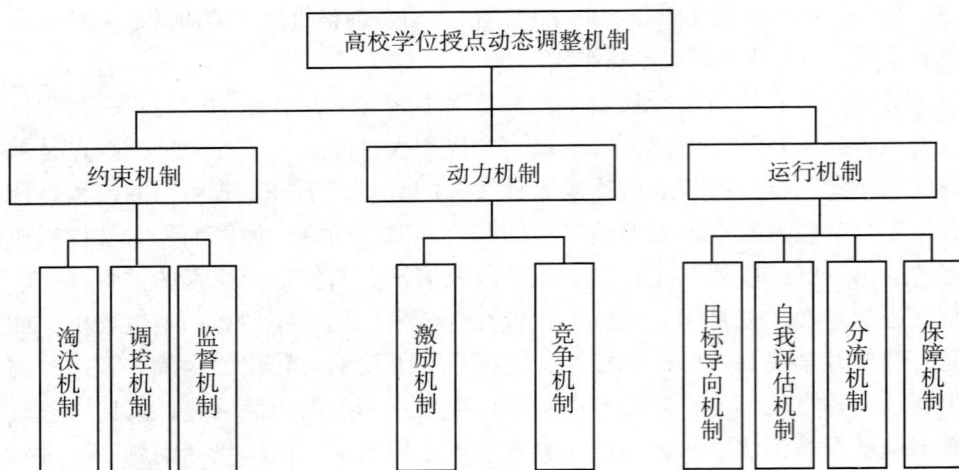

图 6-1　高校学位授权点动态调整机制组成结构

二、积极实施省域范围内学位授权点动态调整工作

学位授权点动态调整实行研究生培养单位自主调整与省级政府行政监管相结合，实行学科专业调整与学位授权点合格评估相结合，实行学术管理和行政管理相结合，优化研究生培养单位教育资源配置，优化湖北省学科专业结构和布局。积极服务于地方经济社会发展需要，鼓励研究生培养单位之间实行学位授权点动态调整，省教育厅对主动撤销学位授权点的研究生培养单位在研究生教育投入方面给予支持。

建立完善学位授权点合格评估制度。定期开展一级学科硕士学位点、博士点的评估工作和专业学位硕士学位授权类别评估工作，评估结果作为学位授权点动态调整的重要依据。建立省级学位与研究生教育信息平台，实时更新和发布各单位的学位授权点动态信息，实行学科建设质量预警制度。将学位授权点合格评估与学位授权点动态调整相结合，鼓励各学位授权单位优化学科专业结构，自主进行学位授权点动态调整。经省教育厅合格评估不合格的学位授权点，坚决予以撤销。

第六节　科学厘清三大关系，保障提升人才培养质量

当前的研究生教育综合改革，关键在于把握好研究生培养机制改革、研究生培养模式创新、构建研究生教育质量保障体系等三大关键问题，理清三大关键问题的相互关系。

一、研究生教育三大关键问题要形成一个系统和有机统一体

2014年11月，在全国研究生教育质量工作会议暨国务院学位委员会第三十一次会议上，国务院副总理刘延东同志作了重要讲话并指出，研究生教育综合改革"要牢固树立科学的研究生教育质量观、加快推进研究生培养模式改革、大力加强研究生导师队伍建设、建立健全内部质量保障体系、切实加强外部质量评价与监督、扎实推进研究生教育法治化进程、不断提高研究生教育国际化水平"等重要意见。在全面推进研究生教育综合改革的背景下，需要以系统论的观点，将研究生培养机制改革、研究生培养模式创新和构建研究生教育质量保障体系纳入综合改革这一系统之中，并使之成为有机统一体。

对三大关键问题的认知与理解，要实行管理实践界和研究理论界两大认知主体的两种认知观念转变。对于管理实践界而言，要实现从具体表象认知向客观内在认知的转变，从具体实践认知向科学理性认知的转变，即要加强学习和研究，尤其是借鉴理论研究界的研究成果，加深对三大关键问题的理解和认识，不能停留在具体实践层面的主观认识层面，应上升到具有一定理论深度的客观认识层面。对研究理论界而言，要从单纯理性向改革实践的转变，从单一探讨向综合研究的转变。当前的研究生教育综合改革，需要有研究理论界的积极参与，需要研究理论界深入研究生教育改革一线进行调研，对研究生教育改革实践有比较透彻的了解，不能停留在书斋式的研究中，要区分好研究生培养机制与研究生培养机制改革、研究生培养模式与研究生培养模式创新、研究生教育质量保障体系与全面构建研究生教育质量保障体系的差异性，同时，不能停留在原有单一对三大问题某一问题的探讨上，需要以系统论的视野，进行集成式的综合探讨与深入研究。

在当前的研究生教育综合改革背景下，要将研究生教育综合改革的三大问

题放在更为宏大的视野下进行思考、定位与考量，即以提高研究生教育质量为目标，将研究生培养模式创新定位于研究生教育资源的重构，研究生培养机制改革定位于多元主体的激励与约束，构建研究生教育质量保障体系定位于研究生教育制度体系的建设，形成资源配置、机制创新和制度保障的系统改革统一体，有力推进研究生教育综合改革。

二、研究生培养模式创新的要义：研究生教育资源的重构

教育部副部长杜玉波同志于 2014 年 5 月曾撰文指出，"当前深化高等教育综合改革的一项重要任务就是要通过转变发展方式，着力解决高等教育的规模、结构、质量、效益不够协调的问题，促进高等教育更好地适应经济社会发展的需要"，作为高等教育的重要组成部分的研究生教育，也需要转变发展方式。转变研究生教育发展方式，当前的主流的观点是要实现由数量规模发展向内涵建设发展的转变，实现增量向存量的转变，著者认为，当下我国的研究生教育发展方式的转变，最关键的问题尚不在此，而在于研究生资源的重新整合与重新配置。

我国研究生教育整体质量不高，相对于基础教育和本科生教育而言，更是如此。研究生教育质量不高的原因固然是多方面的，比如研究生教育投入不足，研究生开展科研的积极性不高，制度体系建设不完善等等，但最根本的原因还在于研究生教育资源的不足，包括研究生教育的师资资源、培养条件资源和经费投入不足等问题。仅以研究生教育的师资资源为例，就明显存在着导师数量不足和水平不足问题。2013 年全国共有博士研究生导师 18280 人，硕士生导师 241200 人，2013 年博士研究生招生计划数为 70462 人，硕士研究生招生计划为 540919[①]，平均每个博士生导师招收博士生 3.9 人，硕士研究生导师招收硕士研究生 2.2 人，按照研究生培养三年的学制，平均每个博士生导师指导博士研究生 11.7 人，硕士研究生导师指导硕士研究生 6.6 人，考虑到不同学校及不同研究生导师的差异性，因此出现研究生导师指导近百名研究生的现象也就在情理之中了。此外，华中科技大学 2010 届毕业生李素芹在其所做的调研中表明，中部地区某高校硕士生导师人均主持科研课题项目数仅为 0.34 个，平

[①] 2013年教育统计数据http://www.moe.edu.cn/publicfiles/business/htmlfiles/moe/s7567/list.html。

均每3位研究生导师只有1位主持有科研课题[①]，而这种情形在研究生培养单位中并非个案。因此，当下我国研究生教育存在着研究生教育资源相对不足的状况，严重影响了研究生教育质量。

要破解这一难题，就必须提升对研究生培养模式创新的认知，就必须转变研究生教育发展方式，就必须借助教育系统之外的相关资源，通过机制体制创新，将研究生教育系统外的相关教育资源为我所用，重构现有的研究生教育资源体系，弥补现有研究生教育资源的不足。比如，对于学术型研究生培养模式的创新，主要是通过科教协同培养研究生，借助我国科研系统中科研院所的研究生教育资源，尤其是中科院和工程院系统中良好的科研条件、高水平科研任务和具有丰富从事基础研究和基础应用研究经验的专职科研人员，为高校研究生培养提供支撑。又比如，对于专业学位研究生培养模式的创新，主要是通过校企协同培养研究生，借助我国大型企业的研究生教育资源，尤其是具有优质研发基地的大型骨干企业中良好的研发平台、面向实践攻关的重大课题和具有丰富进行应用研究、产业化研究的研发人员，为高校研究生培养提供支撑。再比如，在研究生教育国际化上，主要是通过国际协同，借助国外高水平大学和科研机构的研究生教育资源，实现国内与国外的密切协作，将国外的研究生教育资源予以利用。因此，在研究生教育综合改革视野下，对于研究生培养模式创新的理解与认知，其要义在于研究生教育资源的重新配置与重新架构，破解我国研究生教育资源相对不足的难题。

三、研究生培养机制改革的旨归：多元主体的激励与约束

研究生培养模式创新是解决研究生教育资源相对短缺的有效途径，但随之也带来了相应的问题，那就是如何激励和约束的问题，研究生培养机制改革正是基于这样的一种制度设计。我国近些年在许多高校进行研究生培养模式创新改革试点，但并没有破解如何激发研究生教育系统外相关参与主体积极性的问题，这成为当前研究生培养模式创新成效不太明显的内在原因。在不同的研究生培养模式下，其研究生教育主体会发生变化，不同主体的利益诉求也不相同。比如，对于专业学位研究生与企事业单位协同培养模式下，其主体除研究生培养单位内部的相关主体外，还有研究生培养单位外部的企事业单位、校外

[①] 李素芹：《地方高校研究生教育发展的制度障碍研究》，华中科技大学出版社2010年版。

研究生导师、研究生实践课程授课教师等。当下的研究生培养机制改革仅仅关注研究生培养单位内部相关主体，忽视了研究生培养单位外部的相关主体，从而在研究生培养机制改革在制度设计上，忽略了与之相适应的研究生培养模式的特定环境与条件，造成了研究生培养机制改革与研究生培养模式的脱节，缺乏一种综合改革视野下的系统观照。

因此，对于研究生培养机制改革的认知，绝对不能将研究生培养机制改革等同于单一的研究生资助制度改革，仅仅关注于研究生这一主体，仅仅将关注点集中于激发研究生学习和创新的积极性，而应该关注研究生培养单位内部及研究生培养单位外部的众多主体，从研究生培养的运行机制、动力机制和约束机制三方面进行系统认知和构建，才能有效推进当前的研究生培养机制改革。

四、构建研究生教育质量保障体系的实质：制度体系建设

无论是研究生教育管理实践界，还是高等教育研究理论界，对于构建研究生教育质量保障体系的认知存在着较大偏差，确实难以统一这些不同的观点。但对这些不同观点进行深入思考，可以从研究生教育质量保障主体—职责—制度这条主线进行探讨，从而重新构建研究生教育质量保障体系。

基于这样的思路，要构建研究生教育质量保障体系，首先要明确研究生教育质量保障主体。伯顿·克拉克在其经典之作《高等教育系统——学术组织的跨国研究》中，构建了三种典型的高等教育体制，即国家体制、市场体制和学术体制，认为一个国家的高等教育体制取决于政府力量、市场力量和学术力量在高等教育体制中较量的结果[①]。借鉴这一理论，我们不妨将构建研究生教育质量保障体系分为构建研究生教育外部质量保障体系（研究生教育单位外部主体）和内部质量保障体系（研究生教育单位内部主体）两部分。对于构建研究生教育内部质量保障体系，可以将之分为行政主体、学术主体和社会主体，其中，行政主体包括学校、学院、研究生教育管理部门以及学校分管副校长、研究生院院长（处长）、学院院长、学院分管研究生教育副院长、研工办主任等；学术主体包括校学位评定委员会、院系学位评定分委员会、导师、研究生开题

---

① 伯顿·克拉克主编：《高等教育系统——学术组织的跨国研究》，王承绪等译，杭州大学出版社1994年版。

组、研究生答辩委员会等；社会主体包括研究生等。对于构建研究生教育外部质量保障体系，包括政府类主体、学术类主体和社会类主体，其中，政府类主体包括主要包括国务院学位委员会、国务院学位委员会办公室、省级地方学位委员会、省级地方学位委员会办公室、研究生教育培养单位主管部门、相关部委或相关行业协会等；学术类主体主要包括研究生教育培养单位、国务院学科评议组、专业学位研究生教育指导委员会等；市场类主体主要包括用人单位、研究生或研究生家庭等。

对于研究生教育外部质量保障体系和内部质量保障体系中的行政类、学术类和社会类三类主体，当前存在的主要问题是职责不清、界定不明，不同主体间存在越位、错位和缺位的现象。解决这一问题的关键在于，首先要结合不同类型的主体，结合研究生教育质量保障中的职责和权力，按行政职责和权力、学术职责和权力、社会职责和权力予以细划，即不同类主体其责权的划分；其次要将研究生教育质量保障体系中的任务予以细划，即按照研究生教育过程、影响研究生教育质量的因素等质量保障任务予以划分，从而形成具体责权划分及研究生教育质量保障任务两种维度的分别细化与分工；然后将任务与相应的主体进行对等衔接，即行政主体对应行政职责与权力，学术主体对应学术职责与权力，社会主体对应社会职责与权力，最后在同一类主体中根据其在研究生教育质量保障体系中应发挥的作用再进一步细分。当然，还要按照管理组织原理，进行责权利对等设计，才能形成科学的管理体制制度设计。

研究生教育外部质量保障体系需要通过研究生教育内部质量保障体系发挥作用，研究生培养单位是保证研究生教育质量最关键的主体，也是研究生教育的第一责任主体，因而在构建研究生教育质量保障体系中，构建内部质量保障体系显得尤为重要。在构建研究生内部质量保障体系时，著者以为，对当下将研究生导师作为研究生教育质量第一责任人观点的认知要更为全面、系统，其他研究生培养单位主体的职责也要进一步界定清楚，并以制度的形式固化下来，形成研究生培养单位内部行政类主体、学术类主体和社会主体清晰的职权制度规范，这才是保证研究生教育质量的根本所在。

五、三大关键问题关系建构

基于以上分析，著者认为，厘清研究生培养机制改革、研究生培养模式创新和构建研究生教育质量保障体系三者之间的关系，要从研究生教育改革参与主体入手来构架三者之间的关系，需要从其改革举措、改革实质和改革目标去探讨。

　　研究生培养模式创新的实质在于引导可弥补研究生教育资源不足的研究生教育系统外的主体参与研究生教育，其目标在于研究生教育资源的汇聚与重构；构建研究生教育质量保障体系的实质在于参与研究生教育的行政类主体、学术类主体、社会类主体责权利的细划与界定、基于职责科学划分以及实现责权利对等基础上的制度化；研究生培养机制改革的实质在于研究生教育资源重构基础上、多元主体间的良性互动，其目标在于研究生教育运行机制、动力机制和约束机制的系统构建。因此，研究生教育综合改革三大问题之间的逻辑顺序关系依次是研究生培养模式创新、构建研究生质量保障体系、研究生培养机制改革，内在相互关系是构建起从主体构架、主体责权利界定到主体间相互关系及互动机制的完整系统链条，从而形成保证研究生教育质量的资源汇聚与重构、多元主体职责划分基础上的管理体制制度设计到多元主体间良性互动机制构建的制度体系，三者之间的关系见图 6-2 所示。

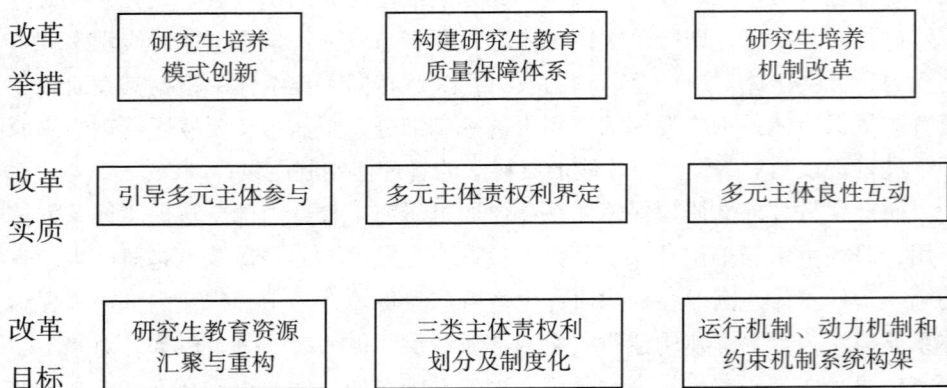

改革举措	研究生培养模式创新	构建研究生教育质量保障体系	研究生培养机制改革
改革实质	引导多元主体参与	多元主体责权利界定	多元主体良性互动
改革目标	研究生教育资源汇聚与重构	三类主体责权利划分及制度化	运行机制、动力机制和约束机制系统构架

图 6-2　三大改革举措之间的相互关系

第七节　加强条件保障建设，确保实现预期建设目标

　　为确保实现"十三五"期湖北省学科建设的各项目标，需要强化组织保障，加强资金保障，完善制度保障。

一、强化组织保障

湖北省人民政府学位委员会和湖北省教育厅统筹制订全省学科建设以及学位与研究生教育发展战略规划，协调学科建设和研究生教育改革的有关政策及问题，指导各研究生培养单位的改革与发展。

根据国务院学位委员会、教育部的统一部署和要求，制订有关学科动态调整实施办法，指导湖北省各研究生培养单位组织实施，统筹组织调整撤销后学位授权点的增列工作。

成立由湖北省直有关部门和各类行业协会组成的湖北省专业学位研究生教育综合改革指导委员会，负责指导评估专业学位研究生教育工作，制定全省专业学位研究生教育发展规划，组织联席会议开展校地校企对接，协调研究生工作站等实习实践基地建设。

成立普通高校、军事院校、科研机构、联合培养研究生的本科院校等 4 个研究生教育联盟，每年召开 1—2 次会议，分类交流探索学科建设和研究生教育改革经验。

二、加强资金保障

以完善投入机制、完善奖助政策体系为着力点，加强学科建设和研究生培养条件、能力建设，鼓励研究生培养单位改革试点，不断强化政策和条件保障。

完善投入机制。按照国家关于完善研究生教育投入机制的有关意见，健全以政府投入为主、受教育者合理分担培养成本、培养单位多渠道筹集经费的研究生教育投入机制。

逐步完善奖助体系和教育收费政策。建立长效、多元的研究生奖助政策体系，健全研究生助教、助研和助管制度。提高研究生国家助学贷款年度最高限额。认真落实省物价、财政、教育主管部门制定的研究生学费标准，规范研究生培养单位的收费行为，加大检查监督和查处力度，切实维护研究生的正当权益，把国家和省惠及学生的各项政策措施落到实处。

加大教育改革研究。以推进研究生教育教学改革为重点，在现有湖北省教改项目中，加大支持力度，每年立项一批省级研究生教育改革研究项目。对于获得湖北省立项和研究生教育教改项目，按原有经费渠道给予资助。

三、完善制度保障

(一) 引导研究生培养单位构建完整的学科建设和研究生教育管理制度体系

高校研究生教育管理制度体系分三个层次构架，第一层次为制度类别，包括招生管理制度、培养管理制度、学位管理制度、导师管理制度、学生管理制度和学科建设管理制度等 6 个制度类别。第二层次为制度群组，其中，招生管理制度包括招生计划管理、招生过程管理、研究生选拔制度等 3 个制度群组；培养管理制度包括学籍管理、课程管理、教学管理、教材管理、基地管理和联合培养管理等 6 个制度群组；学位管理制度包括学位授予管理、学位评定委员会制度、学位论文质量管理等 3 个制度群组；导师管理制度包括研究生导师遴选、研究生导师队伍建设、研究生导师评价考核等 3 个制度群组；学生管理制度包括研究生证书及信息管理、研究生奖助体系管理、研究生思想政治工作和研究生日常管理等 4 个制度群组；学科建设管理制度包括重点工程建设管理、重点学科建设管理、学位点建设管理和学位点评估管理等 4 个制度群组。第三个层次为具体制度，是高校研究生教育管理制度体系的具体组成制度。具体制度必须要在全面深化研究生教育综合改革的要求下，按照各单位出台的研究生教育综合改革实施意见的总体改革思路与目标，紧紧把握研究生培养机制改革、研究生培养模式创新和研究生教育质量保障体系三大改革，对原有招生管理、培养管理、学位管理、研究生管理等原有制度体系进行重新调整、重新设置，体现不同层次、不同类型高校制度建设的特色，使原有研究生教育管理制度与新增改革制度形成一个统一的有机体。高校研究生教育管理制度体系构架详见表 6-1 所示。

(二) 完善湖北省省级学科建设和研究生教育管理制度体系

准确把握湖北省学位委员会和学位办作为省级研究生教育中观管理层级的定位与职责，在制度体系的建设中，充分发挥省级地方学位委员会的省级统筹作用、承继作用、协调作用和监督作用，通过制度建设，为充分发挥这些职能提供制度性保障。湖北省学位办作为湖北省研究生教育的管理机构，需要在现有行政管理体制改革的背景和要求下，对现有学位授权点审核、学位授权点合格评估、研究生培养管理、学位授予与管理、导师队伍建设、研究生管理与学术规范等现行制度进行相应的增补、调整和修订，构建省级研究生教育管理制度体系。

表 6-1　高校研究生教育管理制度体系整体构架

制度类别	招生管理			培养管理						学位管理			导师管理			学生管理				学科建设管理			
制度群组（23 个）	招生计划管理	招生过程管理	研究生选拔管理	学籍管理	课程管理	教学管理	教材管理	基地管理	联合培养管理	学位授予管理	学位评定委员会制度	学位论文质量管理	研究生导师遴选	研究生导师队伍建设	研究生导师评价考核	研究生证书及信息总管理	研究生奖助体系管理	研究生思想政治工作	研究生日常管理	重点工程建设管理	重点学科建设管理	学位点建设管理	学位点评估管理
具体制度	（按 3 个制度群组细分）			（按 6 个制度群组细分）						（按 3 个制度群组细分）			（按 3 个制度群组细分）			（按 4 个制度群组细分）				（按 4 个制度群组细分）			

参考文献

［1］周叶中：《关于跨学科培养研究生的思考》，《学位与研究生教育》2007 年第 8 期。

［2］宣勇：《大学组织结构研究》（华东师范大学博士学位论文），2004 年。

［3］邹晓东：《研究型大学学科组织创新研究》（浙江大学博士学位论文），2003 年。

［4］苗素莲：《中国大学组织特性历史演变研究》（华东师范大学博士学位论文），2004 年。

［5］庞青山：《大学学科结构与学科制度研究》（华东师范大学博士学位论文），2004 年。

［6］马廷奇：《大学组织的变革与制度创新》（华中科技大学博士学位论文），2004 年。

［7］王正青：《抓学科群建设 促研究生培养》，《高等工程教育研究》1997 年第 1 期。

［8］张炜：《德国柏林工业大学的跨学科学术组织》，《比较教育研究》2003 年第 9 期。

［9］江小平：《法国的跨学科性研究与模式》，《国外社会科学》2002 年第 6 期。

［10］翟亚军：《大学学科建设模式研究》（中国科学技术大学博士学位论文），2007 年。

［11］方丽：《优势特色学科群建构与毕业生就业竞争力》，《江苏高教》2007 年第 5 期。

［12］谭镜星、曾阳素、陈梦迁：《从学科到学科群：知识分类体系和知识政策的视角》，《高等教育研究》2007 年第 7 期。

［13］陈玉祥：《略论高等教育学科群研究的意义及其演进》，《中国高教研究》2007 年第 2 期。

［14］项延训、马桂敏：《对学科群建设的认识与实践》，《中国高教研究》2007 年第 1 期。

［15］何刚：《简论大学学科群的协同效应》，《中国高教研究》2006 年第 12 期。

［16］栾栋：《三大学科群方法问题沉思录》，《华中师范大学学报》2001 年第 4 期。

［17］凌永明、王焰新：《创建高水平的学科群是高等学校培养创新人才的有效途径》，《科技进步与对策》2001 年第 4 期。

［18］雷跃、张志新：《顺应新形势 探索学科群建设新思路》，《江苏高教》2000 年第 4 期。

［19］张淑林、裴旭：《大学集约性学科平台建设的探索与思考》，《学位与研究生教育》2004 年第 6 期。

［20］刘仲林、赵晓春：《跨学科研究：科学原创性成果的动力之源——以百年诺贝尔生理学和医学奖获奖成果为例》，《科学技术与辩证法》2005 年第 6 期。

［21］徐东：《研究型大学应建立优势学科龙头和院士学科群高科技产业化模式》，《辽宁教育研究》2005 年第 1 期。

［22］朱恪孝、郭鹏江、赵强等：《集聚优势学科 提升大学科技创新能力》，《中国高等教育》2005 年第 10 期。

［23］孟琦：《战略联盟竞争优势获取的协同机制研究》，（哈尔滨工程大学博士学位论文），2007 年。

［24］沈小峰：《普利高津与耗散结构理论》，陕西科学技术出版社 1998 年版。

〔25〕吴彤:《自组织方法论研究》,清华大学出版社 2001 年版。

〔26〕徐二明、王智慧:《企业战略管理理论的发展与流派》,《首都经济贸易大学学报》1999 年第 1 期。

〔27〕邹昭晞:《企业战略分析》,经济管理出版社 2004 年版。

〔28〕仇保兴:《小企业集群研究》,复旦大学出版社 1999 年版。

〔29〕郑风田、唐忠:《中国中小企业族群成长的三维度原则分析》,《中国工业经济》2002 年第 11 期。

〔30〕吴国林:《中小企业网络:发展中西部区域经济的关节点》,《经济问题探索》2001 年第 7 期。

〔31〕李新春:《企业集群化成长的资源获取与创造》,《学术研究》2002 年第 7 期。

〔32〕王郡:《企业簇群的创新过程研究》,《管理世界》2002 年第 10 期。

〔33〕陈雪梅:《中小企业集群的理论与实践》,经济科学出版社 2003 年版。

〔34〕陈慧娟、吴秉恩:《台湾中小企业动态发展与人力资源管理作为关系之研究》,《中山管理评论》2001 年第 3 期。

〔35〕程学童、王祖强、李涛:《集群式民营企业成长模式研究》,中国经济出版社 2005 年版。

〔36〕苏勇、何智美:《现代组织行为学》,清华大学出版社 2007 年版。

〔37〕谢桂华:《20 世纪的中国高等教育·学位制度与研究生教育卷》,高等教育出版社 2003 年版。

〔38〕纪宝成主编:《中国大学学科专业设置研究》,中国人民大学出版 2006 年版。

〔39〕罗红波:《世界著名学府——博洛尼亚大学》,湖南教育出版社 1993 年版。

〔40〕周少南:《世界著名学府——斯坦福大学》,湖南教育出版社 1986 年版。

〔41〕丁钉:《前沿学科建设》,《人民日报》2005 年 05 月 27 日。

〔42〕罗静、陈瑞昌:《五个"学科特区"或为南京大学创新"试验田"》,《中国教育报》2008 年 06 月 29 日。

〔43〕王月清:《走近"理论与计算化学"学科特区》,《南京大学报》2006 年 03 月 30 日。

〔44〕李钟梅、宋莹:《南大创新科研机制组建文科研究"特区"》,《中国社会科学院院报》2005 年 11 月 22 日。

〔45〕刘成、罗静:《南大:创"学科特区"引出"成建制"》,《神州学人》2006 年 7 期。

〔46〕赵文华:《论高等学校的学科建设》,《高等师范教育研究》1998 年第 2 期。

〔47〕哈肯:《协同学:理论与应用》,邹珊刚等译,上海人民出版社 1987 年版。

〔48〕哈肯:《协同学导论》,原子能出版社 1984 年版。

〔50〕中国学位与研究生教育发展报告课题组:《中国学位与研究生教育发展报告(1978—2003)》,高等教育出版社 2007 年版。

［51］中华人民共和国教育部：《共和国教育 50 年》，北京师范大学出版社 1999 年版。

［52］中国高等教育学会组：《改革开放 30 年中国高等教育发展经验专题研究》，教育科学出版社 2009 年版。

［53］国务院学位委员会办公室：《学位与研究生教育文件选编》，高等教育出版社 1999 年版。

［54］"211 工程"部际协调小组办公室：《"211 工程"中期报告》，南京大学出版社 2000 年版。

［55］"211 工程"部际协调小组办公室：《"211 工程"发展报告（1995—2005）》，高等教育出版社 2007 年版。

［56］中国高等教育学会：《改革开放 30 年中国高等教育改革亲历者口述纪实》，教育科学出版社 2008 年版。

［57］http://www1.www.gov.cn/gongbao/content/2006/content_268766.htm.

附　件

一、关于征求《湖北省高校学科建设改革 与发展研究》问卷调查表意见的函

有关专家：

　　受湖北省学位委员会委托，课题组承担了湖北省学位委员会委托课题"湖北省高校学科建设改革与发展研究"的研究工作。为做好本课题的研究工作，课题组对问卷调查表进行了初步的设计，现将问卷调查表送上，请您抽出宝贵时间，对问卷调查表提出建议或意见。

一、问卷调查表整体设计思路

　　为做好本课题的研究，课题组有如下几方面的考虑：一是从问题入手，开展本课题的研究。课题组按照建构主义的研究范式，从问题入手，基于问题开展研究，拟通过开展广泛的、不同层面的问卷调查，全面了解湖北省高校学科建设的现状，分析湖北省学科建设存在的突出问题，为课题整体研究打下良好的基础。二是把握省级和高校两个层面。本课题虽为省域中观层面的研究，但学科建设的具体实施单位在高校，因而需要把握好省级和高校两个层面的问题。基于此，课题组在问卷调查的设计上，分为两个主体（省级和高校）进行调研。三是调研内容把握学科建设管理体制、管理机制和管理模式三个核心内容。学科建设改革与发展的关键内容在于管理体制改革、机制创新和模式创新上，为此，在调研内容设计上，主要围绕这三大内容予以设计。四是基本情况调研及未来改革发展方向兼顾。要做好本课题的研究，除了对基本情况、主要问题的分析外，对于未来学科建设改革与发展需要广泛征求意见，以便汇集相关省级学位委员会的成功经验与重要措施，集中广大管理人员及专家学者的智慧，为开展对策研究提供广泛信息与依据。

二、问卷调查表具体内容说明

基于以上的整体设计思路，课题组设计了《高校学科建设基本情况调查表》、《省（市、自治区）学科建设基本情况调查表》和《高校个人问卷调查表》。下面分别就其具体内容说明如下。

（一）高校学科建设基本情况调查表

该表主要是为了对高校层面学科建设的现状进行摸底，共分为 13 个大项。其中，第 1 条至第 11 条，主要是为了了解高校学科建设管理体制现状；第 12 条是为了了解学科建设管理模式现状，第 13 条是为了了解学科建设管理机制现状。在高校学科建设管理体制现状调查的设计上，又分为三个层面：一是高校学科建设中，学术、行政、社会三类主体在学科建设中所发挥作用的设计，主要体现在第 6 条、第 11 条。二是高校内容对学科建设的定位与职责划分，主要体现在第 1 条、第 2 条、第 3 条、第 5 条。三是管理体制改革与建设成效的相关性分析。管理体制改革与学科建设成效是否有其相关性，需要进行统计分析。主要包括第 4 条、第 7 条、第 8 条、第 9 条和第 10 条。

（二）省（市、自治区）学科建设基本情况调查表

对于省级层面学科建设的现状调查，主要关注两方面的问题：一是省级学科建设管理体制，二是省级学科建设的重要改革措施。对于省级学科建设管理体制的设计上，主要关注了政府和社会中介两类主体。其中，第 1 条、第 4 条为政府职能，第 2 条和第 3 条为社会中介参与情况。对于省级学科建设的重要改革措施，主要包括第 5 条、第 6 条和第 7 条。

（三）高校个人问卷调查表

为广泛征求有关人员对省级学科建设的意见和建议，课题组在设计上有如下几方面的考虑：一是主体多元性。分别征求校领导、学院领导、学科建设管理部门负责人、学科带头人和学术骨干五类主体的意见。二是在内容设计上，主要包括对省级社会中介机构的设立及职能意见（第 1 条和第 2 条）、省级管理体制意见（第 3 条、第 4 条、第 6 条、第 7 条和第 8 条）、社会主体的职能（第 5 条）和高校办学自主权（第 9 条）。

三、有关要求

为设计好此次问卷调查设计工作，特请您抽出宝贵时间对本问卷调查表进

行审阅，并对问卷调查从整体设计思路、三类问卷调查表具体内容等有关内容提出修改意见，并于 2014 年 8 月 13 日前以电子文档形式反馈课题组。

《湖北省高校学科建设改革与发展研究》课题组
2014 年 8 月 5 日

二、高校学科建设基本情况调查表

一、学校名称：＿＿＿＿＿＿＿＿＿＿＿＿＿

二、贵校管理机构设置

（一）是否为独立机构：□是　　　□否

　　　机构行政级别：□正处　　　□副处　　　□科级

　　　机构编制：＿＿＿＿＿人

（二）贵校主管学科建设的校领导：□校长　　□副校长　　□校长助理

　　　贵校学位委员会主席：□校长　　□知名专家

　　　学院主管学科建设的院领导：□院长　　□副院长

（三）贵校学科建设管理部门（机构）的主要职责：

　　1. 负责学校师资队伍、科学研究、人才培养、科研平台建设等年度
　　　投入方案的制订　　　2. 985 工程建设　　　3. 211 工程建设

　　4. 优势学科创新平台建设　　5. 国家、省部级重点学科建设

　　6. 学位授权点建设与管理　　7. 学科建设与发展规划制订

　　8. 其他＿＿＿＿＿＿＿＿＿＿＿＿＿＿＿＿

三、贵校学科建设的经费投入及来源情况

（一）近十年学科建设专项经费及占学校总投入比例情况

近十年学科建设专项经费及占学校总投入比例情况统计表　　单位：万元

经费投入　　时间	学科建设专项经费	学校总建设投入（不含基本运营和基建）	学科建设专项经费所占比例（％）
"十一五"			
"十二五"计划			
"十二五"已投入			

注："十二五"期间以 2013 年 12 月底为结点。

（二）贵校近十年学科建设专项经费来源情况

近十年学科建设专项经费来源情况统计表　单位：万元

经费来源 时间	政府 投入	学校 自筹	社会 捐赠	合计
"十一五"				
"十二五"已投入				

注："十二五"期间以 2013 年 12 月底为结点。

（三）贵校近十年用于学科相关建设各类经费投入情况

近十年各类专项经费投入情况统计表　单位：万元

	师资队伍 投入	科研 投入	研究生 教育投入	本科生 教育投入	学科建设 专项	合计
"十一五"						
"十二五"已投入						

注：1. 科研投入不含科研经费，2. 研究生培养不含奖助经费，3. 本科生培养不含奖助经费，4. "十二五"期间以 2013 年 12 月底为结点。

四、贵校学科建设的主要成效

近十年学科建设主要成效统计表

	学科排名			科研产出								人才产出				
				科研经费 （万元）		科研奖励			科研基地		发表论文	发明专利	培养质量				
	前3%	前10%	前20%	总经费	纵向经费	国家级	省部一等奖	省部二三等	国家级	省部级			全国优博	优博提名	省优博	省优硕	就业率
"十一五"																	
"十二五"																	
合计																	

注："十二五"期间以 2013 年 12 月底为结点。

五、贵校学科建设的管理模式

学科建设的管理模式

起始时间	管理模式	建设范围	建设数量

注：管理形式包括立项建设、学科特区、学科交叉及其他等。建设范围包括国家、省级、校级重点学科以及各级各类学位授权点。

六、社会中介机构对贵校学科建设提供服务情况

起始时间	服务机构	服务内容

注：服务内容包括评估、质量报告、论文抽查等。

七、贵校针对学科建设采取的哪些激励约束政策

（一）学校对学位授权点是否实行淘汰机制：□是　　□否

（二）学科建设是否纳入学校二级单位目标责任制考核：□是　　□否

学科建设为几级指标：□一级　　□二级　　□三级

在同级指标中所占权重是：＿＿＿＿＿＿＿＿＿＿＿＿％。

（三）学科建设是否与学院领导（系主任）任期挂钩：□是　　□否

（四）对学院学科建设负责人有哪些奖惩措施：

1.＿＿＿＿＿＿＿＿＿＿＿＿＿＿＿＿＿＿＿＿

　2._____

　3._____

　4._____

（五）在项目立项建设过程中是否采取绩效投入机制：□是　　□否

（六）对建设项目负责人有哪些奖惩措施

　1._____

　2._____

　3._____

三、省级学科建设情况调查表

所在省（市、自治区）名称：_____

一、除教育厅外，贵省还有哪些管理部门参与了学科建设

    A. 省发展改革委员会   B. 省科技厅   C. 省财政厅

    D. 省委宣传部   E. 省税务局   F. 省委组织部

    G. 省人事厅   H. 省卫计委   I. 其他_____

二、社会中介服务于贵省学科建设所开展的工作

    A. 受省学位委员会委托开展学位授权点合格评估

    B. 受省学位委员会委托开展学位论文抽查

    C. 提供本省研究生教育质量报告

    D. 其他工作_____

三、贵省学科建设基本情况

投入到部属院校的学科建设专项投入

	专项投入的名称	建设对象	总经费（万元）
1			
2			
3			

投入到省属院校的学科建设专项投入

	专项投入的名称	建设对象	总经费（万元）
1			
2			
3			

四、贵省在转变政府职能方面的举措

    （一）贵省拟增加省级学位办的职能内容

    1._____

2.＿＿＿＿＿＿＿＿＿＿＿＿＿＿＿＿＿＿＿

（二）贵省拟减少省级学位办的职能内容

1.＿＿＿＿＿＿＿＿＿＿＿＿＿＿＿＿＿＿＿

2.＿＿＿＿＿＿＿＿＿＿＿＿＿＿＿＿＿＿＿

五、关于培育社会评价中介机构的情况

（一）已有社会中介机构

机构名称：＿＿＿＿＿＿＿＿＿＿＿＿＿

服务类型：＿＿＿＿＿＿＿＿＿＿＿＿＿

（二）没有，有何培育计划？

＿＿＿＿＿＿＿＿＿＿＿＿＿＿＿＿＿＿＿＿

四、问卷调查

学　　校：_____

您的身份：□校领导　　　　□学院领导　　　□学科建设管理部门负责人

　　　　　□学科带头人　　□学术骨干

一、您认为是否需要建立（培育）省级的学位与研究生教育评估社会中介机构？

　　A. 需要　　　　B. 不需要　　　　C. 可有可无

二、您希望学位与研究生教育评估社会中介机构提供哪些服务？（可多选）

　　A. 学科水平评估　　　B. 论文抽查　　　　C. 学位认证

　　D. 培养质量评估　　　E. 学科分析报告　　F. 研究生培养质量报告

　　G. 学位论文抽查分析报告　　　H. 就业质量报告

　　I. 其他_____

三、您认为省内还有哪些管理部门应参与省级学科建设管理：

　　A. 省发展改革委员会　　B. 省科技厅　　　C. 省财政厅

　　D. 省税务局　　　　　　E. 省委宣传部　　F. 省委组织部

　　G. 省人事厅　　　　　　H. 省卫计委　　　I. 其他_____

四、您认为政府相关部门应为学科建设提供哪些建设支持和政策：

　　A. 省发展改革委员会_____

　　B. 省科技厅_____

　　C. 省财政厅_____

　　D. 省税务局_____

　　E. 省委宣传部_____

　　F. 省委组织部_____

　　G. 省人事厅_____

　　H. 省卫计委_____

　　I. 省政府办公厅_____

J. 其他_____

五、您认为湖北省对学科建设的重视程度：

A. 重视　　B. 一般　　C. 不重视

六、您认为社会用人单位应为学科建设提供哪些服务：

A. 用人需求信息（专业、数量、层次、类型）

B. 所需人才综合素质信息

C. 参与人才的联合培养

D. 为人才培养提供实习实践条件

E. 为省相关部门、高校提供到本单位工作毕业生发展情况信息

F. 其他_____

七、您是否希望湖北省加大对学科建设的投入：□是　　　□否

建议每年对本校学科建设专项投入经费_____万元，其中：

A: 计划_____经费_____万元。

B: 计划_____经费_____万元。

C: 计划_____经费_____万元。

八、您希望湖北省学科建设管理部门提供哪些服务：

A. 学位与研究生教育信息平台　　B. 学科专业发展指南

C. 其他_____

九、您对扩大高校自主办学权的建议：

A. 自主设置、调整学科专业　　B. 自主确定招生规模

C. 省学科建设经费投入转变为计划与绩效投入相结合的方式

D. 对建设项目建设内容、资金使用范围等实行弹性管理

E. 其他_____

十、您对实施学科专业动态调整的建议：

1. 您是否赞成实施学科专业动态调整？

A. 赞成　　　B. 不赞成

2.您认为以何种形式实施学科专业动态调整合适？

    A.高校自主调整   B.省级统筹调整   C.其他_____

3.您对湖北省学科专业动态调整有何操作性建议？

_____

十一、您认为在国家取消国家重点学科评审后，湖北省应该采取何种举措加强重点学科建设？

后 记

　　本书是湖北省 2014 年度社会科学研究教育改革发展专项重点课题"湖北省高校学科建设改革与发展研究"的研究成果，得到了"武汉理工大学研究生教材建设基金"专项资助。

　　全书共分为七章，其中第二章、第六章、第七章由梁传杰负责撰写，其他各章由罗勤负责撰写。在本书的撰写过程中，得到了湖北省学位办韩习祥同志和张文斌同志的指导，对初稿提出了修改意见。武汉理工大学黄道主博士为本课题研究收集了大量的基本数据材料。华中师范大学丁宇和武汉纺织大学郑仟参与了问卷调查设计、问卷调查材料发放、收集、整理等工作。武汉理工大学教科院硕士研究生邓宸同学参与了全书的校对工作。整个问卷调查工作得到了湖北省各高校的积极支持。

　　湖北省高校学科建设改革与发展研究是在湖北省经济和社会发展"十三五"规划、湖北省"十三五"教育发展规划出台之际，着眼于湖北省由高等教育大省向高等教育强省转变，着眼于积极服务湖北省经济建设和社会发展需要，着眼于未来一段时期，尤其是"十三五"湖北省高校学科建设改革与发展而开展的研究工作，研究涉及面广，研究工作有较大难度。囿于能力和水平，本研究成果尚存在许多不足，不当之处在所难免。我们诚挚地感谢所有对本课题给予支持和帮助的朋友们，也欢迎专家和同仁们批评指正！

著者

2016 年 12 月

策　　划：张文勇

责任编辑：张文勇　孙　逸　申　吕　罗　浩

封面设计：李　雁

图书在版编目（CIP）数据

高校学科建设改革与发展研究 / 梁传杰，罗勤　著．—北京：人民出版社，2017.9
ISBN　978 - 7 - 01 - 017921 - 6

Ⅰ．①高…　Ⅱ．①梁…　②罗…　Ⅲ．①高等学校—学科建设—改革—研究—
中国　②高等学校—学科建设—发展—研究—中国　Ⅳ．① G642.3

中国版本图书馆 CIP 数据核字（2017）第 169313 号

高校学科建设改革与发展研究

GAOXIAO XUEKE JIANSHE GAIGE YU FAZHAN YANJIU

——以湖北高校群为例

梁传杰　罗勤　著

人 民 出 版 社 出版发行

（100706　北京市东城区隆福寺街 99 号）

涿州市星河印刷有限公司印刷　　新华书店经销

2017 年 9 月第 1 版　2017 年 9 月北京第 1 次印刷
开本：710 毫米 × 1000 毫米 1/16　印张：18.25
字数：320 千字

ISBN 978 - 7 - 01 - 017921 - 6　定价：36.00 元

邮购地址 100706　北京市东城区隆福寺街 99 号
人民东方图书销售中心　电话（010）65250042　65289539